高等职业技术院校汽车类专业教材

汽车自动变速器

主　编　杨庆彪

副主编　祁春强

中国劳动社会保障出版社

简介

本书主要内容包括自动变速器概述、液力耦合器与液力变矩器、行星齿轮变速机构、液压控制换挡系统、电子控制系统、无级变速器与双离合自动变速器、自动变速器故障诊断与排除等。

本书由杨庆彪任主编，祁春强任副主编，孙善德任主审。

图书在版编目(CIP)数据

汽车自动变速器/人力资源社会保障部教材办公室组织编写；杨庆彪主编. -- 北京：中国劳动社会保障出版社，2019

高等职业技术院校汽车类专业教材

ISBN 978-7-5167-4097-2

Ⅰ.①汽…　Ⅱ.①人…　②杨…　Ⅲ.①汽车-自动变速装置-高等职业教育-教材　Ⅳ.①U463.212

中国版本图书馆 CIP 数据核字(2019)第 158335 号

中国劳动社会保障出版社出版发行

(北京市惠新东街 1 号　邮政编码：100029)

*

北京宏伟双华印刷有限公司印刷装订　　新华书店经销

787 毫米×1092 毫米　16 开本　12.25 印张　220 千字

2019 年 8 月第 1 版　　2022 年 8 月第 2 次印刷

定价：25.00 元

读者服务部电话：(010) 64929211/84209101/64921644

营销中心电话：(010) 64962347

出版社网址：http://www.class.com.cn

http://jg.class.com.cn

前言

为了更好地适应全国高等职业技术院校汽车类专业的教学要求，全面提升教学质量，人力资源社会保障部教材办公室组织有关学校的骨干教师和行业、企业专家，在充分调研企业生产和学校教学情况、广泛听取教师对现有教材反馈意见的基础上，吸收和借鉴各地高等职业技术院校教学改革的成功经验，对现有全国高等职业技术院校汽车类专业教材进行了修订（新编）。

本次教材修订（新编）工作的重点主要体现在以下几个方面：

第一，合理更新教材内容。

根据企业岗位和教学实践的需求变化，确定学生应具备的能力与知识结构，调整部分教材内容，使知识技能点的深度、难度、广度与实际需求相匹配；根据相关专业领域的最新发展，淘汰陈旧过时的内容，补充新知识、新技术、新设备、新材料等方面的内容；根据最新的国家技术标准编写教材内容，保证教材的科学性和规范性。

第二，加强实践技能的培养。

根据就业岗位对技能型人才所需能力的要求，进一步加强实践性教学内容，采用了理论知识与技能训练一体化的编写模式，以体现“做中学”“学中做”的教学理念。

第三，衔接职业技能鉴定要求。

教材编写以相关国家职业标准为依据，涵盖国家职业标准（高级）的知识和技能要求，并在配套习题册中增加了相关职业技能考试的练习题。

第四，精心设计教材形式。

在教材的呈现形式上，尽可能使用图片、实物照片和表格等将知识点生动地展示出来，力求让学生更直观地理解和掌握所学内容。

第五，提供全方位的教学服务。

本套教材配有习题册、教学参考书、电子课件和习题册答案，电子课件等教学资源可通过职业教育教学资源和数字学习中心（http://zyjy.class.com.cn）下载。

本次教材的修订（新编）工作得到了辽宁、吉林、江苏、山东、河南、广东等省人力资源社会保障厅及有关学校的大力支持，在此我们表示诚挚的谢意。

人力资源社会保障部教材办公室

2018 年 6 月

目 录
Contents

模块一 汽车自动变速器概述

课题一 汽车自动变速器的发展历程与类型

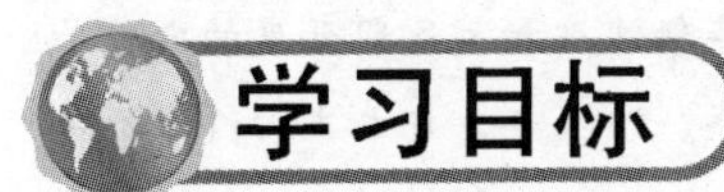

学习目标

1. 了解汽车自动变速器的发展历程。
2. 掌握汽车自动变速器的类型。
3. 掌握汽车自动变速器的优缺点。

由于手动变速器在驾驶过程中需要根据车速、道路情况等因素频繁更换挡位，换挡时或操作过程对于新司机具有挑战性，所以现在越来越多的车主选择自动挡（即使用汽车自动变速器）汽车，以增加行车的安全性和灵活性。

一、汽车自动变速器的发展历程

汽车自动变速器的发展历程见表1—1—1。

表1—1—1　　　　汽车自动变速器的发展历程

阶段	类型	发展历程
萌芽期	液力机械传动	1926年，在别克小轿车上开始使用液力机械传动的变速器，它将液力耦合器和手动变速器装在一起。变速器在前进挡上，发动机也可以怠速运转。尽管这样的组合不能称为是自动变速器，但液力耦合器的优点已经显示出来
诞生期	液力传动	1938年，美国克莱斯勒汽车公司采用了液力耦合技术，并在1939年成功研制了由液力耦合器和行星齿轮变速器组成的4挡液力变速器，装备于美国奥兹莫比尔（Oldsmobile）轿车上。该变速器的出现标志着自动变速器的诞生

续表

阶段	类型	发展历程
成长期	液力传动	1939—1950年是液力自动变速器的成长期。这一时期的特点是液力传动部分采用液力耦合器，机械变速部分采用行星齿轮
成熟期	3挡液力传动	1950年，美国福特汽车公司成功研制了装用液力变矩器的3挡液力自动变速器，从此轿车使用液力自动变速器的技术进入了成熟期
辅助电子控制期	电控液力传动	1969年，法国雷诺汽车首先采用了电控液力自动变速器，其控制方式是由计算机依据检测到的车辆速度和节气门开度的电信号来判断变速时机，并确定变速程序。1977年，日本丰田汽车公司成功研制了具有超速挡的液力自动变速器；1982年，丰田公司生产出第一台由微机控制的电控自动变速器，就是装配在4缸佳美上的A—140E自动变速器
电子控制成长期	电控液力传动	1984年，美国奥兹莫比尔轿车上装备了THM440—T4变速器，是美国第一台电子控制的自动变速器。1991年，美国通用汽车公司在前轮驱动的轿车上装备4T60E型电控液力自动变速器，同年，福特汽车公司也在2种前轮驱动的轿车上装备了AXODE型4挡电控液力自动变速器
电子控制发展期	多功能控制模式	1992—1994年是电子控制变速器飞速发展的阶段。电磁阀特别是换挡电磁阀数量的增加，使换挡电磁阀已经完全取代了节气门油压和速控油压对D位升挡的控制。经济模式、运动模式、雪地驾驶模式等控制模式的出现使汽车驾驶更加方便、快捷
电子控制成熟期	全电子控制	1995年，自动变速器发展基本成熟，原来的换挡电磁阀主要控制D位上各挡的升降，1995年后某些变速器的换挡电磁阀对D位各挡、手动挡、倒车挡全都负责，所以被称为全电子控制自动变速器（电控液动）

二、汽车自动变速器的类型

汽车自动变速器是指能自动变换传动比，调节或变换发动机动力输出性能，经济、方便地传送动力，较好地适应外界需要的汽车部件。

由于汽车自动变速器均采用直接或间接控制变速油压使相应部件工作的形式，因此也被称为液力自动变速器。

1．按传动比变化形式分类

汽车自动变速器按传动比变化形式不同可分为有级式、无级式和综合式三种。

有级式变速器是具有有限几个定值传动比（一般有 3～8 个前进挡和一个倒挡）的变速器。无级式变速器是能使传动比在一定范围内连续变化的变速器，无级式变速器目前在汽车上应用逐步增多。综合式变速器是指既具有固定的传动比结构，又具有在一定范围连续变化的传动比结构的变速器。

在无级式（或综合式）变速器中，按变速的种类不同又可将自动变速器分为液力变矩式无级变速器（是在液力变矩器后边装一套齿轮变速系统的变速器）和机械式无级变速器。

2．按前进挡的挡位数分类

自动变速器前进挡的挡位数不同，一般为 4～8 个前进挡。早期的自动变速器通常有 2 个前进挡或 3 个前进挡，这两种自动变速器都没有超速挡，其最高挡为直接挡。轿车装用的自动变速器基本上都有 4 个以上的前进挡，即设有超速挡。

3．按齿轮变速器的类型分类

自动变速器按其齿轮变速器的类型不同，可分为普通齿轮式和行星齿轮式两种。普通齿轮式自动变速器体积较大，最大传动比较小，只有少数几种车辆使用（如本田 ACCORD 轿车）。行星齿轮式自动变速器结构紧凑，能获得较大的传功比，为绝大多数轿车所采用。

4．按齿轮变速系统的控制方式分类

（1）液控自动变速器

通过机械传动方式，将汽车行驶时的车速和节气门开度这两个主控制参数转变为液压控制信号；液压控制系统的阀板总成中的各控制阀根据这些液压控制信号的变化，按照设定的换挡规律，操纵换挡执行元件动作来实现自动换挡。液控自动变速器的组成如图 1—1—1 所示。

（2）电控自动变速器

通过各种传感器，将发动机的转速、节气门开度、车速、发动机冷却液温度、自动变速器油温度等参数信号输入电控单元（ECU），ECU 根据这些信号，按照设定的换挡规律，向换挡电磁阀、油压电磁阀等发出动作控制信号，换挡电磁阀和油压电磁阀再将 ECU 的动作控制信号转变为液压控制信号，从而控制执行元件动作来实现自动换挡。电控自动变速器的组成如图 1—1—2 所示。

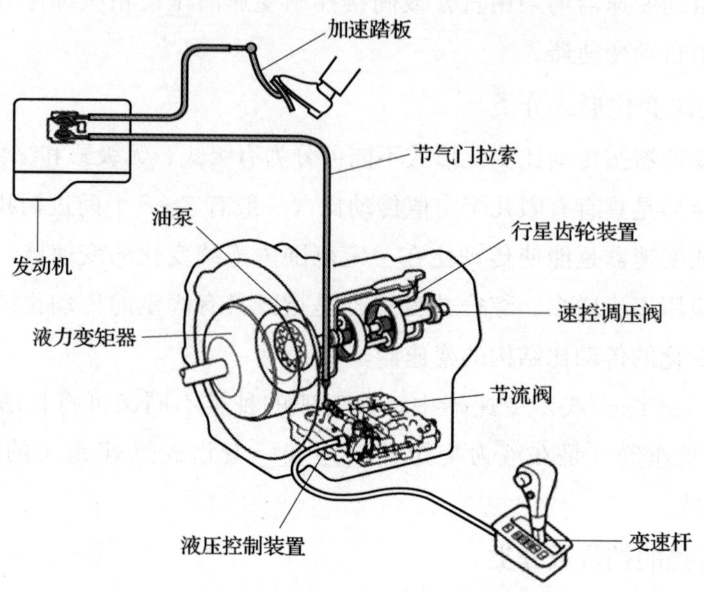

图 1—1—1　液控自动变速器的组成

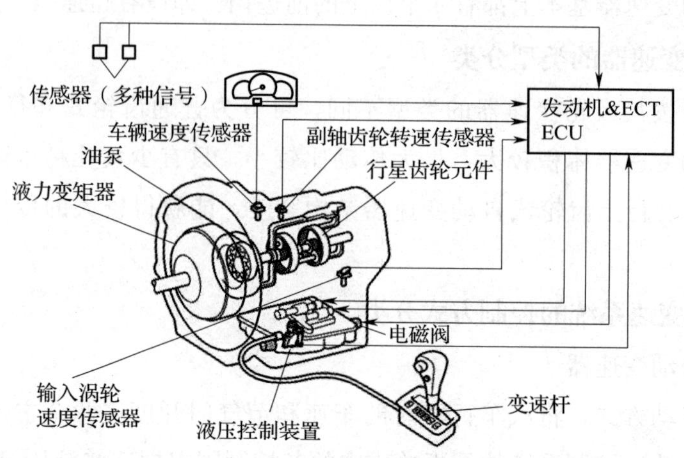

图 1—1—2　电控自动变速器的组成

5．按车辆的驱动方式分类

自动变速器按车辆驱动方式的不同，可分为后驱式自动变速器和前驱式自动变速器，如图 1—1—3 所示。后驱式自动变速器（见图 1—1—3a）用于发动机前置而呈纵向布置的形式，属于后轮驱动的布置形式，变速器与主减速器、差速器分开。而前驱式自动变速器（见图 1—1—3b）用于发动机前置而呈横向布置的形式，属于前轮驱动的布置形式，变速器与主减速器、差速器常制成一个总成。

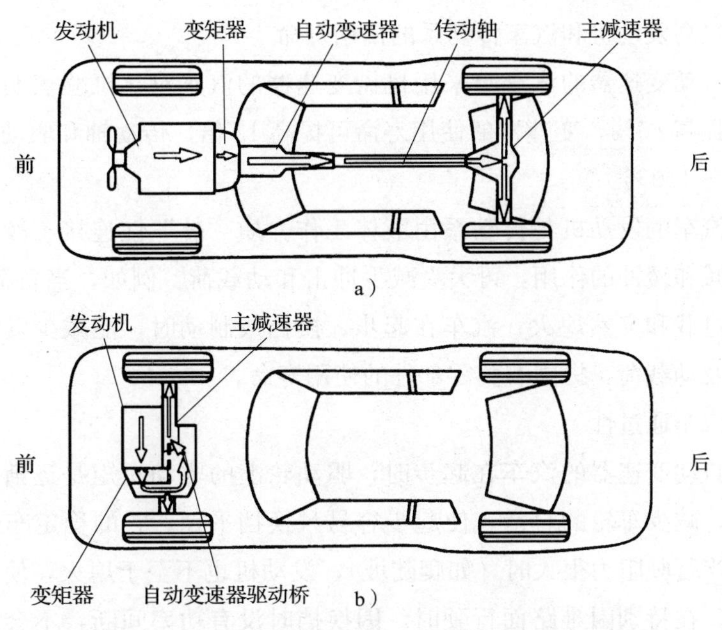

图 1—1—3　自动变速器按驱动方式分类

a）后驱式自动变速器　b）前驱式自动变速器

三、汽车自动变速器的优缺点

1．汽车自动变速器的优点

与传统机械变速器相比，使用液力自动变速器的汽车具有下列显著优点，如图 1—1—4 所示。

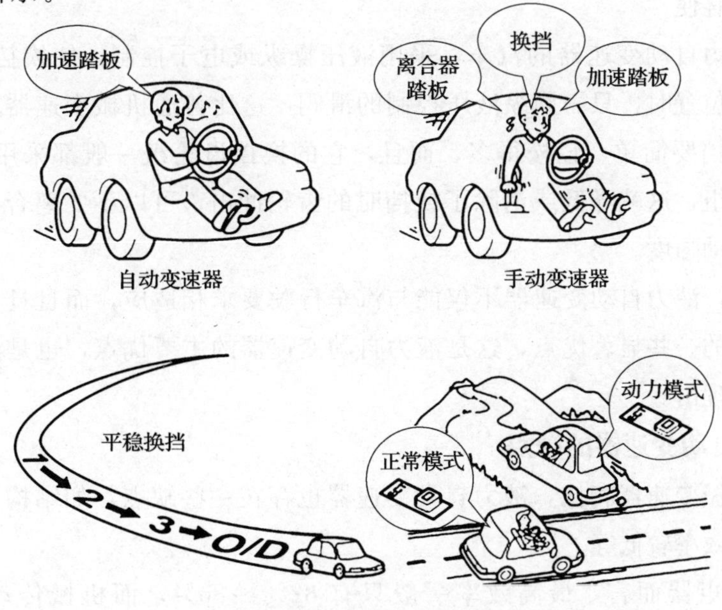

图 1—1—4　自动变速器的优点

(1) 大大提高发动机和汽车传动系的使用寿命

采取液力自动变速器的汽车与采用机械变速器的汽车对比试验表明：前者发动机的使用寿命可提高85%，变速器的使用寿命可提高12倍，传动轴和驱动半轴的使用寿命可提高75%～100%。

液力传动汽车的发动机与传动系由液体工作介质“软”性连接。液力传动起到一定的吸收、衰减和缓冲的作用，可大大减少冲击和动载荷。例如，当负荷突然增大时，可防止发动机过载和突然熄火；汽车在起步、换挡或制动时，能减少发动机和传动系所承受的冲击及动载荷，提高有关零部件的使用寿命。

(2) 提高汽车通过性

采用液力自动变速器的汽车在起步时，驱动轮上的驱动扭矩是逐渐增加的，可防止很大的振动，减少车轮的打滑，使起步容易且换挡平稳。它的稳定车速可以降低到极低。例如，当行驶阻力很大时（如爬陡坡），发动机也不至于熄火，使汽车仍能以极低的速度行驶。在特别困难路面行驶时，因换挡时没有功率间断，不会出现汽车停车的现象。因此，液力自动变速器对于提高汽车的通过性具有良好的效果。

(3) 具有良好的自适应性

目前，液力传动的汽车都采用液力变矩器，它能自动适应汽车驱动轮负荷的变化。当行驶阻力增大时，汽车自动降低速度，使驱动轮驱动力矩增加；当行驶阻力减小时，减小驱动力矩，增加车速。这说明，变矩器能在一定范围内实现无级变速，大大减少行驶过程中的换挡次数，有利于提高汽车的动力性和平均车速。

(4) 操纵轻便

装备有液力自动变速器的汽车，采用液压操纵或电子控制，使换挡实现自动化。在变换变速杆位置时，只需操纵液压控制的滑阀，这比普通机械变速器用拨叉拨动滑动齿轮实现换挡要简单、轻松得多。而且，它的换挡齿轮组一般都采用行星齿轮组，是常啮合齿轮组，这就降低或消除了换挡时的齿轮冲击，可以不要离合器，大大减轻了驾驶员的劳动强度。

综上所述，液力自动变速器不仅能与汽车行驶要求相适应，而且具有传统机械变速器所不具备的一些显著优点，这是液力自动变速器的主要优点，也是汽车采用液力自动变速器的理由。

2. 汽车自动变速器的缺点

与传统机械变速器相比，液力自动变速器也存在一些缺点，如结构复杂、制造成本较高、传动效率较低等。

对液力变矩器而言，最高效率一般只有82%～86%，而机械传动的效率可达95%～97%。由于传动效率低，使汽车的燃油经济性有所降低；由于自动变速器的结构复杂，相应的维修技术也较复杂，要求有专门的维修人员，具有较高的专业水平和故障检查、分析能力。

但这些缺点是相对的，由于其大大延长了发动机和传动系统的使用寿命，提高了出车率和生产率，减少了维修费用，进一步提高了发动机功率的平均利用率，提高了平均车速，使汽车整体使用经济性有所提高。此外，目前还采用一种带锁定离合器的液力变矩器，在一定行驶条件下，通过采用与发动机的最佳匹配，遵循最佳换挡规律，采用变矩器的锁止，可使传动效率大为提高。当锁定离合器分离时，仍与一般液力变矩器相同；当锁定离合器结合时，使液力变矩器失去作用，输入轴与输出轴直接传动，传动效率接近100%。

思考与练习

1. 简述汽车自动变速器的类型。
2. 简述汽车自动变速器的优缺点。

课题二　汽车自动变速器的组成与使用

1. 掌握汽车自动变速器的组成。
2. 掌握汽车自动变速器功能开关的功用。
3. 掌握汽车自动变速器挡位和工作模式。
4. 了解常见汽车自动变速器的型号。

一、汽车自动变速器的组成

汽车自动变速器在车辆上的位置参见图1—1—3，不同自动变速器的结构有些许差异，但总体上由以下几部分组成，如图1—2—1所示。

1. 液力变矩器

液力变矩器位于自动变速器的最前端，它利用油液将动力传给变速器，减速增扭，实现无级变速。

2. 行星齿轮变速系统

行星齿轮变速系统包括行星齿轮变速机构和换挡执行机构。换挡执行机构可以使

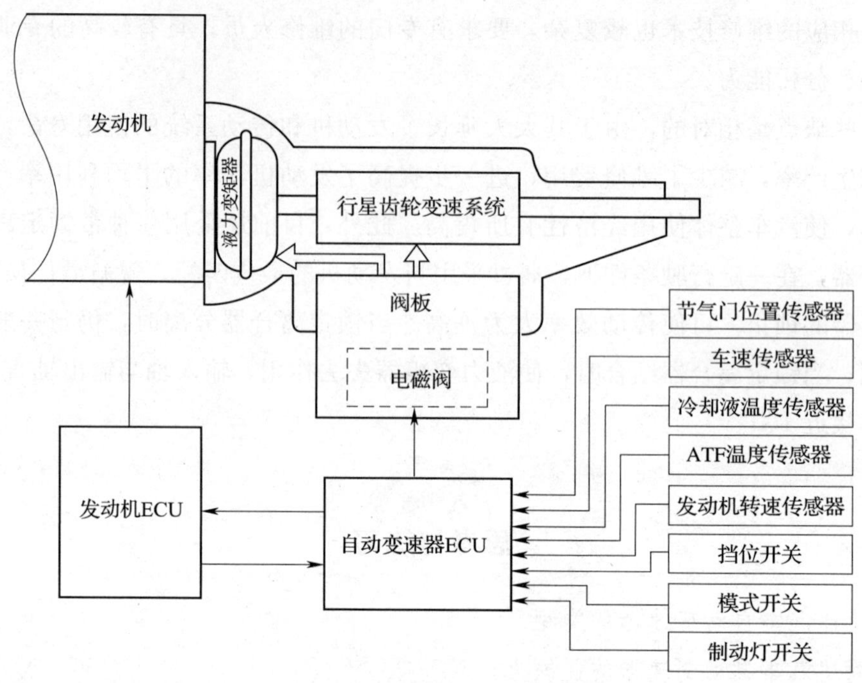

图 1—2—1　自动变速器的组成

行星齿轮变速器处于不同的挡位，以实现不同的传动比。行星齿轮变速机构可以使变速器具有 4～8 个前进挡和 1 个倒挡。

3．液压控制系统

液压控制系统包括油泵、阀体、电磁阀、储压器及液压管路等，用于控制自动变速器的升挡、降挡和液力变矩器的锁止离合器。

4．电子控制系统

电子控制系统包括 ECU、传感器、执行器及控制电路等，可根据汽车的行驶情况，按照设定的换挡规律，通过液压控制系统控制变速器自动换挡。

5．附属装置

自动变速器油在传动中会产生高温，使传动效率降低。因此，须设计油液散热装置，以保证油温在 80～90℃范围内。通常，油液中会有杂质产生，为保证阀体以及各元件的正常工作，须在油底壳中加滤油网，有的还使用磁力油堵，以吸附部分金属杂质。

二、汽车自动变速器功能开关的使用

早期装有自动变速器的汽车通常还提供许多控制开关，用以控制汽车的行驶状态。比较常见的控制开关如下：

1．超速挡开关（O/D）

自动变速器的最高挡通常是超速挡。超速开关关闭后，D 挡行驶时，自动变速器将无法换入超速挡。通常在上坡及路面状况不良时应考虑将此开关关闭。超速挡开关及其位置如图 1—2—2 中标注 3 所示。

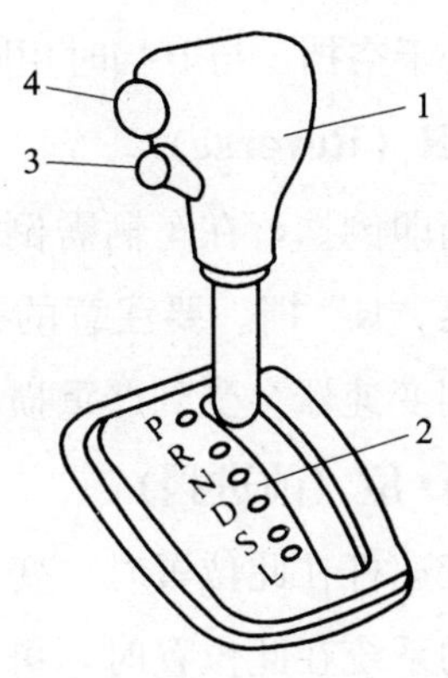

图 1—2—2　自动变速器的挡位

1—操作手柄　2—挡位

3—超速挡开关或保持开关　4—锁止按钮

2．模式选择开关

多数自动变速器都会提供模式选择开关，在不同的模式下，自动变速器的换挡规律不同，因而其性能会有所差异。模式选择开关一般布置在自动变速器手柄附近，常见的模式有以下几种：

（1）经济模式：在此模式下，自动变速器具有较高的燃油经济性，节油性能好。

（2）动力模式：在此模式下，发动机常在大功率范围内运转，使汽车具有较高的动力性能和爬坡能力。

（3）标准模式：也称普通模式，此模式兼顾经济性和动力性。

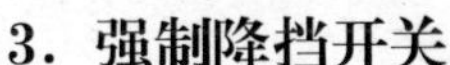

3．强制降挡开关

当加速踏板的位置超过了节气门全开的位置时，此开关接通，变速器自动下降一个挡位，以提高汽车的加速性能。强制降挡开关一般布置在加速踏板支架上。

4．保持开关

保持开关也称挡位锁定开关或手动换挡开关。部分装有自动变速器的汽车提供此开关，选定该开关后变速器不能自动换挡，驾驶员通过操纵变速杆（此时变速杆成为换挡杆）手动选择挡位。保持开关位置如图 1—2—2 中标注 3 所示。

三、汽车自动变速器挡位的使用

自动变速器挡位如图 1—2—2 所示。一般来说，自动变速器的挡位分为 P、R、N、D、S 或 2、L、1 等。

1．P（Parking）

又称驻车挡，用于停车，它利用机械装置锁紧汽车的转动部分，使汽车不能移动。当汽车需要在一固定位置上停留一段较长时间，或在停靠之后离开车辆前，应拉好驻车制动并将变速杆推到“P”的位置上。要注意的是：车辆一定要在完全停止时才可使用 P 挡，否则自动变速器的机械部分会受到损坏。另外，自动变速轿车上装置有空挡启动开关，使汽车只能在“P”或“N”挡才能启动发动机，以避免在其他挡位上误启动时使汽车突然向前窜动。

2．N（Neutral）

将变速杆置于“N”挡上，发动机与变速器之间的动力已经切断。如短暂停留可将变速杆置于此挡并拉起驻车制动器，右脚可移离制动踏板稍作休息。当手柄在此位置时，变速器处于空挡，与P挡时相同，但输出轴不锁止，汽车可移动，此挡位可启动发动机。

3. R（Reverse）

R挡即倒挡，在车辆需倒车时使用。通常要按下变速杆上的锁止按钮，才可将变速杆移至“R”挡。要注意的是：当车辆尚未完全停稳时，绝对不可以强行转至“R”挡，否则变速器会受到严重损坏。

4. D位（前进挡）

当变速杆在此位置时，变速器可从1挡到最高挡自动变换。自动变速器的液力式、电液式的系统在此位置时，可根据车速、节气门开度等因素变化，按换挡规则自动换挡。正常行车时，一般多用此挡位。

5. S位（前进低挡）

当变速杆在此位置时，自动变速器控制系统将限制前进挡的变换范围，只能在1、2挡（或3挡）间变化（有的S位只锁定2挡，具有发动机制动功能）。这样可防止汽车在长坡道行驶时出现“循环跳挡”，从而造成变速器的摩擦片加速磨损。此挡位适用于在长坡道和易打滑路面上行驶。

6. L位（前进低挡）

当变速杆在此位置时，自动变速器将限制前进挡范围，只能在1、2挡之间变换或只能用1挡（被称为强制1挡），具有发动机制动功能。此挡位适用于在陡坡或差路面状况下行驶。

四、汽车自动变速器的工作模式

1. 汽车自动变速器的自适应功能

部分电控液压自动变速器采用管路压力控制系统，该系统能够调节系统管路压力，以补偿离合器纤维板、密封件、弹簧等部件的正常磨损。这种液压自动变速器对换挡、加挡和变矩器、离合器接合都采用了自适应功能。变速器控制模块监测输入轴速度，以确定换挡是否过快或过慢，并且还能调整压力控制电磁阀来保持正确换挡。由于自适应功能对于任何给定的变速器都是唯一的，所以必须注意：安装有这种液压自动变速器的车辆可能会表现出不同的换挡特性，并具有不同的“感觉”，这属于正常现象。

2. 汽车安全备用模式

在正常行车途中，当汽车主电气系统出现影响车辆安全性或损坏变速器的故障时，自动变速器控制模块将进入一种默认安全模式，如通用自动变速器5L40－E，在此模式中，自动变速器按如下方式工作：

（1）压力控制电磁阀被指令断开，管路压力达到最大，以尽量减少离合器的打滑。

（2）变矩器锁止离合器电磁阀被指令断开，变矩器锁止离合器被禁止工作。

（3）所有三个换挡电磁阀被指令断开。如果车辆在当前点火循环中成功完成1→2挡加挡，变速器将工作在5挡。如果在当前点火循环中车辆未完成1→2挡加挡，变速器将工作在4挡。如果变速器工作在5挡，当发动机短暂关闭后重新启动时，变速器可能会换到4挡。

在安全模式中，变速杆所选定的前进挡挡位无效。在4挡或5挡，热量会迅速在变速器中积聚，尤其是当车辆走走停停时。如果车辆在安全模式下长距离行驶，会积聚过多热量，因而导致变速器故障。

3．变速器换挡模式操作

（1）正常模式操作

此模式主要是指经济模式，即车辆在正常行驶时，车辆的升降挡程序应遵循保证车辆最佳经济油耗进行控制。

（2）动力模式操作

动力模式是指车辆行驶时，车辆升降挡程序应遵循保证车辆最佳动力输出进行控制。

（3）巡航控制模式操作

当驾驶员启动巡航控制系统时，仪表上的“Power”图标、多功能显示器（MFD）将被关闭（假设车辆运行在动力模式下），变速器换挡模式将切换到巡航控制模式。最终结果是将变速器的频繁换挡减少到最低限度。

（4）主动换挡模式操作

手动换挡只需要按一下A/S（Active Select）主动换挡开关即可启动。该开关安装在变速杆旁边，如图1—2—3所示。

当驾驶员按下“A/S”主动换挡开关后，选择转向盘上的“+”或“−”开关或操作手柄即可进行人工换挡。只要变速杆处于“D”位置并且车辆正在行驶，则变速器的换挡模式可以由人工选挡命令控制。图1—2—4所示为已启动主动换挡模式。

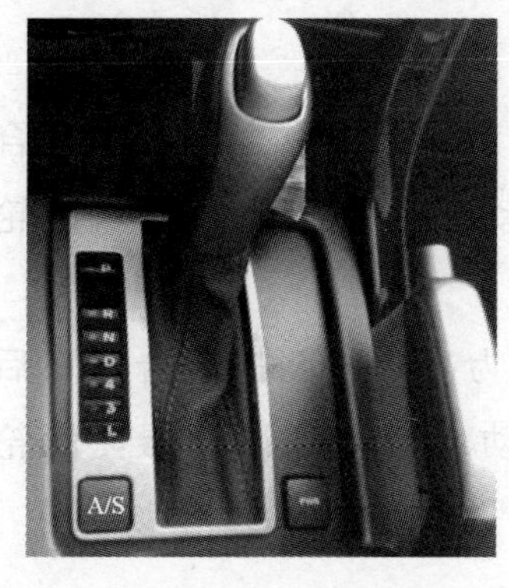

图1—2—3　主动换挡开关

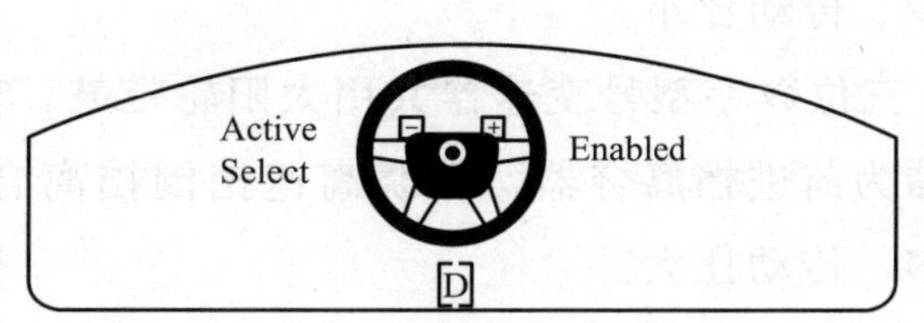

图1—2—4　已启动主动换挡模式

五、自动变速器的型号

1．丰田公司自动变速器的型号说明

（1）三位数字型号，如 A－140E 的含义见表 1—2—1。

表 1—2—1　　丰田公司自动变速器型号 A－140E 的含义

A—140E	含义	知识拓展
A	A 为自动变速器	—
1	表示前驱	1、2、5 代表前驱变速器，3、4、6 代表后驱变速器
4	表示有 4 个前进挡	前进挡的挡位数目，4 代表有 4 个前进挡，5 代表有 5 个前进挡
0	代表第 1 代产品	代表产品序列：0 为第一代产品，1 为第二代产品，2 为第三代产品
E	表示电子控制	D一超速挡，E一电子控制，H、F一四轮驱动，L一有锁止离合器

（2）两位数字型号，如 A42D 的含义见表 1—2—2。

表 1—2—2　　丰田公司自动变速器型号 A42D 的含义

A42D	含义	知识拓展
A	A 为自动变速器	—
4	表示后驱	1、2、5 代表前驱变速器，3、4、6 代表后驱变速器
2	2 为海狮	代表产品序列：2一海狮，3一皮卡，5一皇冠，6一大霸王
D	表示超速挡	D一超速挡，E一电子控制，H、F一四轮驱动，L一有锁止离合器

（3）两位和三位阿拉伯数字的区别。

两位数字型号变速器共用太阳轮带鼓，前离合器为前进挡离合器，后离合器为高速挡倒挡离合器，高速挡倒挡离合器后面为手动二挡片式制动器，齿轮齿数少、传动比小。

三位数字型号变速器共用太阳轮带鼓，前离合器为高速挡倒挡离合器，后离合器为前进挡离合器，围绕高速挡倒挡离合器为手动二挡片式制动器，齿轮齿数多、传动比大。

2．三菱公司自动变速器的型号说明

三菱公司自动变速器型号，如 F4A33 的含义见表 1—2—3。

表 1—2—3　　　　三菱公司自动变速器型号 F4A33 的含义

F4A33	含义	知识拓展
F	F 为前驱变速器	第一位字母表示变速器的装配形式，如：F 为前轮驱动，W 为四轮驱动，V 为后轮驱动
4	表示有 4 个前进挡	表示前进挡个数
A	A 为自动变速器	A 表示自动变速器
3	表示型号	第四位表示型号
3	表示版本	第五位表示版本

3．通用汽车公司自动变速器的型号说明

通用汽车公司自动变速器型号，如 4T60E 的含义见表 1—2—4。

表 1—2—4　　　　通用汽车公司自动变速器型号 4T60E 的含义

4T60E	含义	知识拓展
4	表示有 4 个前进挡	第一位数字表示变速器前进挡个数，4 代表有 4 个前进挡、3 代表有 3 个前进挡
T	表示前驱变速器	第二位字母：T 表示前驱横置，L 表示纵向安装后驱或四驱
60	表示输入轴驱动转矩	第三、四位数字为额定变速器输入轴驱动转矩，单位为 kgf・m，如“60”表示 60 kgf・m
E	表示电子控制	D—超速挡，E—电子控制，H、F—四轮驱动，L—有锁止离合器

4．克莱斯勒公司自动变速器的型号说明

克莱斯勒公司自动变速器型号，如 41TE 的含义见表 1—2—5。

表 1—2—5　　　　克莱斯勒公司自动变速器型号 41TE 的含义

41TE	含义	知识拓展
4	表示有 4 个前进挡	第一位数字表示前进挡个数，4 表示有 4 个前进挡、3 表示有 3 个前进挡
1	表示中负荷	第二位数字表示负荷，如 0 为轻负载，1 为中负荷
T	表示前驱变速器	第三位字母：T 表示前驱横置式，L 表示发动机前驱纵置，R 表示后轮驱动，A 表示四轮驱动
E	表示电子控制	D—超速挡，E—电子控制，H、F—四轮驱动，L—有锁止离合器

思考与练习

1. 简述汽车自动变速器各挡位的含义。
2. 简述汽车自动变速器的基本组成。

模块二 液力耦合器与液力变矩器

课题一　液力耦合器

学习目标

1. 掌握液力耦合器的组成和结构。
2. 了解液力耦合器的工作原理。

液力变矩器的前身是液力耦合器。液力耦合器曾应用于早期的汽车半自动变速器及自动变速器中。液力耦合器的泵轮与发动机的飞轮相连接，动力由发动机曲轴传入。当耦合器做成飞轮的一部分时，液力耦合器又被称为液力飞轮。涡轮与变速器的输入轴相连接。液体在泵轮与涡轮之间循环流动，使力矩从发动机传至变速器，驱动车辆前进。在这方面，液力耦合器的作用类似于手动变速器中的机械离合器。

一、液力耦合器的组成和结构

液力耦合器主要由泵轮和涡轮组成。

1. 泵轮

泵轮与耦合器壳体连成一体，耦合器壳体用螺栓固定在飞轮上，因为泵轮与曲轴相连，它总是和曲轴一起转动。泵轮内部径向装有许多弯曲的叶片，叶片内缘装有可使变速器油平滑流过的导环，如图 2—1—1 所示。

2. 涡轮

如图 2—1—2 所示，涡轮转轮与变速器输入轴相连，在变速器变速杆置于“D”“2”“L”或“R”挡位时，涡轮转轮就与变速器的输入轴一起转动；当车辆停驶时，涡轮转轮不能转动。在变速器变速杆（也称换挡杆）置于“P”或“N”挡位时，涡轮转轮与泵轮一起自由转动。

同泵轮一样，涡轮也装有许多叶片，但涡轮叶片的弯曲方向与泵轮叶片的弯曲方向相反。涡轮转轮装在变速器输入轴上，其叶片与泵轮叶片相对放置，中间留有很小的间隙。

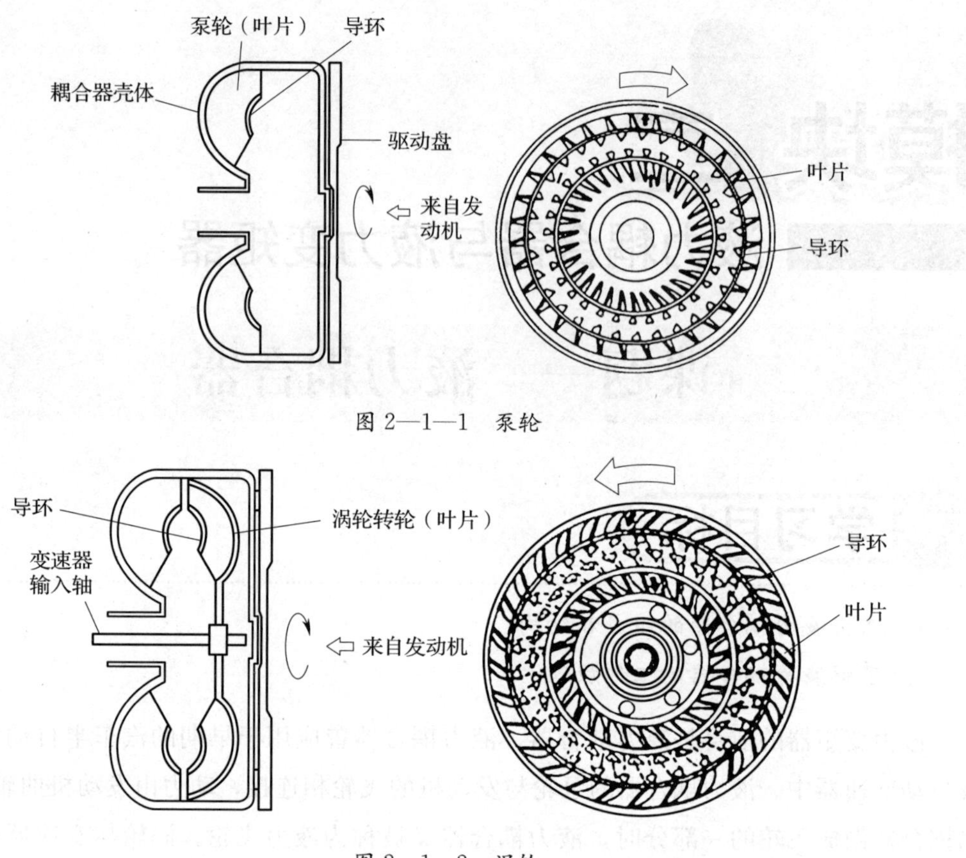

图 2—1—1　泵轮

图 2—1—2　涡轮

二、液力耦合器的工作原理

1．动力传输原理

如图 2—1—3 所示，将电风扇 A 与电风扇 B 靠近相对放置，然后打开电风扇 A，电风扇 B 即使未接电源也会按电风扇 A 转动的方向转动。这是因为电风扇 A 的转动会在两电风扇之间产生空气流动，由电风扇 A 产生的气流冲击电风扇 B 的叶片，使电风扇 B 随之转动。换句话说，电风扇 A 与 B 之间的动力传递是以空气为介质而实现的。

2．液力耦合器的动力传输原理

如图 2—1—4 所示，当泵轮被发动机曲轴驱动时，泵轮中的变速器油就会随同泵轮以相同的方向转动。当泵轮转速加快时，其离心力的作用使油液沿叶片表面及泵轮里面，离开泵心向外流动。当泵轮转速进一步提高时，液体就被甩出泵轮，冲击涡轮叶片，使涡轮开始按泵轮转动的方向转动。

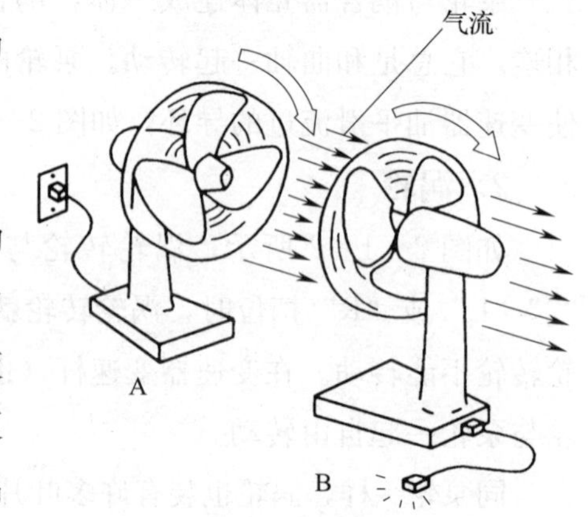

图 2—1—3　动力传输原理示例

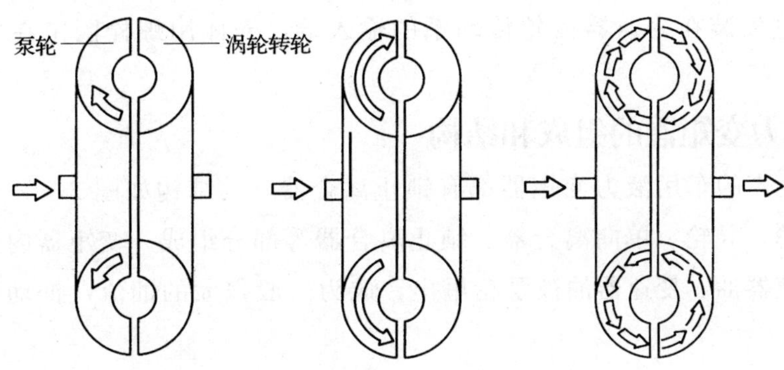

图 2—1—4　液力耦合器的动力传输过程

油液的能量在冲击涡轮叶片被耗尽后，油液就沿着涡轮叶片向里流，流至涡轮内部时沿内表面流回泵轮。就这样，循环又将从头开始。

如上所述，扭矩的传递是通过油液在泵轮和涡轮之间流动来实现的。

油液以顺时针方向从泵轮流到涡轮。流过涡轮时方向逆转，变成逆时针方向。如果允许油液以逆时针方向回到泵轮，进入泵轮时就会成为逆流，使泵轮的泵送效率下降。泵轮将不得不用从发动机获得的部分扭矩来改变油液的流向。当涡轮转速升高到一定速度时，泵轮的效率将大大降低。

思考与练习

1. 液力耦合器由哪几部分组成？
2. 简述液力耦合器的工作原理。

课题二　液力变矩器

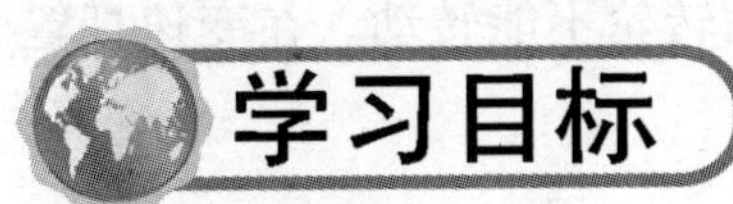

学习目标

1. 掌握液力变矩器的结构及工作原理。
2. 掌握带锁止离合器的液力变矩器的结构及工作原理。

液力变矩器是在液力耦合器的基础上开发出来的，它克服了液力耦合器在一定转速时传递效率低的缺点，作用是传递来自发动机的扭矩，将扭矩成倍增大后传给变速器。它安装在变速器齿轮传动系的输入端，壳体用螺栓固定在发动机的飞轮上。

一、液力变矩器的组成和结构

近年来生产的车用液力变矩器都有锁止离合器，其结构如图 2—2—1 所示。它由泵轮、涡轮、导轮、单向离合器、锁止离合器等部分组成。变矩器内充满油泵提供的自动变速器油。变速器油被泵轮甩出，成为一股强大的油流，推动变矩器的涡轮转动。

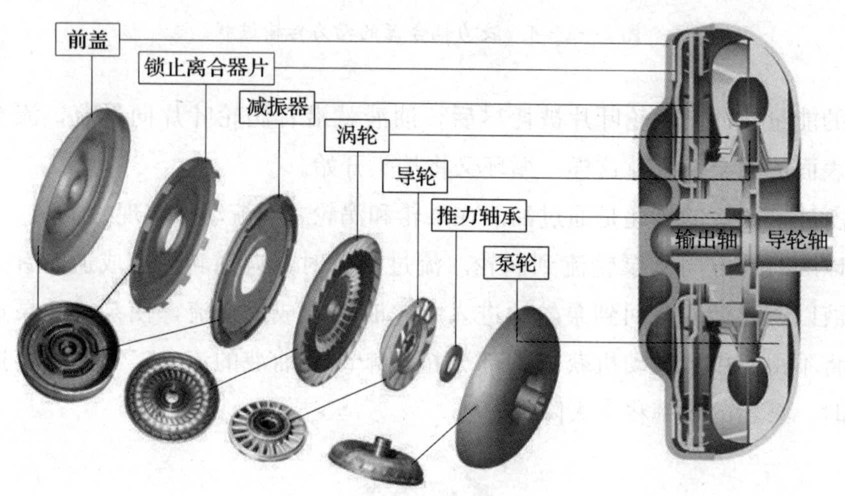

图 2—2—1 液力变矩器的结构

1. 泵轮

与液力耦合器泵轮相同，泵轮与变矩器壳体连成一体，变矩器壳体用螺栓固定在飞轮上，因为泵轮与曲轴相连，它总是和曲轴一起转动。泵轮内部径向装有许多弯曲的叶片，叶片内缘装有让变速器油平滑流过的导环。

2. 涡轮

涡轮转轮与变速器输入轴相连，在变速杆置于“D”“2”“L”或“R”挡位时，涡轮转轮与变速器的输入轴一起转动；当车辆停驶时，涡轮转轮不能转动。在变速杆置于“P”或“N”挡位时，涡轮转轮与泵轮一起自由转动。

3. 导轮

导轮又称定轮，位于泵轮与涡轮转轮之间，安装在导轮轴上，而导轮轴则经单向离合器固定在变速器壳体上。导轮叶片截住离开涡轮转轮的变速器油，改变其方向，使其冲击泵轮叶片背部，给泵轮一个额外的“助推力”，如图 2—2—2 所示。

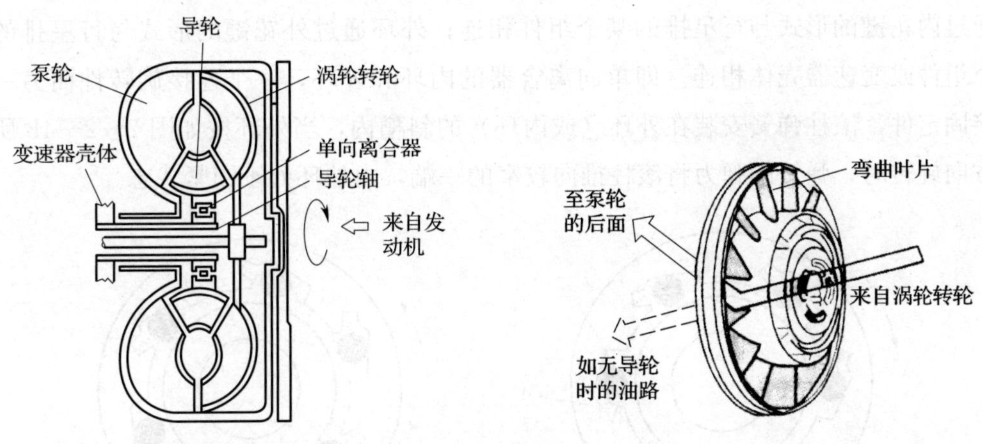

图 2—2—2　导轮的结构及其功能

4．单向离合器

单向离合器使导轮以与发动机曲轴运转相同的方向转动。如果导轮要以与发动机曲轴运转相反的方向转动时，单向离合器就将导轮锁止住，使其无法朝相反方向转动。所以导轮是转动还是被锁止，取决于变速器油冲击导轮叶片的方向。单向离合器一般分为楔块式和滚柱式两种。

（1）楔块式单向离合器

楔块式单向离合器的运动如图 2—2—3 所示。当外座圈按图中箭头 A 方向转动时，就会推动楔块顶部，由于 l_1 小于 l，楔块就会倾翻，使外座圈转动。但当外座圈要朝相反方向（B 向）转动时，楔块就无法倾翻，因为 l_2 大于 l。这样，楔块起到楔子的作用，锁住外座圈，使其无法转动。另外，离合器中还安装有定位弹簧，使楔块总是朝着锁止外座圈的方向略为倾斜，以加强楔块的锁止功能。楔块式单向离合器也用于控制行星齿轮系。

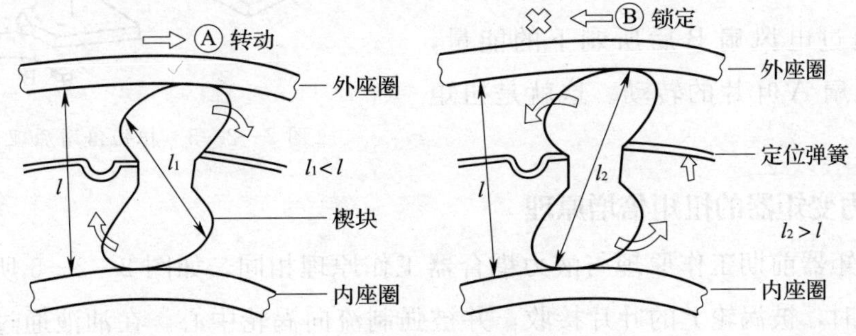

图 2—2—3　单向离合器的运动

（2）滚柱式单向离合器

滚柱式单向离合器如图 2—2—4 所示，一般由内环、外环、滚柱和弹簧组成。内环通过内花键的形式与行星排的某个组件相连；外环通过外花键的形式与行星排的另一个组件或变速器壳体相连。即单向离合器的内环和外环，一个连接旋转件而另一个连接固定件，滚柱弹簧安装在外环（或内环）的斜槽内，当外环按如图 2—2—4b 所示的方向旋转时，弹簧的弹力将滚柱推向较窄的一端，内外环处于锁紧状态。

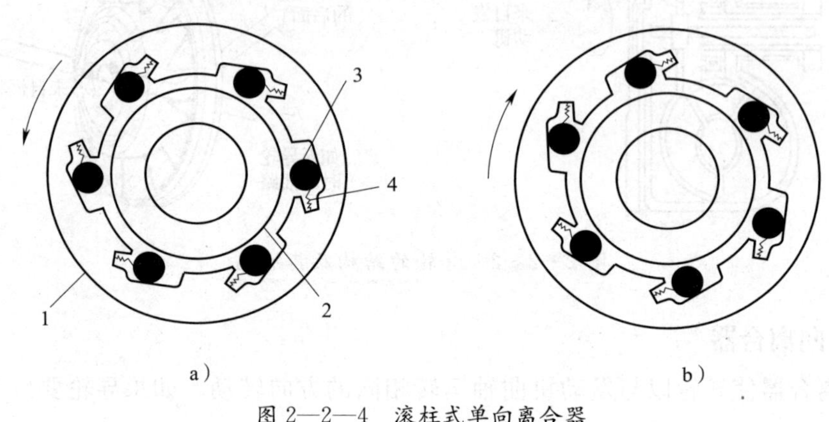

图 2—2—4　滚柱式单向离合器

a）自由状态　b）锁紧状态

1—外环　2—内环　3—滚柱　4—弹簧

二、液力变矩器的工作原理

1. 扭矩倍增原理

前面用两台电风扇作为例子，解释了液力耦合器的扭矩传递原理。如图 2—2—5 所示，如果再加上一条输送管道，气流将穿过电风扇 B（被动电风扇），然后经管道从电风扇 A 后面流回电风扇 A（主动电风扇）。这就会加强电风扇 A 叶片所吹动的气流，气流通过电风扇 B 后所剩下的能量，将增强电风扇 A 叶片的转动。这就是扭矩倍增原理。

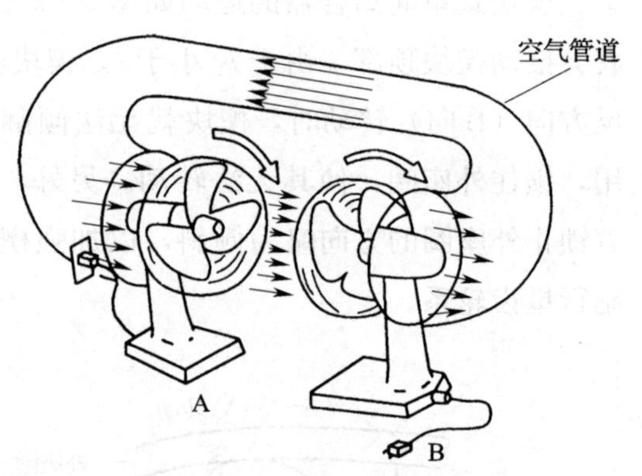

图 2—2—5　扭矩倍增原理示例

2. 液力变矩器的扭矩倍增原理

液力变矩器前期工作原理与液力耦合器工作原理相同，如图 2—2—6 所示，油液被泵轮甩出时，被涡轮上的叶片接收，并被强制流向涡轮中心。在油液通过涡轮中心回到泵轮之前，油液的作用力使涡轮转动。油液以顺时针方向离开泵轮，以逆时针方向从涡轮返回，逆时针方向的液流从涡轮出来在到达泵轮之前要先通过导轮叶片。导轮叶片的弯曲型面使液流方向翻转，液流改变方向后便能进入泵轮，与沿泵轮叶片流

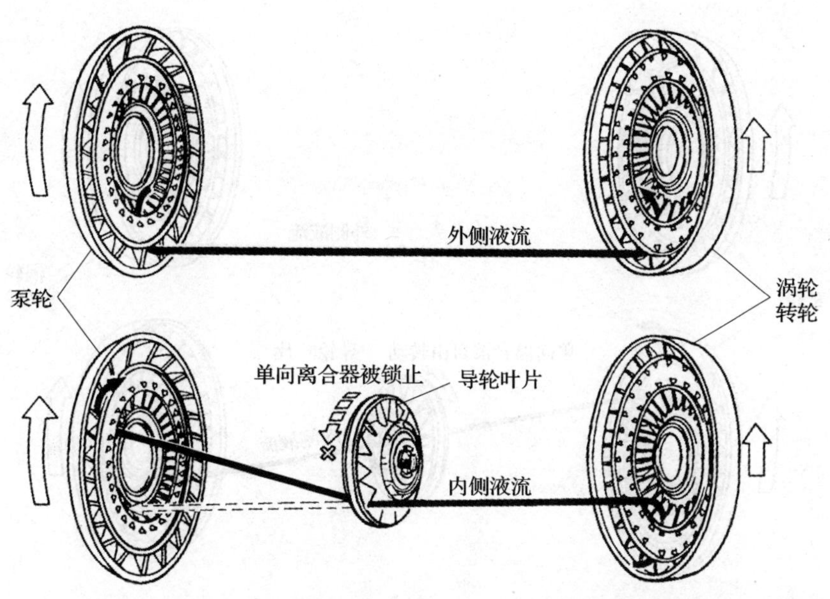

图 2—2—6　液力变矩器（在涡流相当大时）扭矩倍增示意图

动的油液合流。导轮带来的第一个好处是，泵轮不必再浪费发动机扭矩来调整液流的方向，第二个好处是，进入泵轮的液流是顺向的，对泵轮叶片有“助推”作用。

导轮能起换向的作用意味着油液进入泵轮时已处于运动状态，不必再从静止加速。液流进入叶片，动能得到增加，驱使油液通过泵轮，以更大的冲力奔向涡轮。经过对液流的高效控制，涡轮扭矩实际上已大于发动机扭矩，扭矩得到倍增，不过，导轮的增矩作用只在泵轮与涡轮有较大的转速差时才有。两者的转速差越大，增矩作用越大。

导轮的单向离合器对于增矩起重要的作用，在泵轮与涡轮之间循环的液流称为旋流。只有泵轮与涡轮之间有转速差时才会形成旋流。当汽车刚开始起步或者加速时，泵轮与涡轮之间的转速差最大。此时泵轮转动，涡轮未转或转速较低。由于转速差大，旋流和扭矩倍增作用也最大。油液通过导轮叶片的旋流试图使导轮逆时针转动，此时，离合器滚子沿斜面下移，将导轮固定在支承上。

随着汽车的加速，涡轮相对泵轮逐渐提速。最终，涡轮转速会达到某一点，此时油液开始以顺时针方向流入，如图 2—2—7 所示。由于离心力使旋流减小，增矩的作用也变小，最后，当涡轮转速达到泵轮转速的 90%时，变矩器进入“耦合”阶段。在这一阶段，变矩器只是通过液力耦合作用向变速器输入轴传送发动机扭矩。要说明的是，耦合不一定发生在某特定车速下。例如，变矩器与变速器耦合时，汽车可能是在某个稳定车速下行驶，如果此时司机突然加速超车，发动机转速增加会使泵轮转速增加，造成泵轮转速比涡轮转速快。当泵轮与涡轮之间形成较大的转速差时，就再次发生增矩（涡流），直到涡轮转速赶上泵轮转速为止。

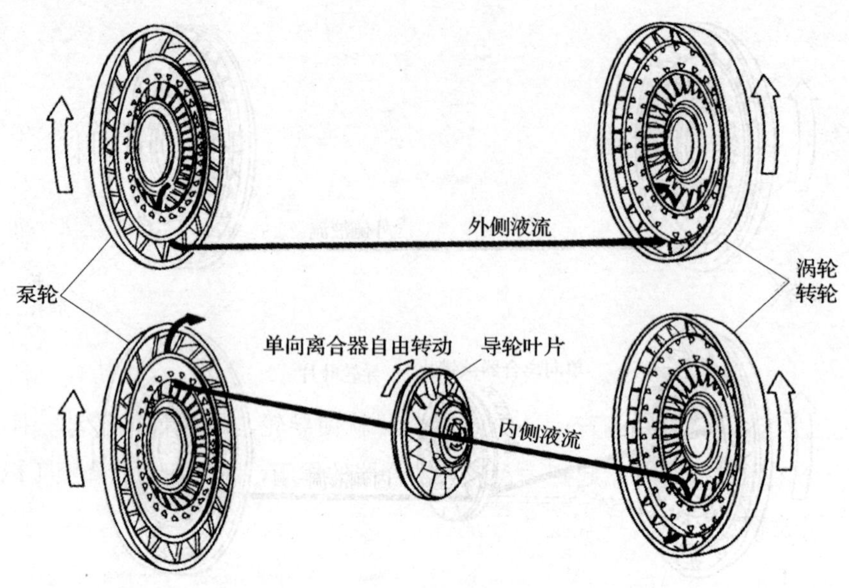

图 2—2—7 涡轮与泵轮转速接近时变矩器的液流示意图

随着涡轮转速增加，旋流减小，作用于导轮的旋转力反转使离合器分离，允许导轮自由转动（顺时针方向）。撞击导轮叶片的液流方向也发生了改变，不再流向导轮叶片的前部，而是流向后部，如果此时离合器未能松开导轮叶片，其叶片就会在液流中造成涡流，使变矩器的效率大大下降。

综上所述，当涡轮转速达到泵轮转速的某一给定比例时，导轮就开始与泵轮沿同一方向转动，这就是变矩器的工作点，也称为耦合点。在达到耦合点以后，扭矩成倍放大效应不再发生，变矩器仅起到普通液力耦合器的作用。

三、液力变矩器的性能

1. 扭矩比

如前所述，变矩器扭矩的成倍放大与涡流成比例增大，即在涡轮转轮停转时，扭矩达到最大。

如图 2—2—8 所示，变矩器的工作分为两个区域：一个是变矩区，扭矩成倍放大；另一个是耦合区，只传递扭矩而无扭矩放大。耦合器工作点（耦合点）就是这两个区域的分界线。

图中：

$$扭矩比（t）=\frac{涡轮输出扭矩}{泵轮输入扭矩}$$

$$转速比（e）=\frac{涡轮转速}{泵轮转速}$$

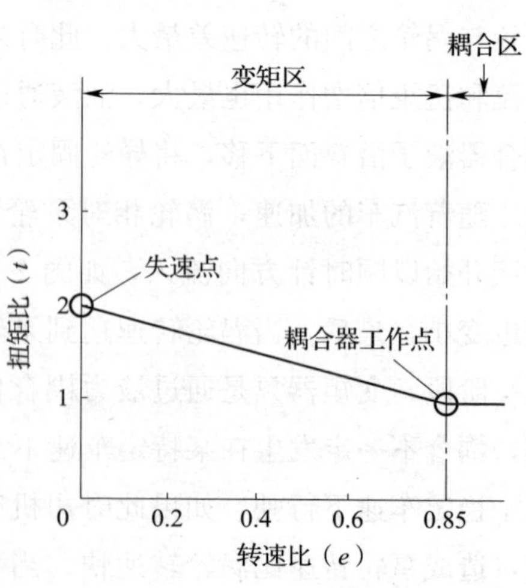

图 2—2—8 液力变矩器的工作原理

失速点是指涡轮停转，或转速比（e）为零时的导轮状态。变矩器的最大扭矩比就在失速点，通常为 1.7～2.5。

在失速点（例如，当变速杆置于“D”挡位而车辆被阻止前进时），泵轮与涡轮之间的转速差达到最大。

在失速测试中，变矩器性能与发动机输出功率测试是在失速点将发动机节气门全开（满负荷）的情况下进行的。

当涡轮开始转动，转速比上升时，涡轮与泵轮之间的转速差开始下降。当转速比达到某一规定值时，涡流变得最小，因而扭矩比几乎为 1∶1。由于从涡轮转轮流出的液流以较高转速比冲击导轮叶片的背后，单向离合器就使导轮与泵轮同向转动。换言之，变矩器在耦合器工作点时，开始起到一台液力耦合器的作用，防止扭矩比降至 1 以下。

2. 传动效率

变矩器的传动效率是指泵轮得到的能量传递至涡轮的效率，它与转速比（e）的关系如图 2—2—9 所示。

这里所说的能量是指发动机本身的输出功率，与发动机的转速和扭矩成正比。

$$\text{传动效率}(n)=\frac{\text{涡轮输出功率}}{\text{泵轮输入功率}}\times 100\%$$

$$=\frac{\text{涡轮输出扭矩}}{\text{泵轮输入扭矩}}\times\text{转速比}(e)\times 100\%$$

在失速点时，泵轮转动而涡轮停住不转，这时传递到涡轮的是最大扭矩，而传动效率却为零。

当涡轮开始转动时，随着其转速升高，涡轮输出功率增大，传动效率激增。在转速比达到耦合点前少许时，传动效率达到最大值，其后又开始下降，这是因为从涡轮转轮流出的部分油液开始流到导轮叶片背面。在达到耦合点时，来自涡轮转轮的液流，大部分冲击导轮叶片背面，导轮开始转动，使传动效率不至于进一步下降，变矩器开始如同一台液力耦合器一样发挥作用。

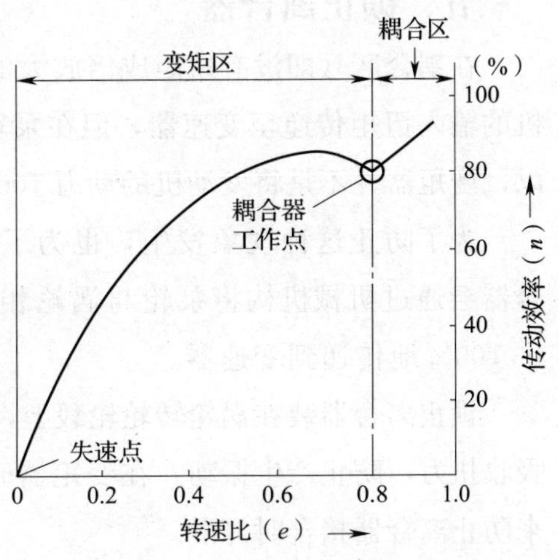

图 2—2—9　液力变矩器传动效率与转速比之间的关系

由于扭矩在液力耦合器中是以接近 1∶1 比例传递的，在耦合区内的传动效率与转速比成正比例直线上升。但由于液流的摩擦及撞击，使液流温度也上升，液流的循环又使部分动能被消耗，所以变矩器的传动效率不可能达到

100%，通常仅为95%左右。

四、液力变矩器的运动

液力变矩器在变速杆位于“D”（前进挡）“2”“L”（低速挡）或“R”（倒挡）挡位时的工作情况如下：

1．车辆停住，发动机怠速运转

发动机怠速运转时，自身产生的扭矩最小。若使用制动器停车，此时涡轮上的载荷最大，这是因为涡轮无法转动。但是，由于车辆停住时，涡轮与泵轮的转速比为零，而扭矩比却最大。所以涡轮总是随时准备以大于发动机所产生的扭矩转动。

2．车辆启动

当松开制动器时，涡轮就能与变速器输入轴一起转动。当踩下加速踏板时，涡轮以大于发动机所产生的扭矩转动，车辆开始前进。

3．车辆低速行驶

随着车速的提高，涡轮的转速迅速接近泵轮的转速，从而使扭矩比也迅速接近。当涡轮与泵轮的转速比接近某一值（耦合器工作点）时，导轮开始转动，扭矩成倍放大效应下降。换言之，变矩器开始只作为一台液力耦合器工作，车速几乎与发动机转速成正比例直线上升。

4．车辆以中、高速行驶

这时，变矩器仅起到一台液力耦合器的作用。涡轮以与泵轮几乎一样的转速转动。值得注意的是，在车辆正常启动的过程中，变矩器在车辆起步 2～3 s 后达到耦合点。但是如果载荷太大，即使车辆以中、高速行驶，变矩器也有可能在变矩区内工作。

五、锁止离合器

在耦合区（即没有扭矩成倍放大的情况），变矩器以接近 1∶1 的比例将来自发动机的输入扭矩传递至变速器，但在泵轮与涡轮之间仍存在至少 4%～5%的转速差。所以，变矩器并不是将发动机的动力 100%地传递到变速器，而是有一定的能量损失。

为了防止这种现象发生，也为了降低油耗，当车速在大于 60 km/h 时，锁止离合器会通过机械机构将泵轮与涡轮相连接，实现机械传动，使发动机产生的动力几乎 100%地传递到变速器。

锁止离合器装在涡轮转轮轮毂上，位于涡轮转轮前端。减振弹簧在离合器接合时，吸收扭力，防止产生振动。在变矩器壳体或变矩器锁止活塞上粘有一种防滑材料，用来防止离合器接合时打滑。

锁止离合器的接合和分离是由变矩器中的液压油的流向来决定的，其工作过程如下：

1．离合器分离

当车辆低速行驶时，由继动阀控制的油液流动方向如图 2—2—10 所示。加压油液流至锁止离合器的前端，锁止离合器前端及后端的压力就变得一样，锁止离合器处于脱开状态。这时由于变矩器内油液因涡流产生大量热量，流出变矩器的油液要经冷却器冷却后再送回变速器。

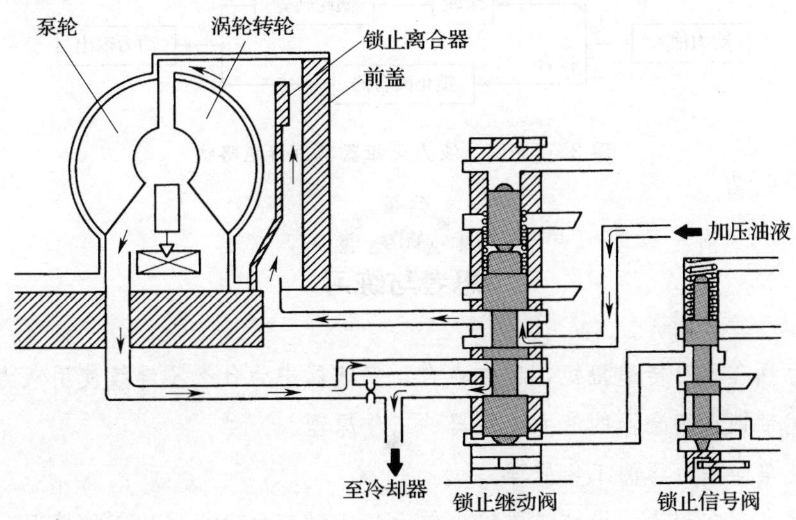

图 2—2—10　锁止离合器脱开时的液流示意图

2．离合器接合

当车辆以中、高速（≥50 km/h）行驶时，锁止继动阀控制的油液流动方向如图 2—2—11 所示，加压油液流至锁止离合器的后端。这时，变矩器壳体受到锁止活塞

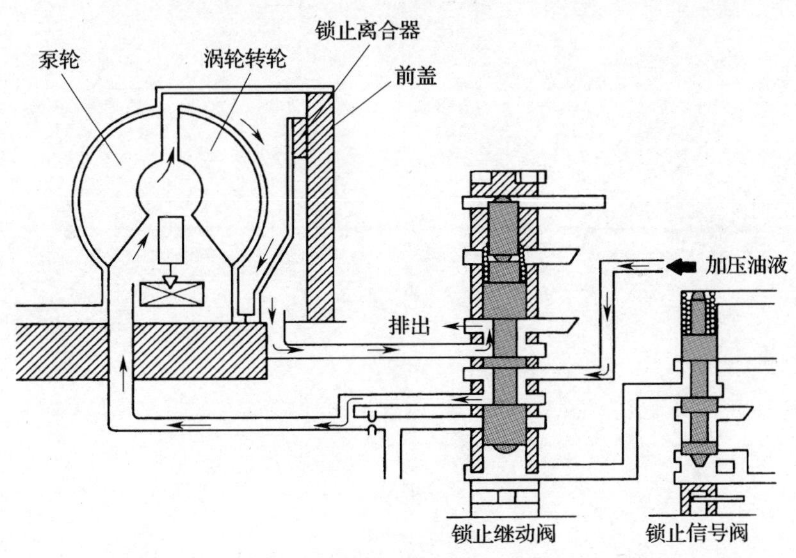

图 2—2—11　锁止离合器接合时的液流示意图

挤压，从而使锁止离合器和前盖一起转动，即锁止离合器接合。由于这时泵轮与涡轮转轮转速差为零，没有涡流产生，因而油液在变矩器内产生的热量很小，流出变矩器的油液不需要冷却，直接流回变速器。此时液力变矩器动力传递路线如图 2—2—12 所示。

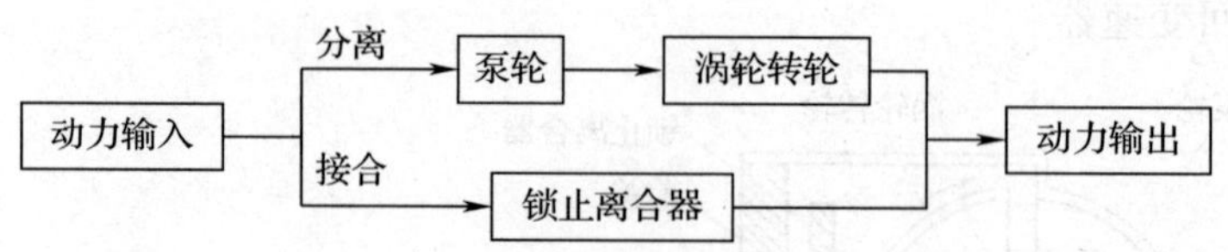

图 2—2—12 液力变矩器动力传递路线

思考与练习

1. 液力耦合器可传递扭矩，现在在自动变速器中为什么不继续使用液力耦合器？
2. 简述带锁止离合器的液力变矩器的工作原理。
3. 简述单向离合器的工作原理。
4. 简述汽车在起步、上坡或要输出较大扭矩时液力变矩器的工作情况。

模块三 行星齿轮变速机构

液力变矩器虽能在一定范围内自动、无级地改变扭矩比和转速比，但存在传动效率低的缺点，且变矩范围最多只能达到 2～4 倍，难以满足汽车使用要求。

采用液力变矩器与齿轮变速器串联组成的液力自动变速器，可加大变矩范围，并可同时得到倒挡和空挡，与变矩器一起配合使用的一般是齿轮变速器。

课题一 换挡执行机构及行星齿轮组

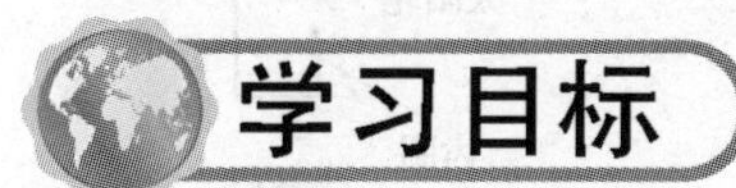

学习目标

1. 掌握行星齿轮组的结构。
2. 掌握换挡执行机构的分类、结构及工作原理。
3. 掌握单排行星齿轮机构的工作原理。

利用行星齿轮系统传递动力和变速，具有体积小、结构简单、操纵容易和变速比大等优点，因此，目前流行的齿轮式自动变速器多为行星齿轮式自动变速器。行星齿轮变速器由多排行星齿轮组和换挡执行机构等组成。

一、行星齿轮组

最简单的行星齿轮组为一个单排行星齿轮机构，如图 3—1—1 所示，由一个太阳轮、一个齿圈、一个行星架及若干行星齿轮组成，一般称为单排行星齿轮。行星架、太阳轮和齿圈是单排行星齿轮的三个基本构件，且它们具有公共的固定轴线，如图 3—1—2 所示。

齿圈又称为齿环，其余齿轮均为外齿轮。太阳轮位于机构的中心，行星轮与之外啮合，而行星轮与齿圈是内啮合。通常有 3～6 个行星轮，它通过滚针轴承安装在行星齿轮轴上，行星齿轮轴对称、均匀地安装在行星架上。行星齿轮机构工作时，行星轮除了绕自身轴线自转外，同时还绕着太阳轮公转，而行星轮绕太阳轮公转时，行星架也绕太阳轮旋转。由于太阳轮与行星轮是外啮合，所以两者的旋转方向是相反

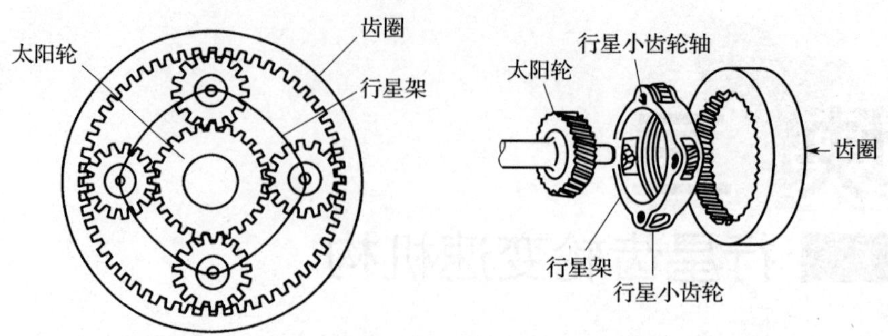

图 3—1—1 单排行星齿轮机构

的；而行星轮与齿圈是内啮合，则这两者的旋转方向是相同的。

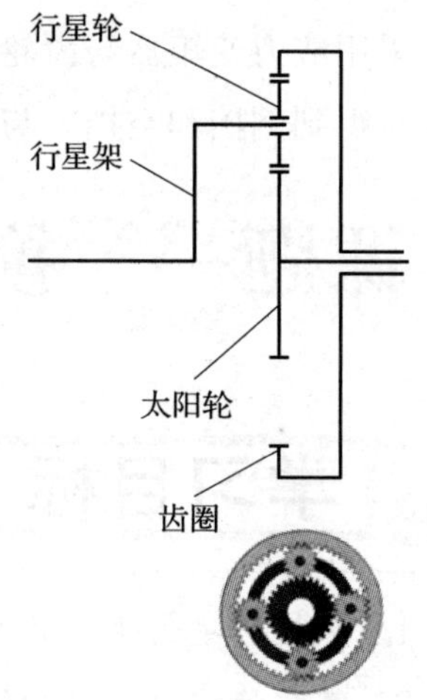

图 3—1—2 行星齿轮示意图

1．单排行星齿轮机构的运动规律

根据能量守恒定律，由作用在单排行星齿轮机构各元件上的力矩和结构参数，可以得出表示单排行星齿轮机构运动规律的特性方程式：

$$n_1+\alpha n_2-(1+\alpha)n_3=0$$

式中，n_1为太阳轮转速；n_2为齿圈转速；n_3为行星架转速；α为齿圈齿数z_2与太阳轮齿数z_1之比，即$\alpha=z_2/z_1$，且$\alpha>1$。

由于一个方程有三个变量，如果将太阳轮、齿圈和行星架中某个元件作为主动（输入）部分，让另一个元件作为从动（输出）部分，则由于第三个元件不受任何约束和限制，所以从动部分的运动是不确定的。为了得到确定的运动，必须对太阳轮、齿圈和行星架三者中的某个元件的运动进行约束和限制。

2．单排行星齿轮机构的动力传动方式

如图 3—1—3 所示，通过对不同的元件进行约束和限制，可以得到不同的动力传动方式。

设太阳轮转速为n_1，齿圈转速为n_2，行星架转速为n_3，则：

（1）齿圈为主动件（输入），行星架为从动件（输出），太阳轮固定，如图 3—1—3a 所示。此时，$n_1=0$，则传动比i_{23}为：

$$i_{23}=n_2/n_3=1+1/\alpha>1$$

由于传动比大于 1，说明为减速传动，可以作为降速挡。

（2）太阳轮为主动件（输入），行星架为从动件（输出），齿圈固定，如图 3—1—3c 所示。此时，$n_2=0$，则传动比i_{13}为：

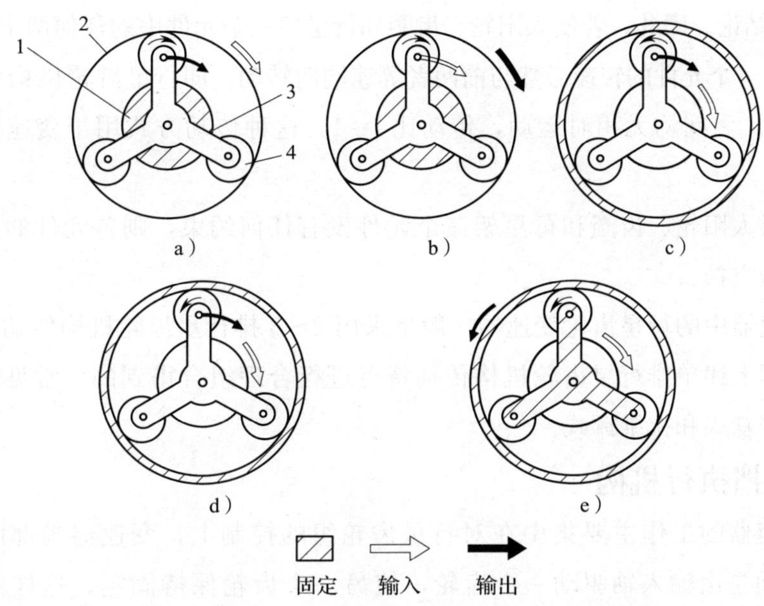

图 3—1—3　单排行星齿轮机构的动力传动方式

1—太阳轮　2—齿圈　3—行星架　4—行星轮

$$i_{13}=n_1/n_3=1+\alpha>1$$

由于传动比大于 1，说明为减速传动，可以作为降速挡。

对比这两种情况的传动比，由于 $i_{13}>i_{23}$，虽然都为降速挡，但 i_{13} 是降速挡中的低挡，而 i_{23} 为降速挡中的高挡。

（3）行星架为主动件（输入），齿圈为从动件（输出），太阳轮固定，如图 3—1—3b 所示。此时，$n_1=0$，则传动比 i_{32} 为：

$$i_{32}=n_3/n_2=\alpha/(1+\alpha)<1$$

由于传动比小于 1，说明为增速传动，可以作为超速挡。

（4）行星架为主动件（输入），太阳轮为从动件（输出），齿圈固定，如图 3—1—3d 所示。此时，$n_2=0$，则传动比 i_{31} 为：

$$i_{31}=n_3/n_1=1/(1+\alpha)<1$$

由于传动比小于 1，说明为增速传动，可以作为超速挡。

（5）太阳轮为主动件（输入），齿圈为从动件（输出），行星架固定，如图 3—1—3e 所示。此时，$n_3=0$，则传动比 i_{12} 为：

$$i_{12}=n_1/n_2=-\alpha$$

由于传动比为负值，说明主、从动件的旋转方向相反；又由于 $|i_{12}|>1$，说明为增速传动，可以作为倒挡。

（6）如果 $n_1=n_2$，则可以得到 $n_3=n_1=n_2$。同样，$n_1=n_3$ 或 $n_2=n_3$ 时，均可以得到

$n_1=n_2=n_3$的结论。因此，若使太阳轮、齿圈和行星架三个元件中的任何两个元件连为一体转动，则另一个元件的转速必然与前两者等速同向转动。即行星齿轮机构中所有元件（包含行星轮）之间均无相对运动，传动比 $i=1$。这种传动方式用于变速器的直接挡传动。

（7）如果太阳轮、齿圈和行星架三个元件没有任何约束，则各元件的运动是不确定的，此时为空挡。

自动变速器中的行星齿轮变速器一般是采用 2～3 排行星齿轮机构传动，其各挡传动比就是根据上述单排行星齿轮机构传动特点进行合理组合得到的。常见的行星齿轮变速器有辛普森式和拉维挪式。

二、换挡执行机构

自动变速器的工作主要集中在对行星齿轮组的控制上，变速器内部的任何一种传动比，必须是由输入轴驱动一个齿轮，使另一个齿轮保持固定，这样第三个齿轮就被驱动。自动变速器里的部件基本上都是为了执行或协助执行齿轮组的这一功能的。变速器内部主要由离合器、单向离合器和制动器来控制行星齿轮组各个部件的运转，而单向离合器的结构、原理与导轮单向离合器相同。下面重点介绍离合器和制动器。

1. 离合器

自动变速器离合器均为湿式多片离合器，它的功用是连接轴与行星齿轮机构中的元件，或是连接行星齿轮机构中的不同元件。

（1）结构及组成

离合器主要由离合器鼓、活塞、主动摩擦片、从动钢片、回位弹簧等组成，如图 3—1—4 所示。

离合器鼓是一个液压缸，鼓内有内花键，内圆轴颈上有进油孔与控制油路相通。离合器活塞为环状，内外圆上有密封圈，安装在离合器鼓内。从动钢片和主动摩擦片交错排列，两者统称为离合器片，均使用钢料制成，但摩擦片的两面烧结有铜基粉末冶金材料。为保证离合器接合柔和及散热，离合器片浸在油液中工作，因而称为湿式离合器。钢片带有外花键齿，与离合器鼓的内花键齿圈连接，并可轴向移动，摩擦片则以内花键齿与花键毂的外花键槽配合，也可做轴向移动。花键毂和离合器鼓分别以一定的方式与变速器输入轴或行星齿轮机构的元件相连接。碟形弹簧的作用是使离合器接合柔和，防止换挡冲击。可以通过调整卡环或压盘的厚度来调整离合器的间隙。

（2）工作原理

离合器的工作原理如图 3—1—5 所示。

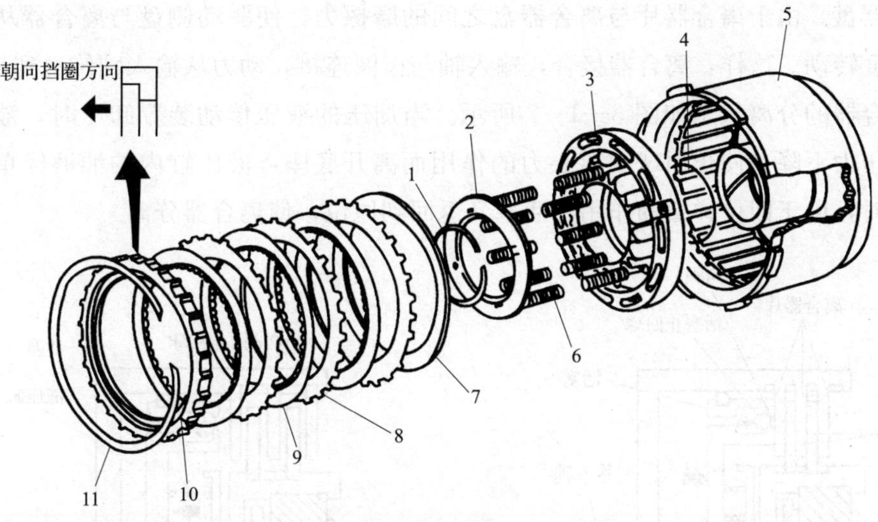

图 3—1—4　离合器零件分解图

1、11—卡环　2—弹簧座　3—活塞　4—O 形圈　5—离合器鼓　6—回位弹簧

7—碟形弹簧　8—从动钢片　9—主动摩擦片　10—压盘

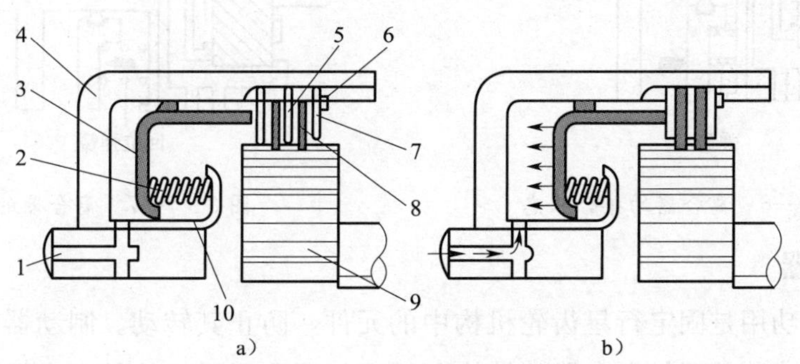

图 3—1—5　离合器的工作原理

a）分离状态　b）接合状态

1—控制油道　2—回位弹簧　3—活塞　4—离合器鼓　5—主动摩擦片

6—卡环　7—压盘　8—从动钢片　9—花键毂　10—弹簧座

当具有一定压力的自动变速器油经控制油道进入活塞左面的液压缸时，液压作用力便克服弹簧力使活塞右移，将所有离合器片压紧，即离合器接合，与离合器主、从动部分相连的元件也被连接在一起，以相同的速度旋转。

当控制阀将作用在离合器液压缸的油压撤除后，离合器活塞在回位弹簧的作用下回复原位，并将液压缸内的变速器油从进油孔排出，使离合器分离，离合器主、从动部分可以以不同转速旋转。

（3）丰田常用离合器工作原理

离合器的接合状态如图 3—1—6 所示。当加压油液流至活塞缸时，就推动活塞止回球，使其关闭单向阀。此时，液压缸内压力升高，活塞向左运动，迫使离合器片接

触离合器盘。由于离合器片与离合器盘之间的摩擦力，使驱动侧盘与离合器从动盘以相同速度转动。这样，离合器接合，输入轴与齿圈连接，动力从输入轴传送到齿圈。

离合器的分离状态如图 3—1—7 所示。当加压的液压传动装置卸压时，液压缸内的油液压力下降，使止回球因离心力的作用而离开底座，液压缸内的油液经单向阀流出。此时，由于回位弹簧的作用，活塞又返回到原位，使离合器分离。

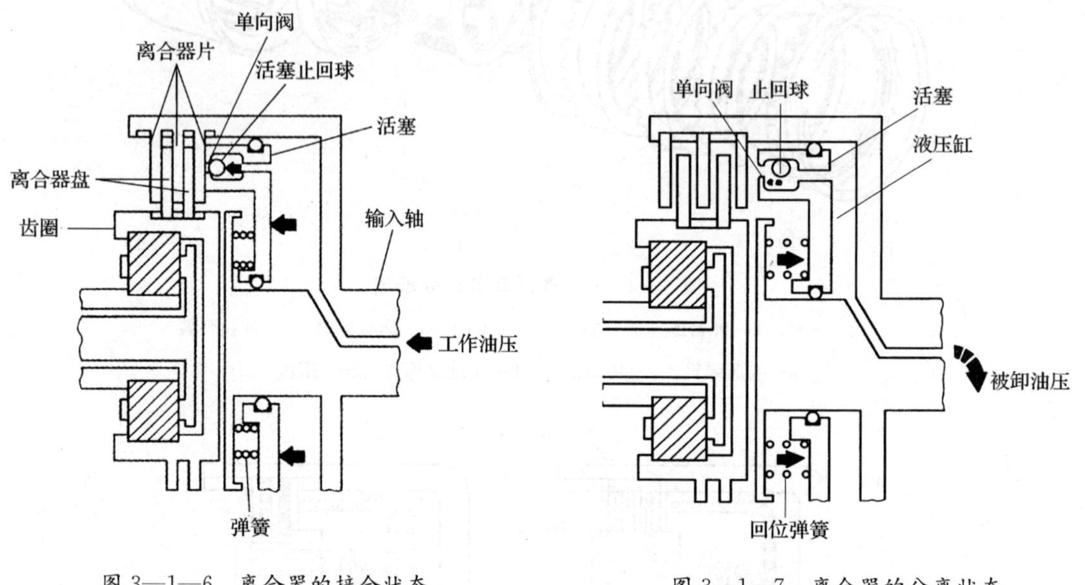

图 3—1—6　离合器的接合状态　　　图 3—1—7　离合器的分离状态

2．制动器

制动器的功用是固定行星齿轮机构中的元件，防止其转动。制动器有片式和带式两种形式。片式制动器与离合器的结构和原理相同，不同之处是离合器起连接作用而传递动力，而片式制动器是通过连接而起制动作用。

（1）片式制动器（双活塞型）

在丰田 A40 和 340 系列自动变速器中，有一个由外活塞和内活塞构成的双活塞型制动器，用以缓冲制动器接合时产生的振动。如图 3—1—8 所示，首先向小直径的内活塞施加压力，使离合器盘和离合器片接合少许，然后外活塞开始运动，施加较大压力。这样，内活塞产生的较小压力，再加上外活塞产生的较大压力，使离合器盘和离合器片完全接合。由于作用在制动器上的压力被分为两个阶段施加，从而缓冲了制动器接合时产生的振动。

在制动器的活塞中与离合器不一样，它没有止回球。这是因为当油压卸压时，由于离心力的作用，没有油液留在活塞缸中。因此，即使没有止回球，液压油也能迅速地被排出。

离合器和制动器的情况一样，盘数和片数随自动变速器型号而异。即使是同一型号的自动变速器，由于配套的发动机不同，其离合器盘和离合器片的数目也可能不同。

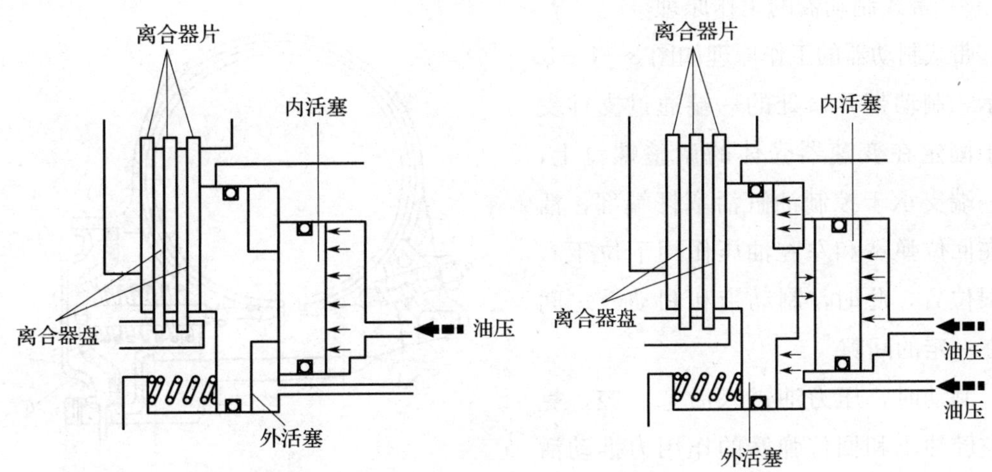

图 3—1—8 双活塞型片式制动器的工作过程

在更换新的离合器片、制动器片或制动带时，要先将其浸泡在自动变速器油中 15 min 以上，使摩擦材料充分膨胀。

（2）带式制动器

1）带式制动器的结构及组成

带式制动器由制动带和控制油缸等组成，如图 3—1—9 所示。制动带是内表面带有镀层的开口式环形钢带。制动带的一端支承在与变速器壳体固连的支座上，另一端与控制油缸的活塞杆相连。

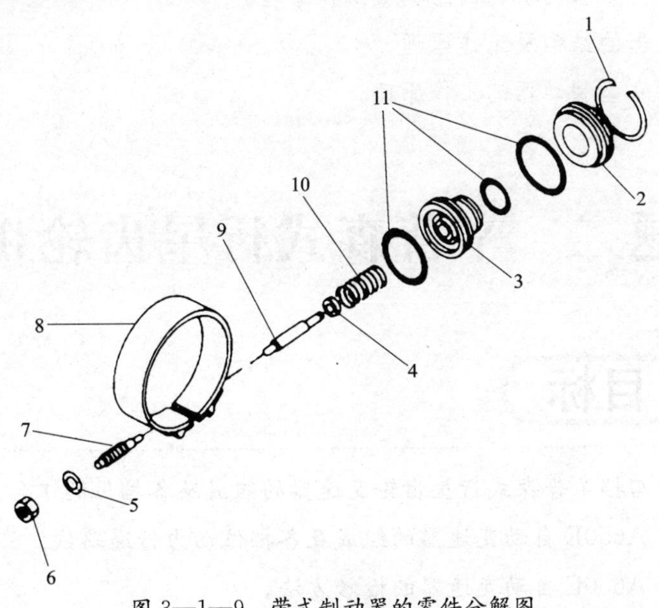

图 3—1—9 带式制动器的零件分解图

1—卡环 2—活塞定位架 3—活塞 4—止推垫圈 5—垫圈 6—锁紧螺母 7—调整螺钉 8—制动带 9—活塞杆 10—回位弹簧 11—O 形圈

2）带式制动器的工作原理

带式制动器的工作原理如图 3—1—10 所示，制动带开口处的一端通过支柱支承于固定在变速器壳体的调整螺钉上，另一端支承于控制油缸活塞杆端部，活塞在回位弹簧和左腔油压作用下位于右极限位置，此时，制动带和制动鼓之间存在一定的间隙。

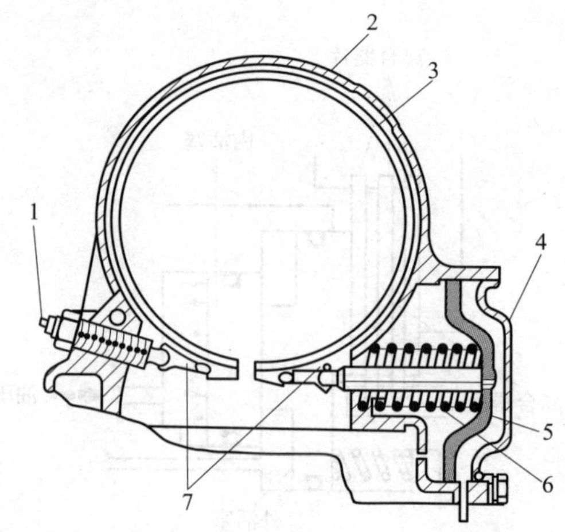

图 3—1—10 带式制动器的工作原理
1—调整螺钉（固定支承端） 2—制动带 3—制动鼓 4—控制油缸盖 5—活塞 6—回位弹簧 7—支柱

制动时，压力油进入活塞右腔，克服左腔油压和回位弹簧的作用力推动活塞左移，制动带以固定支座为支点收紧。在制动力矩的作用下，制动鼓停止旋转，行星齿轮机构某元件被锁止。随着油压撤除，活塞逐渐回位，制动解除。

思考与练习

1. 简述单排行星齿轮机构的结构及工作原理。
2. 简述离合器的结构及工作原理。
3. 简述双活塞型制动器的工作原理。

课题二 辛普森式行星齿轮机构

学习目标

1. 掌握福特四挡辛普森式行星齿轮变速器的组成及各挡位的工作原理。
2. 掌握丰田 A650E 自动变速器的组成及各挡位动力传递路线。
3. 掌握丰田 A650E 自动变速器的检修方法。

辛普森式行星齿轮变速器是应用最广泛的一种行星齿轮变速器，它是由美国福特公司的工程师 H. W. 辛普森发明的。辛普森式行星齿轮变速器从 20 世纪 70 年代开始，被通用、福特、丰田、日产等多家公司用于汽车变速器上，目前多采用的是四挡辛普森式行星齿轮变速器，其多采用行星双排，特点是前行星架和后齿轮连成一体，一般作为输出组件。

一、福特四挡辛普森式行星齿轮变速器

1. 四挡辛普森式行星齿轮变速器的结构、组成

图 3—2—1、图 3—2—2 所示为四挡辛普森式行星齿轮变速器的结构简图和元件位置图。注意：不同厂家的四挡辛普森式行星齿轮变速器的元件位置稍有不同。

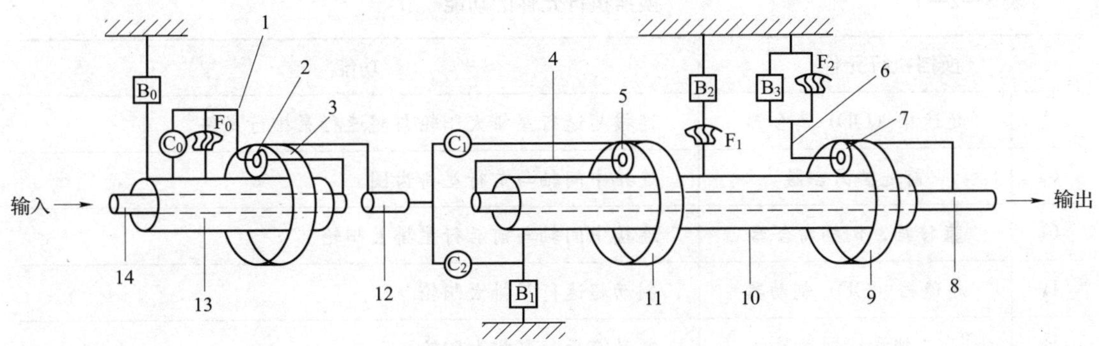

图 3—2—1　四挡辛普森式行星齿轮变速器的结构简图

1—超速（OD）行星排行星架　2—超速（OD）行星排行星轮　3—超速（OD）行星排齿圈
4—前行星排行星架　5—前行星排行星轮　6—后行星排行星架　7—后行星排行星轮
8—输出轴　9—后行星排齿圈　10—前后行星排太阳轮组件　11—前行星排齿圈
12—中间轴　13—超速（OD）行星排太阳轮组件　14—输入轴　C_0—超速挡（OD）离合器
C_1—前进挡离合器　C_2—直接挡、倒挡离合器　B_0—超速挡（OD）制动器
B_1—二挡滑行制动器　B_2—二挡制动器　B_3—低挡、倒挡离合器
F_0—超速挡（OD）单向离合器　F_1—二挡（一号）单向离合器
F_2—低挡（二号）单向离合器

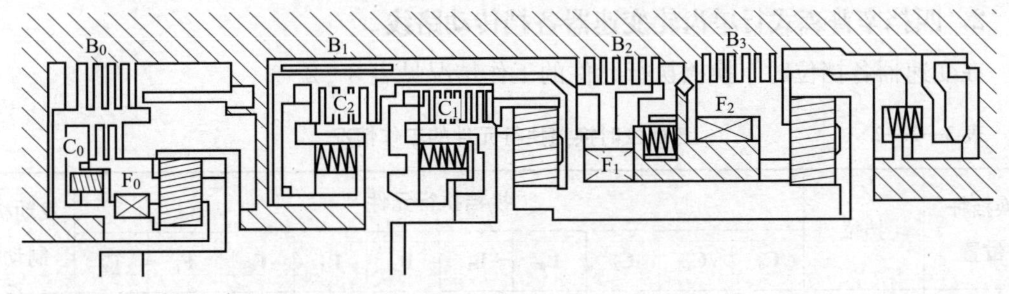

图 3—2—2　四挡辛普森式行星齿轮变速器的元件位置图

四挡辛普森式行星齿轮机构由三排行星齿轮机构组成，前面一排为超速行星排，中间一排为前行星排，后面一排为后行星排，之所以这样命名是由于四挡辛普森式行

星齿轮机构是在三挡辛普森式行星齿轮机构的基础上发展而来的，沿用了三挡辛普森式行星齿轮机构的命名。输入轴与超速行星排的行星架相连，超速行星排的齿圈与中间轴相连，中间轴通过前进挡离合器或直接挡、倒挡离合器与前、后行星排相连。前、后行星排的结构特点是：共用一个太阳轮，前行星排的行星架与后行星排的齿圈相连并与输出轴相连。

换挡执行机构包括三个离合器、四个制动器和三个单向离合器，共十个元件。具体功能见表 3—2—1。

表 3—2—1　　换挡执行元件的功能

换挡执行元件		功能
C_0	超速挡（OD）离合器	连接超速行星排太阳轮与超速行星排行星架
C_1	前进挡离合器	连接中间轴与前行星排齿圈
C_2	直接挡、倒挡离合器	连接中间轴与前后行星排太阳轮
B_0	超速挡（OD）制动器	制动超速行星排太阳轮
B_1	二挡滑行制动器	制动前后行星排太阳轮
B_2	二挡制动器	制动 F_1 外座圈，当 F_1 也起作用时，可以防止前后行星排太阳轮逆时针转动
B_3	低挡、倒挡制动器	制动后行星排行星架
F_0	超速挡（OD）单向离合器	连接超速行星排太阳轮与超速行星排行星架
F_1	二挡（一号）单向离合器	当 B_2 工作时，防止前后行星排太阳轮逆时针转动
F_2	低挡（二号）单向离合器	防止后行星排行星架逆时针转动

2．四挡辛普森式行星齿轮变速器各挡传动路线

在变速器各挡位时，换挡执行元件的工作情况见表 3—2—2。

表 3—2—2　　各挡位时换挡执行元件的工作情况

换挡杆位置	挡位	换挡执行元件										发动机制动
		C_0	C_1	C_2	B_0	B_1	B_2	B_3	F_0	F_1	F_2	
P	驻车挡	○										
R	倒挡	○		○				○	○			
N	空挡	○										

续表

换挡杆位置	挡位	换挡执行元件										发动机制动
		C_0	C_1	C_2	B_0	B_1	B_2	B_3	F_0	F_1	F_2	
D	一挡	○	○						○		○	
	二挡	○	○				○		○	○		
	三挡	○	○	○			○		○			
	四挡（OD 挡）		○	○	○		○					
2	一挡	○	○						○		○	
	二挡	○	○			○	○		○	○		○
	三挡*	○	○	○			○		○			○
L	一挡	○	○					○	○		○	○
	二挡*	○	○			○	○		○	○		○

注：* 表示只能降挡不能升挡。

○表示换挡元件工作或有发动机制动。

3．各挡位动力传动路线

（1）D_1 挡

如图 3—2—3 所示，D 位一挡时，C_0、C_1、F_0、F_2 工作。C_0 和 F_0 工作将超速行星排的太阳轮和行星架相连，此时超速行星排成为一个刚性整体，输入轴的动力顺时针传到中间轴。C_1 工作将中间轴与前行星排齿圈相连，前行星排齿圈顺时针转动驱动前行星排行星轮，前行星排行星轮既顺时针自转又顺时针公转，前行星排行星轮顺时针公转则输出轴也顺时针转动，这是第一条动力传动路线。由于前行星排行星轮顺时针

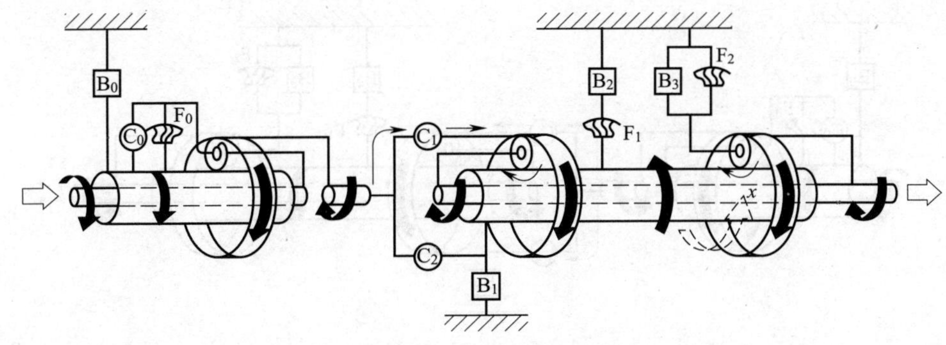

图 3—2—3　D_1 挡动力传动路线

自转，则前后行星排太阳轮逆时针转动，再驱动后行星排行星轮顺时针自转，此时后行星排行星轮在前后行星排太阳轮的作用下有逆时针公转的趋势，但由于 F_2 的作用，使后行星排行星架不动。这样顺时针转动的后行星排行星轮驱动齿圈顺时针转动，从输出轴输出动力，这是第二条动力传动路线。

（2）D_2挡

如图 3—2—4 所示，D 位二挡时，C_0、C_1、B_2、F_0、F_1工作。C_0和 F_0工作直接将动力传给中间轴。C_1工作，动力顺时针传到前行星排齿圈，驱动前行星排行星轮顺时针转动，并使前后太阳轮有逆时针转动的趋势，由于 B_2的作用，F_1将防止前后太阳轮逆时针转动，即前后太阳轮不动。此时前行星排行星轮将带动行星架也顺时针转动，从输出轴输出动力。后行星排不参与动力传动。

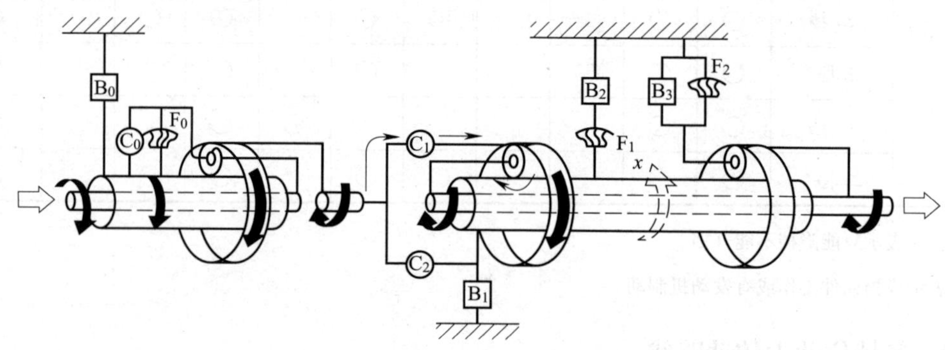

图 3—2—4　D_2 挡动力传动路线

（3）D_3挡

如图 3—2—5 所示，D 位三挡时，C_0、C_1、C_2、B_2、F_0工作。C_0和 F_0工作直接将动力传给中间轴。C_1、C_2工作将中间轴与前行星排齿圈和太阳轮同时连接起来，前行星排成为一个刚性整体，动力直接传给前行星排行星架，从输出轴输出动力。此挡为直接挡。

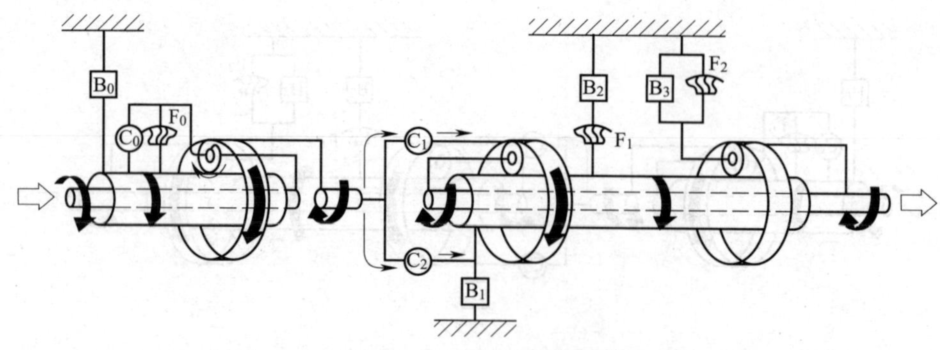

图 3—2—5　D_3 挡动力传动路线

在此挡位时 B_2 实际上不参与工作，为什么还要让 B_2 工作呢？

提示：这样可以使 D_2 挡升 D_3 挡时只需让 C_2 工作即可，同样，D_3 挡降 D_2 挡时也只需让 C_2 停止工作即可，这样相邻两挡升降参与工作的元件少，换挡方便，提高了元件的可靠性和平顺性。

（4）D_4 挡

如图 3—2—6 所示，D 位四挡时，C_1、C_2、B_0、B_2 工作。B_0 工作，将超速行星排太阳轮固定。动力由输入轴输入，带动超速行星排行星架顺时针转动，并驱动行星轮及齿圈顺时针转动，此时的传动比小于 1。C_1、C_2 工作使前后行星排的工作同 D_3 挡，即处于直接挡。此时，整个机构以超速挡传递动力。B_2 的作用同前所述。

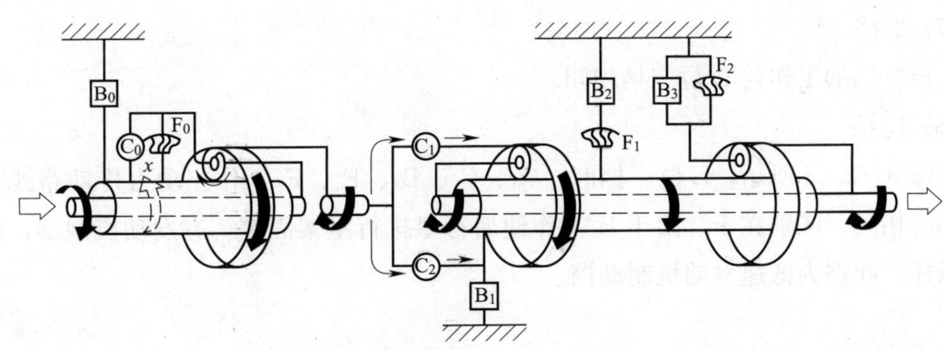

图 3—2—6　D_4 挡动力传动路线

（5）2_1 挡

二位一挡的工作与 D 位一挡相同。

（6）2_2 挡

如图 3—2—7 所示，二位二挡时，C_0、C_1、B_1、B_2、F_0、F_1 工作。动力传动路线与 D 位二挡时相同。区别在于，由于 B_1 的工作使 2_2 挡有发动机制动，而 D_2 挡没有。此挡为高速发动机制动挡。

发动机制动是指利用发动机怠速时的较低转速以及变速器的较低挡位来使较快的车辆减速。D 位二挡时，如果驾驶员抬起加速踏板，发动机进入怠速工况，而汽车在原有的惯性力作用下仍以较高的车速行驶。此时，驱动车轮将通过变速器的输出轴反向带动行星齿轮机构运转，各元件都将以相反的方向转动，即前后太阳轮将有顺时针转动的趋势，F_1 不起作用，使反传的动力不能到达发动机，无法

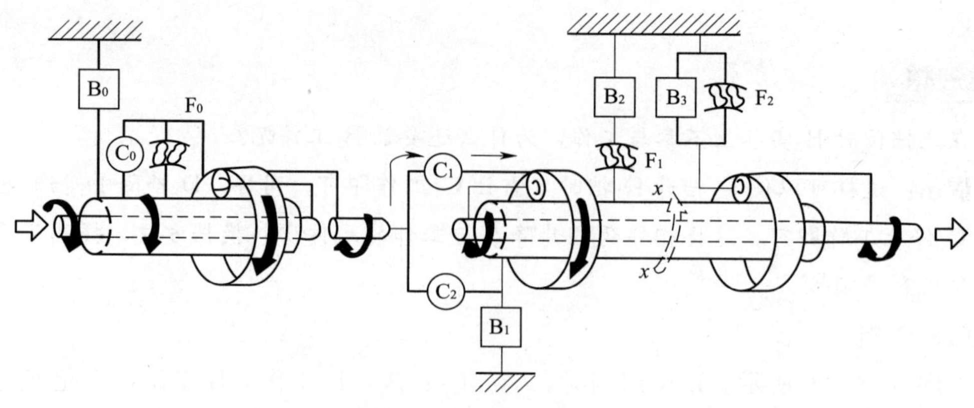

图 3—2—7 2_2 挡动力传动路线

利用发动机进行制动。而在二位二挡时，B_1工作使前后太阳轮固定，既不能逆时针转动也不能顺时针转动，这样反传的动力就可以传到发动机，所以有发动机制动。

（7）2_3挡

二位三挡的工作与D位三挡相同。

（8）L_1挡

如图 3—2—8 所示，L位一挡时，C_0、C_1、B_3、F_0、F_2工作。动力传动路线与D位一挡时相同。区别在于，由于B_3工作使后行星排行星架固定，有发动机制动，原因同前所述。此挡为低速发动机制动挡。

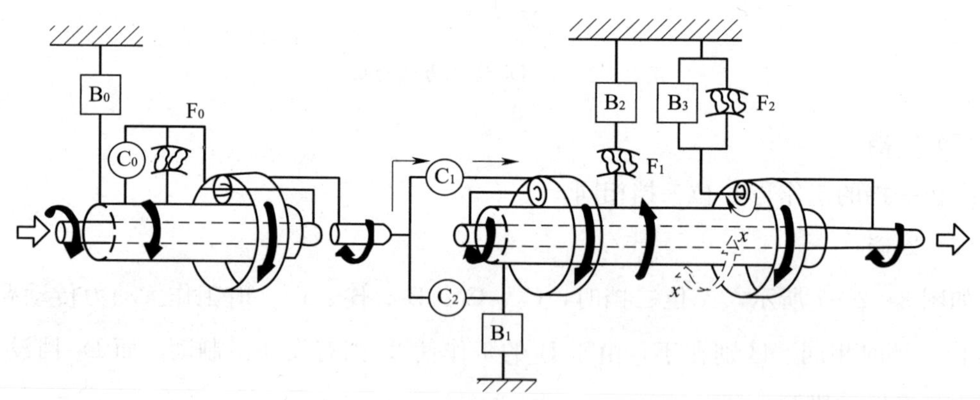

图 3—2—8 L_1 挡动力传动路线

（9）L_2挡

L位二挡的工作与二位二挡相同。

（10）R位（倒挡）

如图 3—2—9 所示，倒挡时，C_0、C_2、B_3、F_0工作。C_0和F_0工作直接将动力传

给中间轴，C_2工作，再将动力传给前后行星排太阳轮。由于B_3工作，将后行星排行星架固定，使行星轮仅相当于一个惰轮。前后行星排太阳轮顺时针转动驱动后行星排行星架逆时针转动，进而驱动后行星排齿圈也逆时针转动，从输出轴逆时针输出动力。

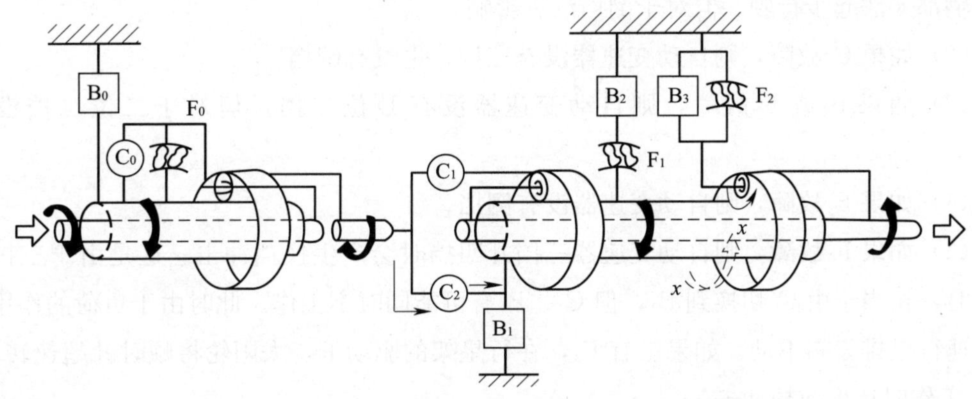

图 3—2—9　R 位动力传动路线

（11）P 位（驻车挡）

将变速杆置于 P 位时，一般自动变速器都是通过驻车锁止机构将变速器输出轴锁止，实现驻车。如图 3—2—10 所示，驻车锁止机构由输出轴外齿圈、锁止棘爪、锁止凸轮等组成。锁止棘爪与固定在变速器壳体上的枢轴相连。当变速杆处于 P 位时，与变速杆相连的手动阀通过锁止凸轮将锁止棘爪推向输出轴外齿圈，并嵌入齿中，使变速器输出轴与壳体相连而无法转动。当变速杆处于其他位置时，锁止凸轮退回，锁止棘爪在回位弹簧的作用离开下输出轴外齿圈，锁止撤销。

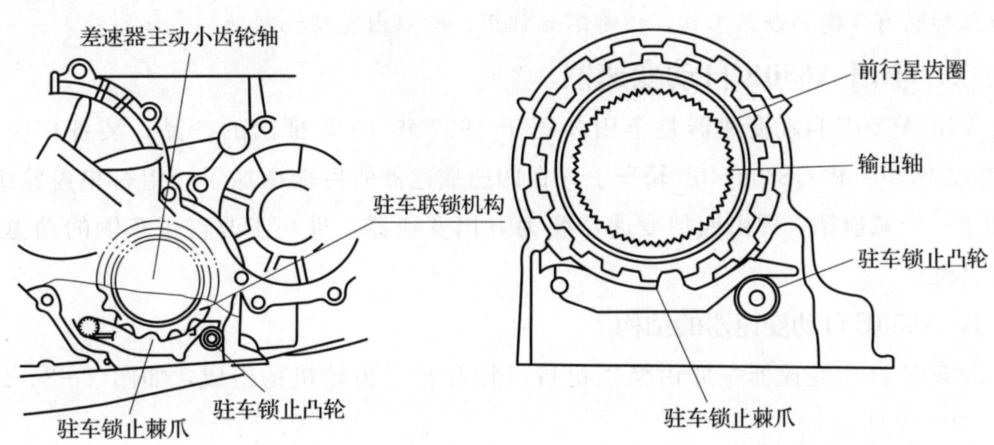

图 3—2—10　驻车锁止机构

4．传动路线分析

通过分析各挡位换挡执行元件的工作情况及各挡位的动力传动路线，可以得出以下结论：

（1）如果C_1故障，则自动变速器没有前进挡，即将变速杆置于D位、2位或L位时车辆都无法起步行驶。但对于倒挡没有影响。

（2）如果C_2故障，则自动变速器没有三挡，也没有倒挡。

（3）如果B_2或F_1故障，则自动变速器没有D位二挡，但对于二位二挡没有影响。

（4）如果B_3故障，则自动变速器没有倒挡。

（5）如果F_0故障，则自动变速器三挡升四挡时会产生换挡冲击。这是由于三挡升四挡时，相当于由C_0切换到B_0，但C_0、B_0有可能同时不工作。此时由于负荷的作用将使超速行星排齿圈不动，如果没有F_0，在行星架的驱动下，太阳轮将顺时针超速转动，当B_0工作时产生换挡冲击。

（6）如果F_2故障，则自动变速器没有D位一挡和二位一挡，但对于L位一挡没有影响。

（7）换挡时，单向离合器是自动参与工作的，所以只考虑离合器和制动器的工作即可。D_1挡升D_2挡是B_2工作，D_2挡升D_3挡是C_2工作，D_3挡和D_4挡互换，相当于C_0和B_0互换。

（8）如果某挡位的动力传动路线上有单向离合器工作，则该挡位没有发动机制动。

提示：有些挡位虽然标明有单向离合器工作，但有可能被其他元件取代而实际上不工作。如二位二挡的B_1工作后，F_1实际上已不起作用，C_0也可以取代F_0，这样此挡位虽然标明有单向离合器工作，但都不起作用，所以由发动机制动。

二、丰田A650E自动变速器

丰田A650E自动变速器是丰田公司于1997年10月推出的产品，装备在凌志LS400、SC400和GS300/400轿车上，在四速变速器的后端增加了一组行星齿轮组，增加了一个减速挡，即由四挡变速器变为五挡变速器，进一步改善了车辆的动力性和经济性。

1．A650E自动变速器的结构

A650E自动变速器主要由换挡执行机构和行星齿轮机构组成，如图3—2—11、图3—2—12所示。

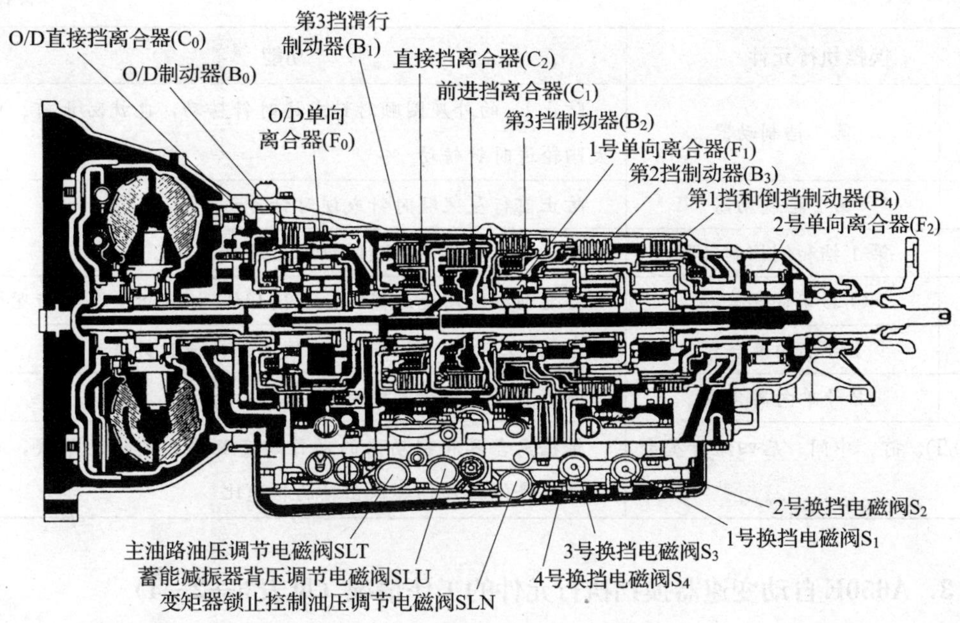

图 3—2—11　A650E 自动变速器的结构

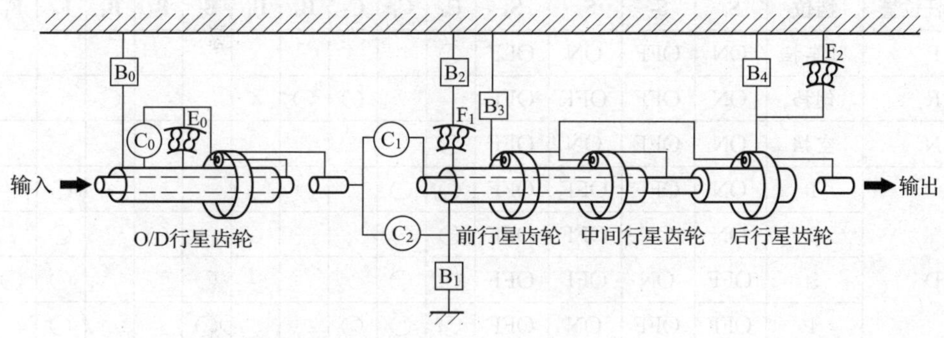

图 3—2—12　A650E 自动变速器的结构简图

2. A650E 换挡执行元件的功能（见表 3—2—3）

表 3—2—3　　A650E 换挡执行元件的功能

换挡执行元件		功能
C_0	O/D 直接挡离合器	连接 O/D 太阳轮和 O/D 行星架
C_1	前进挡离合器	连接输入轴和后太阳轮
C_2	直接挡离合器	连接输入轴和前、中间太阳轮
B_0	O/D 制动器	防止 O/D 太阳轮顺时针或逆时针转动
B_1	第 3 挡滑行制动器	防止前、中间太阳轮顺时针或逆时针转动

续表

换挡执行元件		功能
B_2	第 3 挡制动器	防止 F_1 的外座圈顺时针或逆时针转动，也就防止前、中间太阳轮逆时针转动
B_3	第 2 挡制动器	防止前行星架顺时针或逆时针转动
B_4	第 1 挡和倒挡制动器	防止后行星排齿圈顺时针或逆时针转动
F_0	O/D 单向离合器	当发动机驱动变速器时，连接 O/D 太阳轮和 O/D 行星架
F_1	1 号单向离合器	当 B2 工作时，防止前、中间太阳轮逆时针转动
F_2	2 号单向离合器	防止后行星排齿圈顺时针转动
O/D、前、中间、后四组行星齿轮		根据离合器和制动器的动作改变驱动力的传动路线，可以提高或降低输入轴和输出轴的转速比

3. A650E 自动变速器换挡执行元件的工作情况（见表 3—2—4）

表 3—2—4　　A650E 自动变速器换挡执行元件的工作情况

变速杆位置	挡位	S_1	S_2	S_3	S_4	C_0	C_1	C_2	B_0	B_1	B_2	B_3	B_4	F_0	F_1	F_2
P	驻车挡	ON	OFF	ON	OFF	○										
R	倒挡	ON	OFF	OFF	OFF			○	○				○			
N	空挡	ON	OFF	ON	OFF	○										
D	1	ON	OFF	OFF	OFF	○	○							○		○
	2	ON	ON	OFF	OFF	○	○					○		○		
	3	OFF	ON	OFF	OFF	○	○				○			○	○	
	4	OFF	OFF	ON	OFF	○	○	○			○			○		
	5	OFF	OFF	OFF	ON		○	○	○		○					
4	1	ON	OFF	OFF	OFF	○	○							○		○
	2	ON	ON	OFF	OFF	○	○					○		○		
	3	OFF	ON	OFF	OFF	○	○				○			○	○	
	4	OFF	OFF	ON	OFF	○	○	○			○			○		
3	1	ON	OFF	OFF	OFF	○	○							○		○
	2	ON	ON	OFF	OFF	○	○					○		○		
	3	OFF	ON	ON	OFF	○	○			○	○			○	○	
2	1	ON	OFF	ON	OFF	○	○							○		○
	2	ON	ON	OFF	OFF	○	○					○		○		
L	1	ON	OFF	OFF	OFF	○	○						○	○		○

注：○表示工作，ON 表示接通，OFF 表示关断。

4．各挡位动力传动路线（见图 3—2—13 和图 3—2—14）

1挡（D,4,3或2挡位）

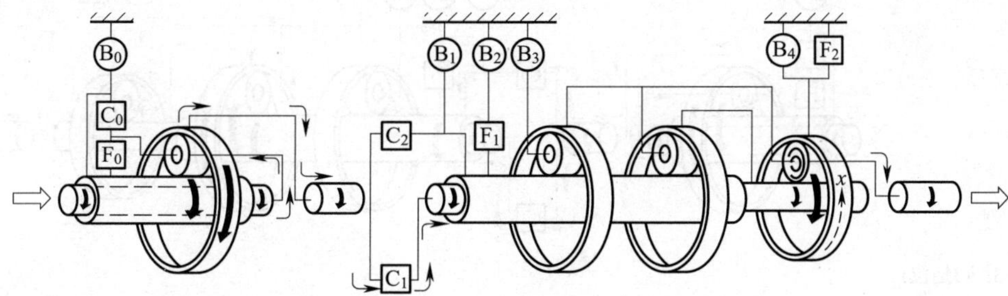

2挡（D,4,3或2挡位）

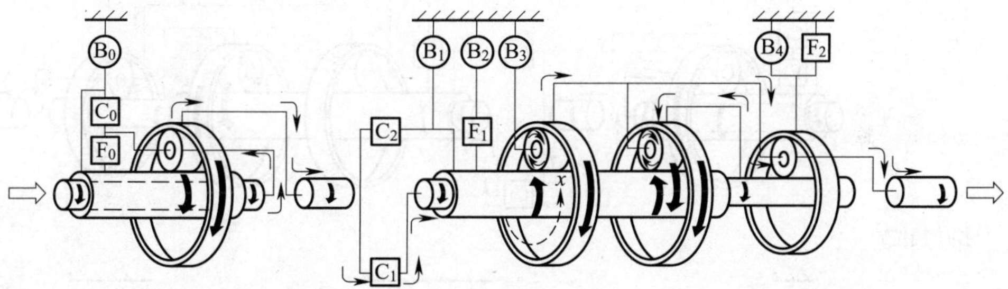

3挡（D或4挡位）

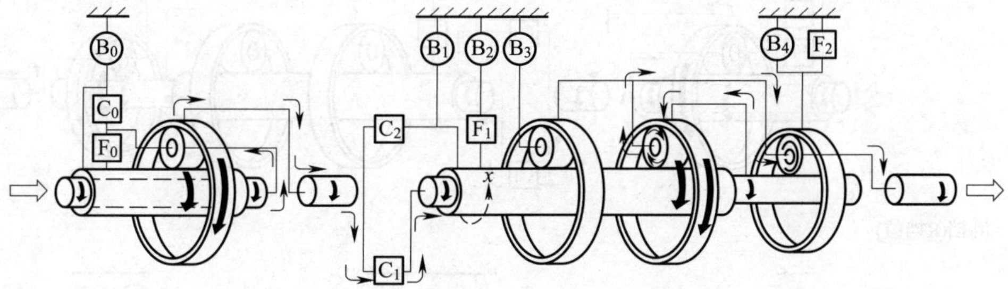

4挡（D或4挡位）

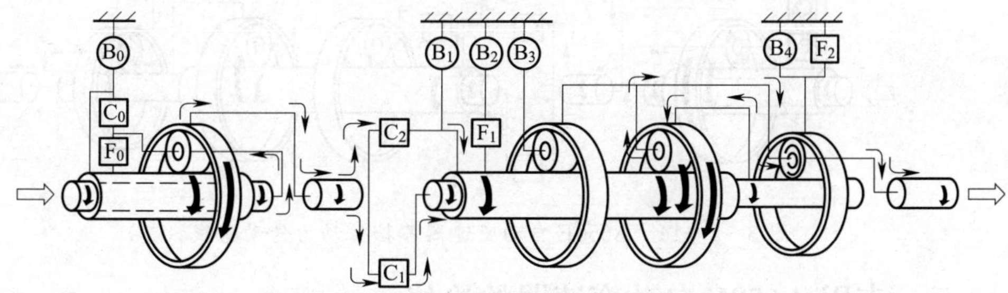

图 3—2—13　A650E 自动变速器各挡位动力传动路线（一）

超速挡(D挡位)

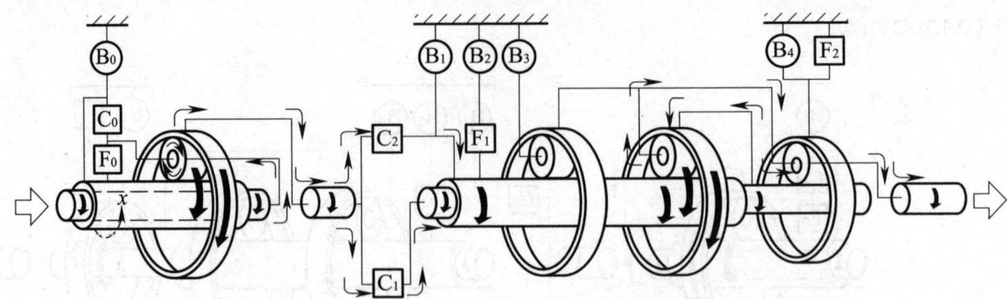

3挡(3挡位)

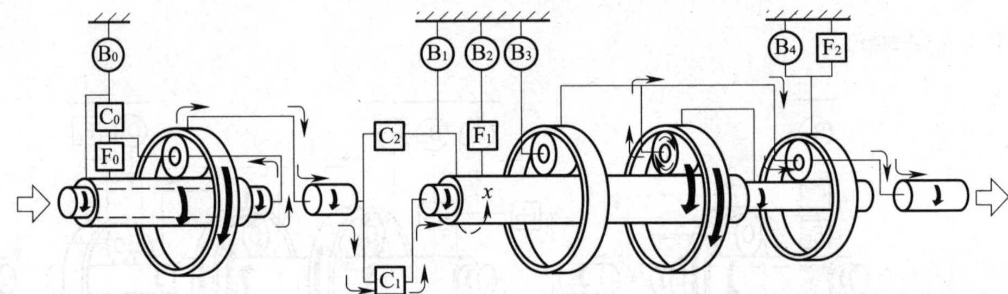

1挡(L挡位)

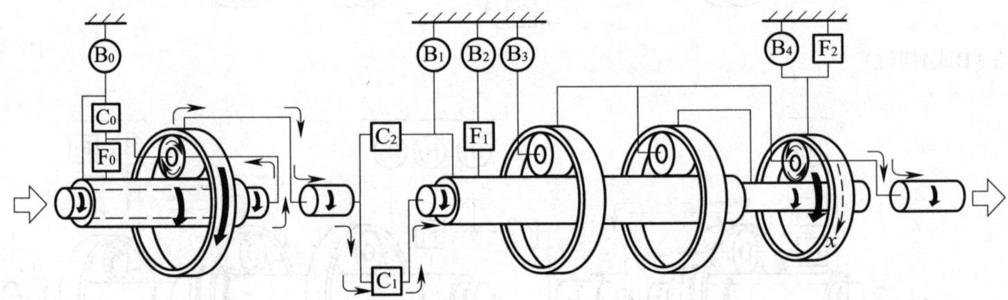

倒挡(R挡位)

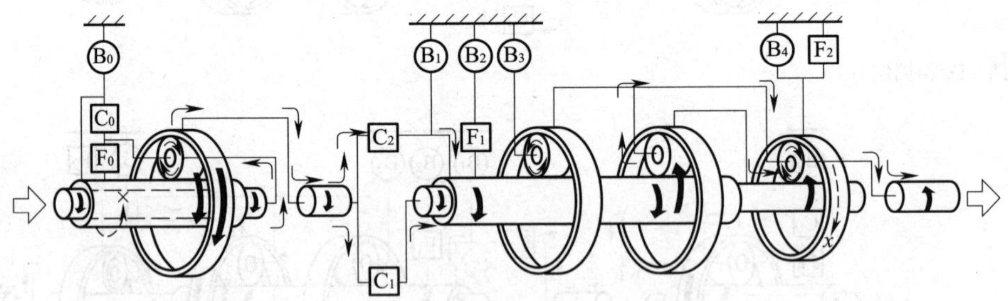

图 3—2—14　A650E 自动变速器各挡位动力传动路线（二）

三、丰田 A650E 自动变速器的检修

自动变速器的组成部件大多数都是不可二次利用的，所以，在维修中只需要判断相关部件的工作是否正常，一旦确定部件已经损坏，就可以更换相关部件。A650E 自动变速器内部元件位置如图 3—2—15 所示。

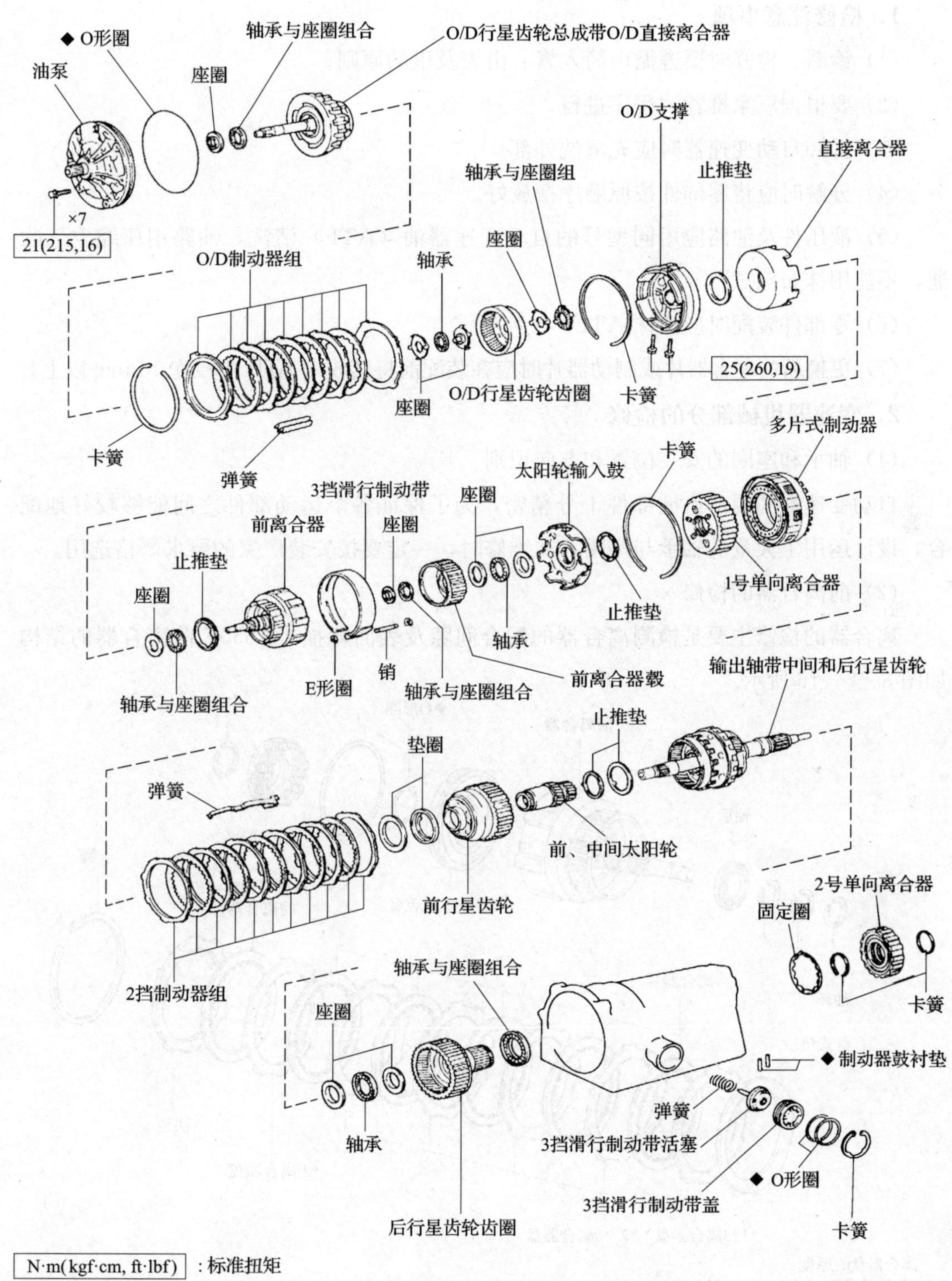

图 3—2—15　A650E 自动变速器内部元件位置图

1．检修注意事项

（1）诊断、检修时要遵循由简入繁、由表及里的原则。

（2）要根据厂家推荐的程序进行。

（3）拆卸自动变速器时应先清洗外部。

（4）分解时应将零部件按原顺序摆放好。

（5）液压件及油路应用同型号的自动变速器油（ATF）清洗，油路用压缩空气吹通，不能用抹布擦拭。

（6）零部件装配时应涂抹 ATF。

（7）更换新的离合器片或制动器片时应在装配前将其放入 ATF 中浸泡 15 min 以上。

2．变速器机械部分的检修

（1）轴承和座圈的安装位置和方向识别

自动变速器的内部机械部件十分精密，为了保证各个运动部件之间能够较好地配合，设计运用了大量的轴承与座圈，在维修时，一定要按安装厂家的要求严格选用。

（2）前离合器的检修

离合器的检修主要是检测离合器的配合间隙及表面耗损，A650E 前离合器的结构如图 3—2—16 所示。

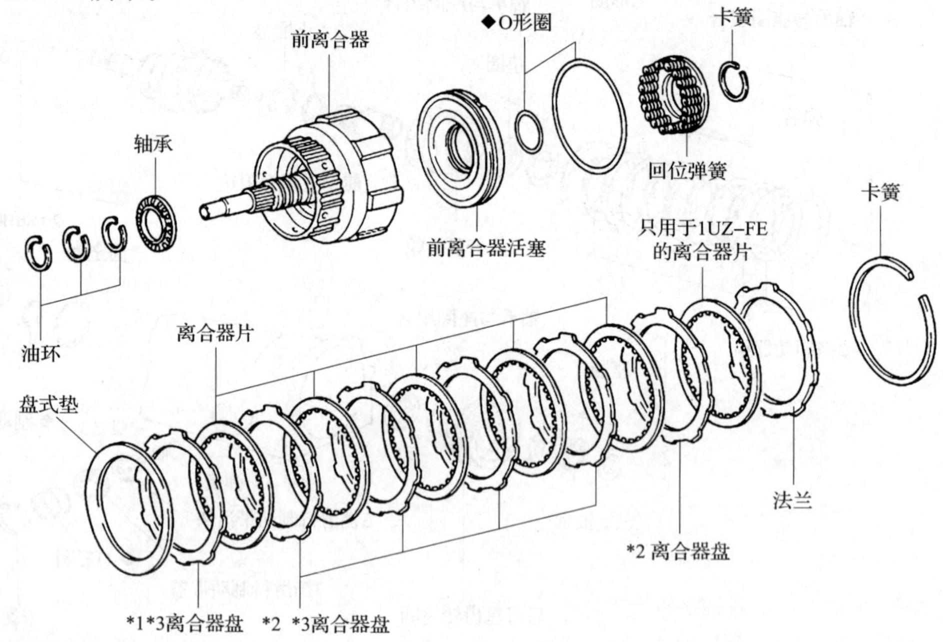

图 3—2—16　A650E 前离合器的结构

前离合器的各项维修标准如下：

1）离合器的标准间隙：1UZ－FE 为 0.70～1.00 mm，2JZ－GE 为 0.60～0.90 mm。

2）离合器鼓衬套内径最大为 20.08 mm。

3）如果间隙不对，可通过更换不同厚度的法兰进行调整。

（3）O/D 直接离合器的检修

A650E 自动变速器 O/D 直接离合器的结构如图 3—2—17 所示。

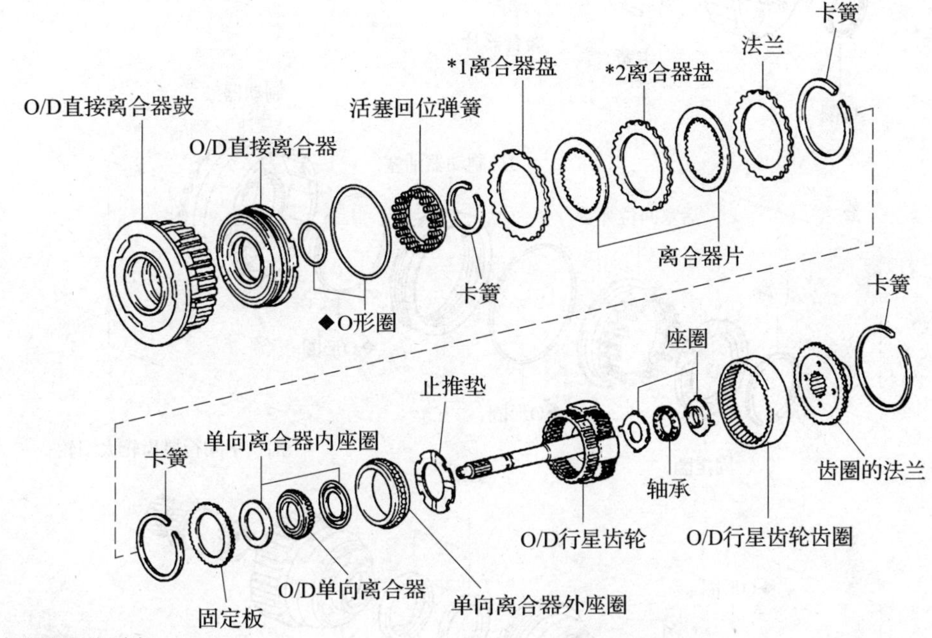

图 3—2—17　O/D 直接离合器的结构

O/D 直接离合器的各项维修标准如下：

1）超速、直接离合器标准的活塞行程为 0.85～1.10 mm。

2）离合器回位弹簧的自由长度为 15.8 mm。

3）离合器鼓衬套内径最大为 27.11 mm。

4）O/D 行星齿轮衬套内径最大为 11.27 mm。

5）行星齿轮的止推间隙标准为 0.02～0.60 mm，最大为 1.00 mm。

6）如果活塞行程不在规格之内，可通过更换不同厚度的法兰进行调整。

（4）多片式制动器的检修

A650E 自动变速器多片式制动器的结构如图 3—2—18 所示。

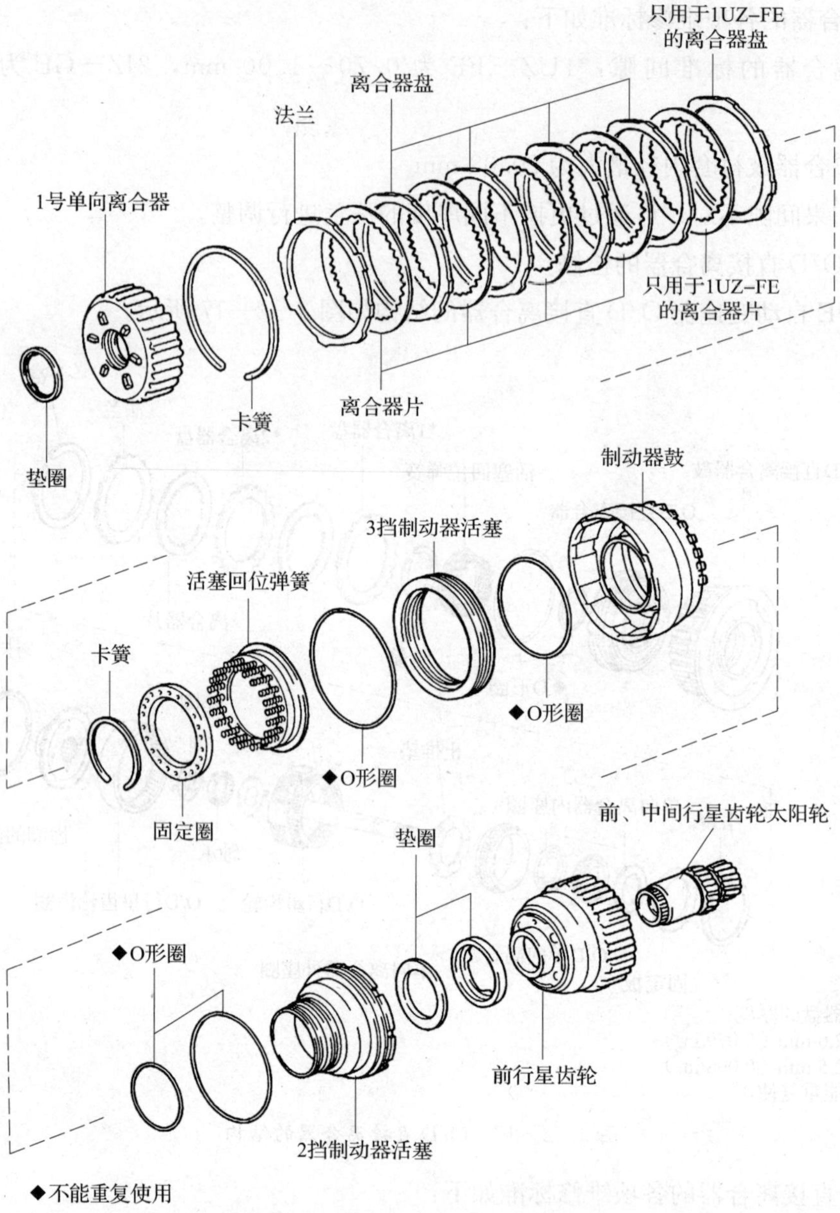

图 3—2—18 多片式制动器的结构

多片式制动器的各项检修标准如下：

1）制动器活塞的标准间隙：1UZ－FE 为 0.70～1.00 mm，2JZ－GE 为 0.56～0.86 mm。

2）活塞回位弹簧的自由长度为 36.8 mm。

3）如果活塞间隙不在规格之内，可通过更换不同厚度的法兰进行调整。

（5）3 挡滑行制动器的检修

3 挡滑行制动器的结构如图 3—12—19 所示。

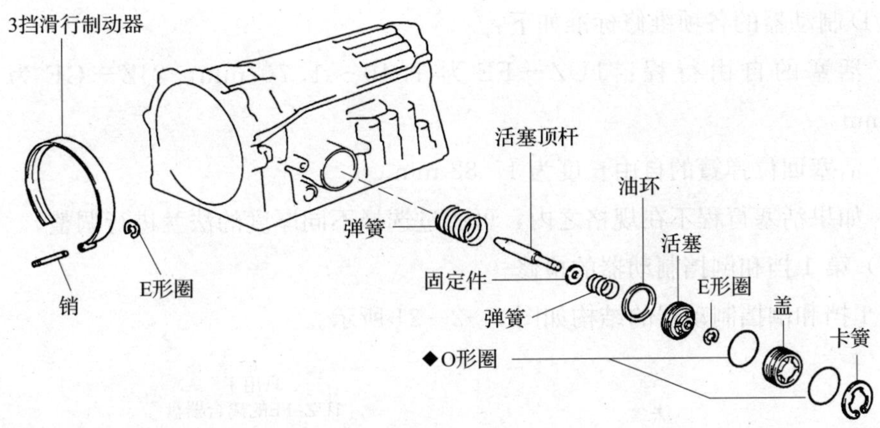

图 3—2—19　3 挡滑行制动器的结构

3 挡滑行制动器的各项维修标准如下：

1）活塞顶杆的行程为 2.0～3.0 mm。

2）如果活塞顶杆的行程不在规格之内，可通过更换不同长度的顶杆进行调整。活塞顶杆的长度有 5 个规格供选择：77.65 mm、78.40 mm、79.15 mm、79.90 mm 和 80.65 mm。

（6）O/D 制动器的维修

O/D 制动器的结构如图 3—2—20 所示。

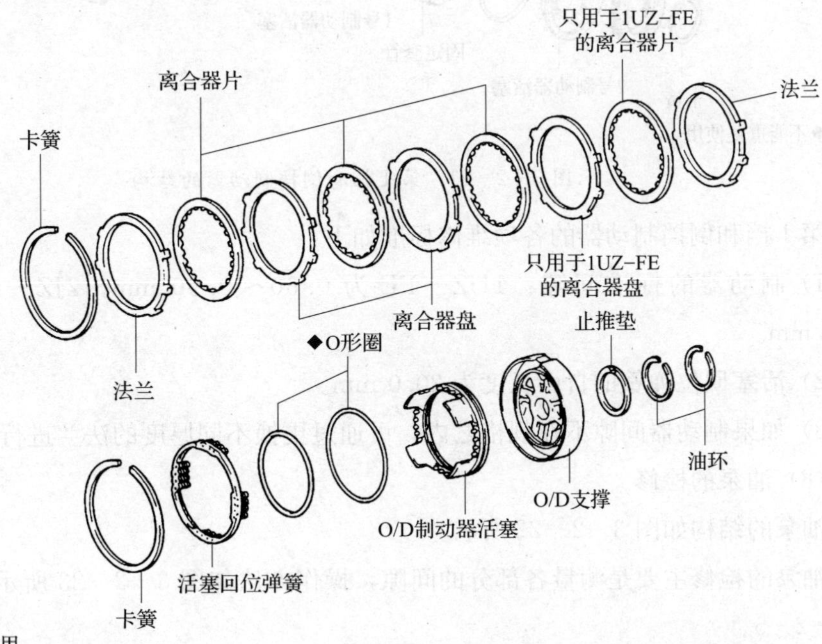

图 3—2—20　O/D 制动器的结构

O/D 制动器的各项维修标准如下：

1）活塞的自由行程：1UZ－FE 为 1.40～1.70 mm，2JZ－GE 为 1.32～1.62 mm。

2）活塞回位弹簧的自由长度为 17.82 mm。

3）如果活塞行程不在规格之内，可通过选择不同厚度的法兰进行调整。

（7）第 1 挡和倒挡制动器的检修

第 1 挡和倒挡制动器的结构如图 3—2—21 所示。

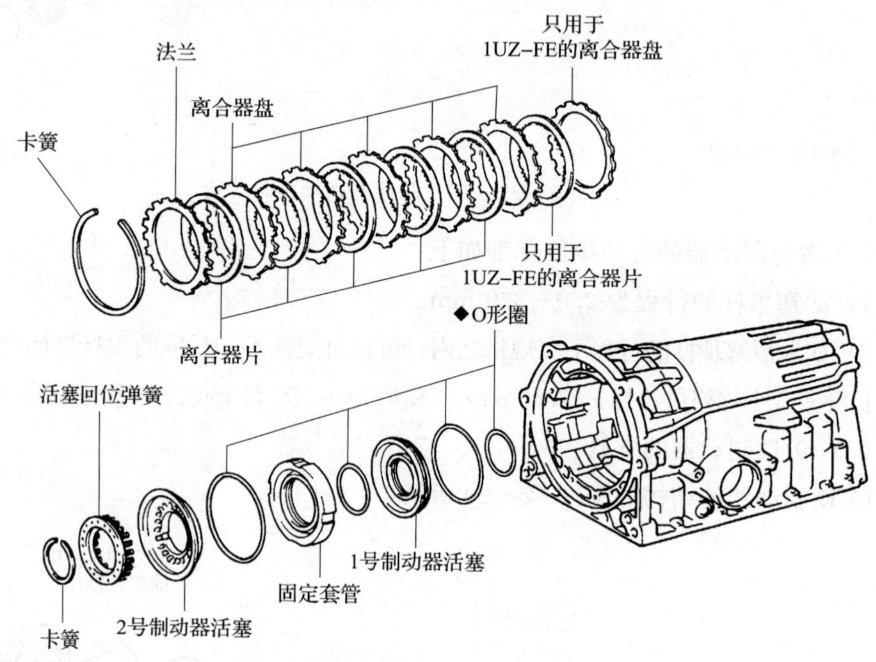

图 3—2—21　第 1 挡和倒挡制动器的结构

第 1 挡和倒挡制动器的各项维修标准如下：

1）制动器的标准间隙：1UZ－FE 为 0.60～0.90 mm，2JZ－GE 为 0.50～0.80 mm。

2）活塞回位弹簧的自由长度为 20.0 mm。

3）如果制动器间隙不在规格之内，可通过更换不同厚度的法兰进行调整。

（8）油泵的检修

油泵的结构如图 3—2—22 所示。

油泵的检修主要是测量各部分的间隙，操作方法如图 3—2—23 所示，标准数据见表 3—2—5。

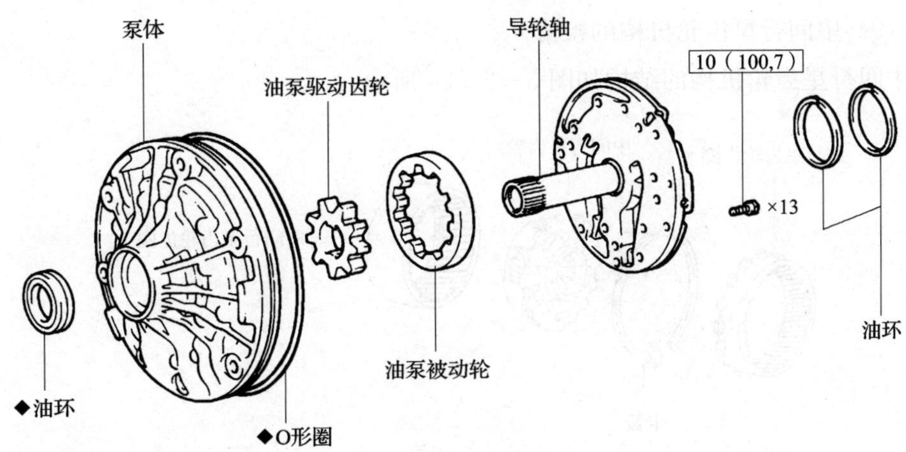

图 3—2—22　油泵的结构

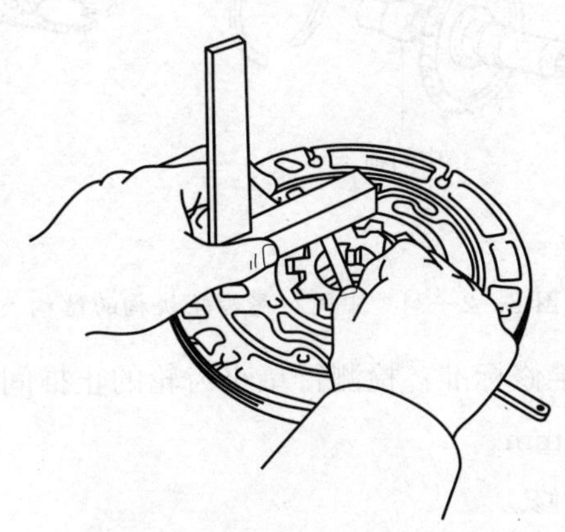

图 3—2—23　油泵间隙的测量

表 3—2—5　　　　　　　油泵的标准数据

名称	技术参数	标准数据/mm
泵体间隙	标准	0.07～0.15
	最大	0.3
Tip 间隙	标准	0.11～0.14
	最大	0.3
侧隙	标准	0.02～0.04
	最大	0.1
泵体衬套内径	最大	38.19
导轮轴内径	前侧最大	21.58
	后侧最大	27.08

（9）中间行星齿轮机构的检修

中间行星齿轮机构的结构如图 3—2—24 所示。

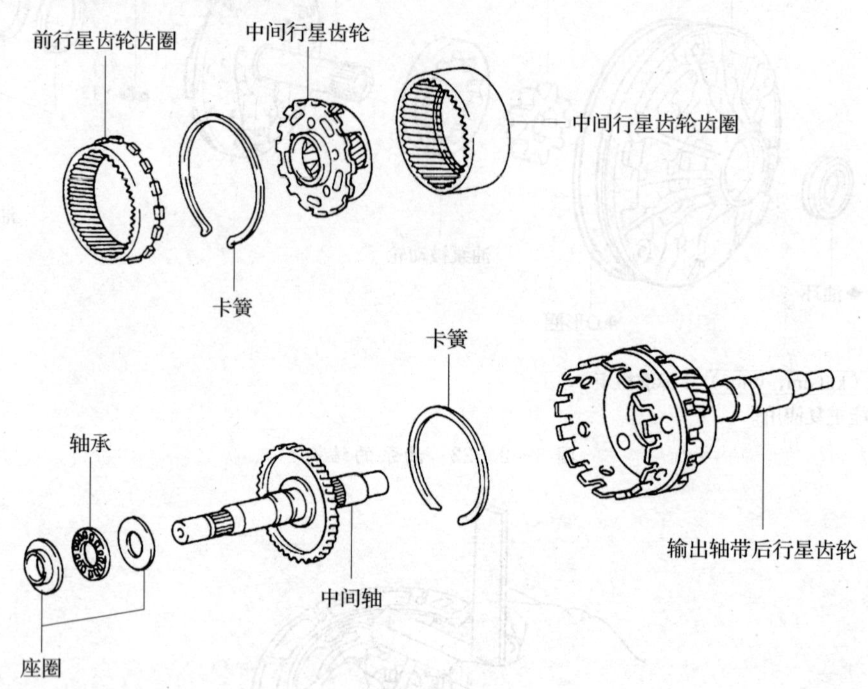

图 3—2—24　中间行星齿轮机构的结构

中间行星齿轮机构的维修标准：检测行星小齿轮的止推间隙，标准值应该为0.2～0.6 mm，最大值应为 1.0 mm。

（10）后行星齿轮的检修

后行星齿轮的结构如图 3—2—25 所示。

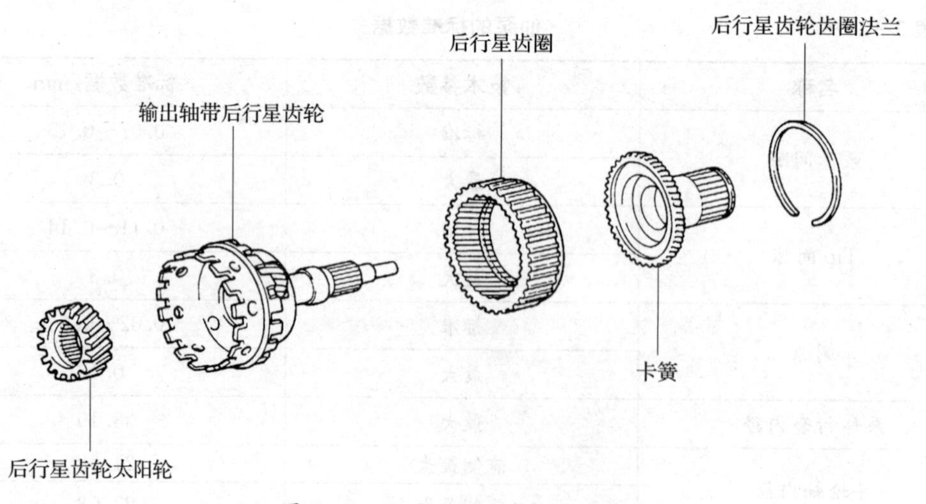

图 3—2—25　后行星齿轮的结构

后行星齿轮的检修标准如下：

1）行星小齿轮的止推间隙标准值应为 0.2～0.6 mm，最大值应为 1.0 mm。

2）后行星齿轮齿圈衬套内径最大为 38.26 mm。

(11) 单向离合器的检查

单向离合器的检查主要是检查其是否能够保证单向锁止功能，检查方法如图 3—2—26、图 3—2—27 所示。

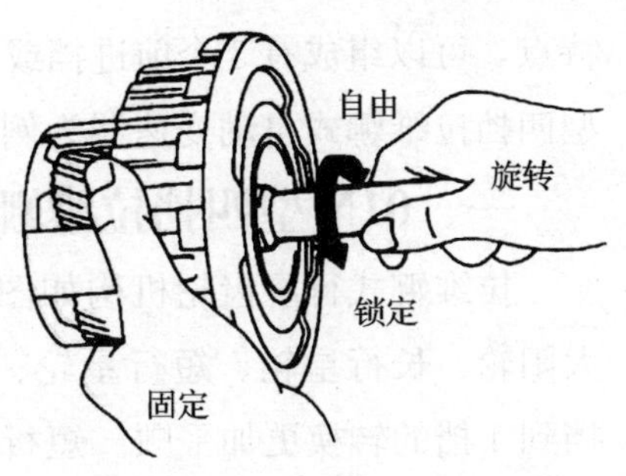

图 3—2—26　锁止方向的检查

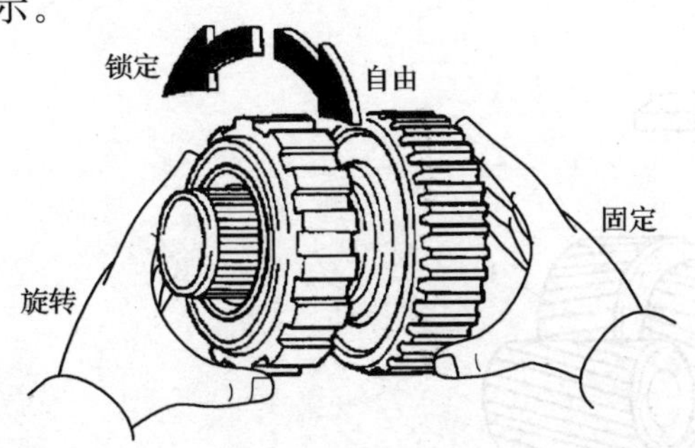

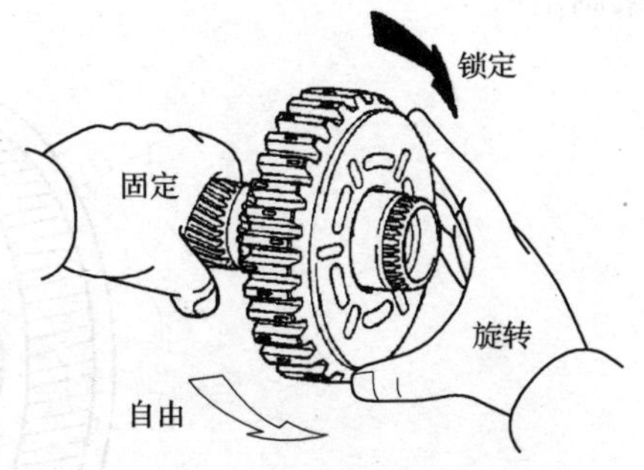

图 3—2—27　O/D 单向离合器的检查

思考与练习

1. 简述福特四挡辛普森式行星齿轮变速器各挡位换挡执行元件的工作情况及动力传动路线。

2. 简述丰田 A650E 自动变速器各挡位换挡执行元件的工作情况及其动力传动路线。

课题三　拉维娜式行星齿轮机构

学习目标

1. 掌握 01N 型四挡拉维娜式行星齿轮变速器的结构及组成。
2. 掌握 01N 型四挡拉维娜式行星齿轮变速器各挡位的工作原理。
3. 掌握大众 01M 拉维娜式变速器的检修方法。

拉维娜式行星齿轮机构具有结构简单、尺寸小、传动比变化范围大、灵活多变等特点，可以组成有 3 个前进挡或 4 个前进挡的行星齿轮变速器。下面以大众轿车的 01N 型四挡拉维娜式自动变速器为例进行介绍。

一、01N 型四挡拉维娜式行星齿轮机构的结构及组成

拉维娜式行星齿轮机构如图 3—3—1 所示，由双行星排组成，包括大太阳轮、小太阳轮、长行星轮、短行星轮、齿圈和行星架。大、小太阳轮采用分段式结构，使 3 挡到 4 挡的转换更加平顺。短行星轮与长行星轮及小太阳轮啮合，长行星轮同时与大太阳轮、短行星轮及齿圈啮合，动力通过齿圈输出。两个行星轮共用一个行星架（图中未画出）。

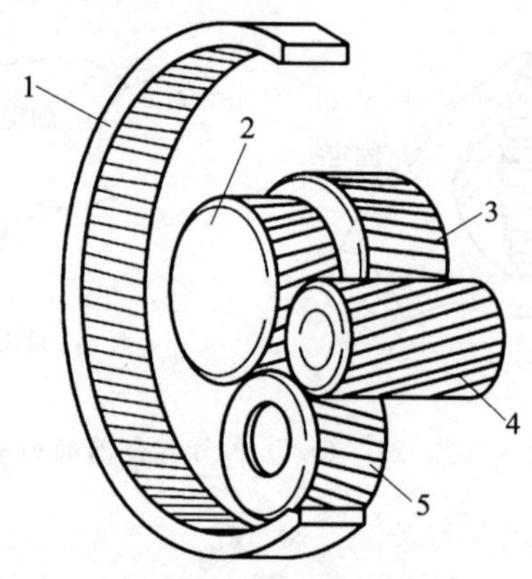

图 3—3—1　拉维娜式行星齿轮机构

1—齿圈　2—小太阳轮　3—大太阳轮　4—长行星轮　5—短行星轮

二、四挡拉维娜式行星齿轮机构各挡位动力传动路线

拉维娜式行星齿轮变速器的结构简图如图 3—3—2 所示，其中离合器 K2 用于驱动大太阳轮，离合器 K3 用于驱动行星齿轮架，制动器 B1 用于制动行星齿轮架，制动器 B2 用于制动大太阳轮，单向离合器 F 用于防止行星架逆时针转动，锁止离合器 LC 将变矩器的泵轮与涡轮刚性地连在一起。

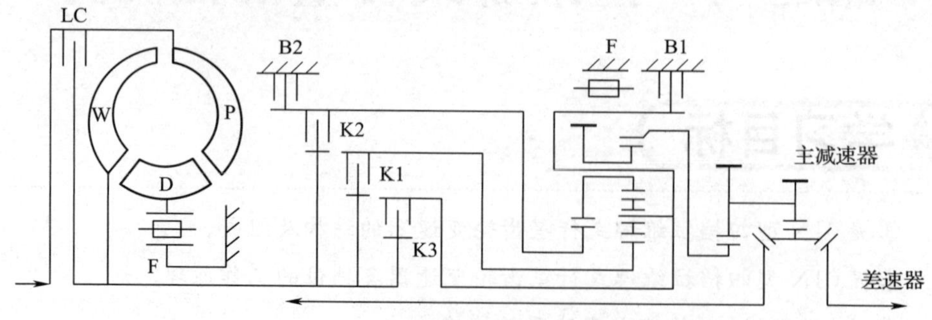

图 3—3—2　拉维娜式行星齿轮变速器的结构简图

各挡位时换挡执行元件的工作情况见表 3—3—1。

表 3—3—1　　　各挡位时换挡执行元件的工作情况

挡位	B1	B2	K1	K2	K3	F
R	○			○		○
1 挡			○			○
2 挡		○	○			
3 挡			○		○	
4 挡		○			○	

注：○表示离合器、制动器或单向离合器工作。

各挡位动力传动路线如下：

1．1 挡

1 挡时，离合器 K1 接合，单向离合器 F 工作，如图 3—3—3 所示，动力传动路线为：泵轮→涡轮→涡轮轴→离合器 K1→小太阳轮→短行星轮→长行星轮驱动齿圈。

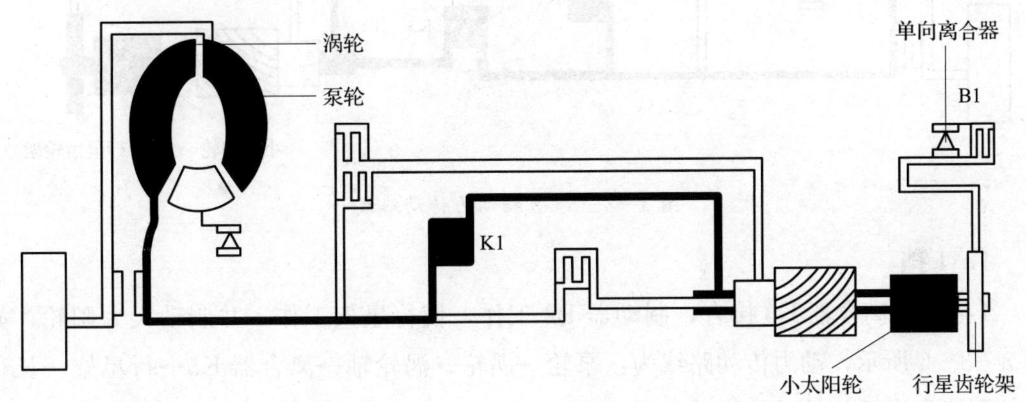

图 3—3—3　1 挡动力传动路线

2．2 挡

2 挡时，离合器 K1 接合，制动器 B2 制动大太阳轮，如图 3—3—4 所示，动力传动路线为：泵轮→涡轮→涡轮轴→离合器 K1→小太阳轮→短行星轮→长行星轮围绕大太阳轮转动并驱动齿圈。

3．3 挡

3 挡时，离合器 K1 和 K3 接合，驱动小太阳轮和行星架，因而使行星齿轮机构锁止并一同转动，如图 3—3—5 所示，动力传动路线为：泵轮→涡轮→涡轮轴→离合器 K1 和 K3→整个行星齿轮转动。

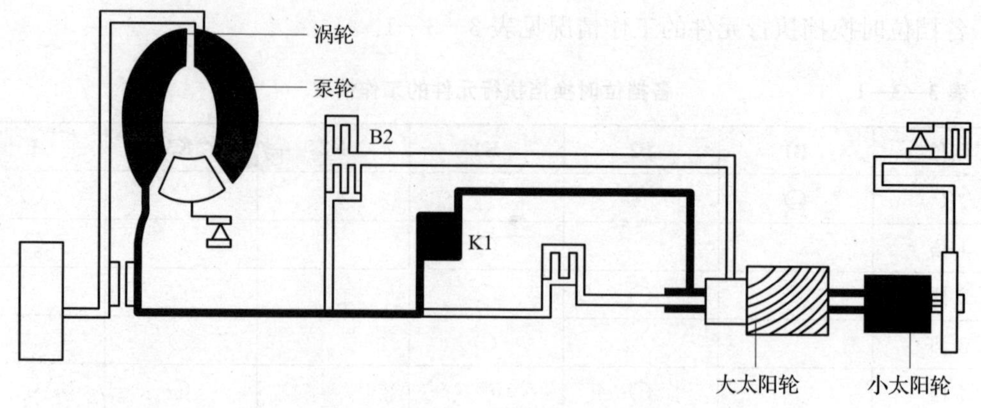

图 3—3—4　2 挡动力传动路线

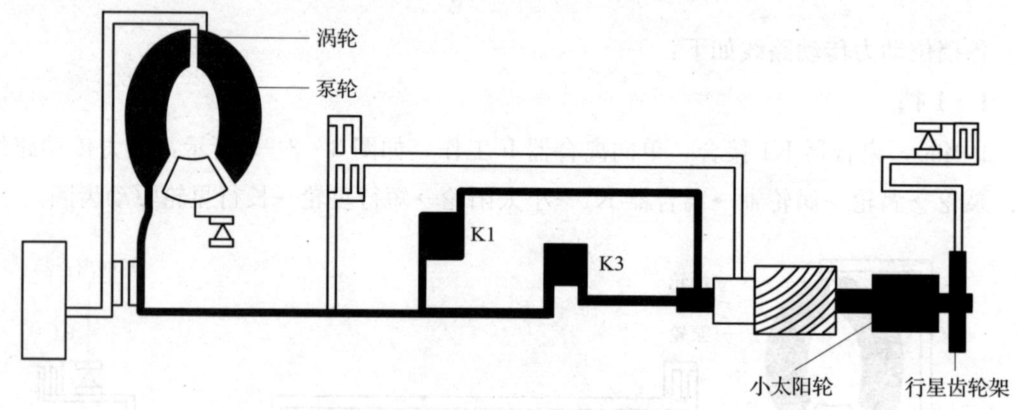

图 3—3—5　3 挡动力传动路线

4．4 挡

4 挡时，离合器 K3 接合，制动器 B2 工作，使行星架工作，并制动大太阳轮，如图 3—3—6 所示，动力传动路线为：泵轮→涡轮→涡轮轴→离合器 K3→行星架→长行星轮围绕大太阳轮转动并驱动齿圈。

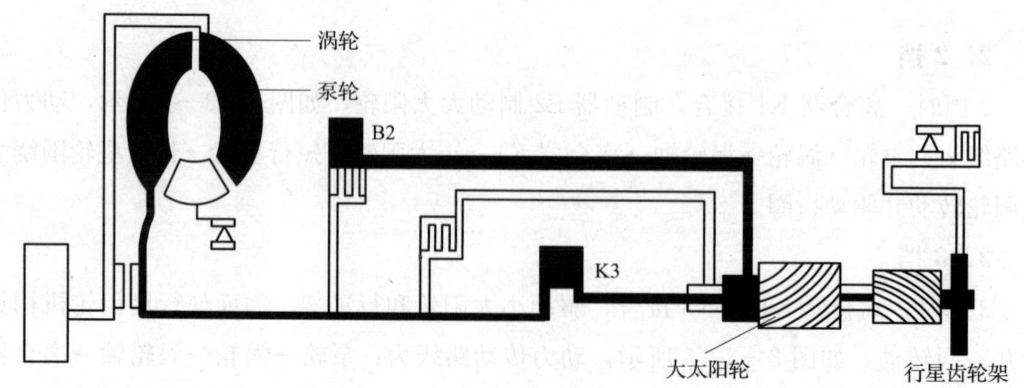

图 3—3—6　4 挡动力传动路线

5．R 挡

变速杆在“R”位置时，离合器 K2 接合，驱动大太阳轮；制动器 B1 工作，使行星架制动，如图 3—3—7 所示，动力传动路线为：泵轮→涡轮→涡轮轴→离合器 K2→大太阳轮→长行星轮反向驱动齿圈。

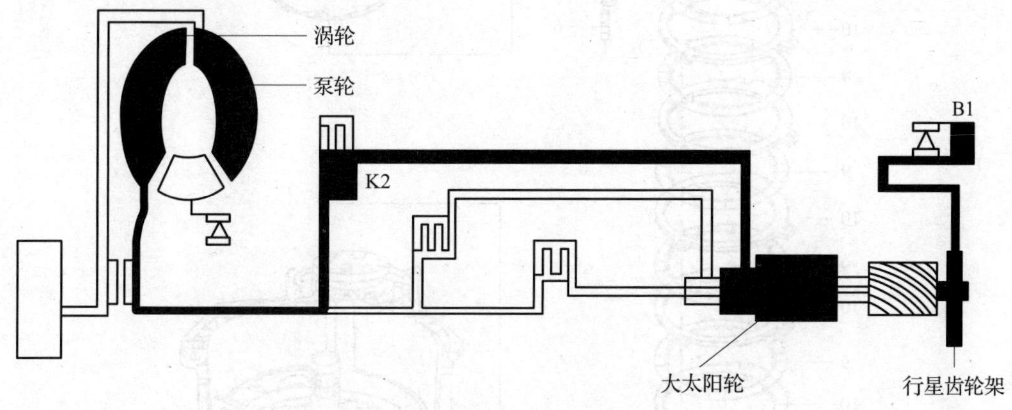

图 3—3—7　倒挡动力传动路线

三、大众 01M 拉维娜式变速器的检修

大众 01M 拉维娜式变速器与 01N 型变速器的机械部分基本相似，下面以大众 01M 拉维娜式变速器为例介绍拉维娜式变速器的检修。

1．行星齿轮系的分解图

行星齿轮系的分解图如图 3—3—8 所示。

2．倒挡离合器 K2 和大太阳轮的拆卸和安装

倒挡离合器 K2 和大太阳轮的分解图如图 3—3—9 所示。

3．单向离合器和倒挡的拆卸和安装

单向离合器和倒挡的分解图如图 3—3—10 所示。拆卸单向离合器前，应先拆下滑阀箱和密封塞。安装碟形弹簧时，凸起面应朝向单向离合器。安装压盘 B1 时，扁平面应朝向制动片。按所装内片数量不同，厚度也不同，其中 4 个内片厚 13.5 mm，5 个内片厚 10.5 mm。安装内片前，应将其浸入 ATF 中 15 min。

4．行星齿轮支架及带主动齿轮和端盖的变速器壳体的拆装

行星齿轮支架及带主动齿轮和端盖的变速器壳体的结构如图 3—3—11 所示。将推力滚针轴承垫圈光滑面装入主动齿轮。主动齿轮在分解行星齿轮系时不拆下。

5．行星齿轮系的分解

（1）装上自动变速器油溢流管 1 和螺塞 2，如图 3—3—12 所示。

（2）关闭自动变速器油冷却器油口，拆下液力变矩器。

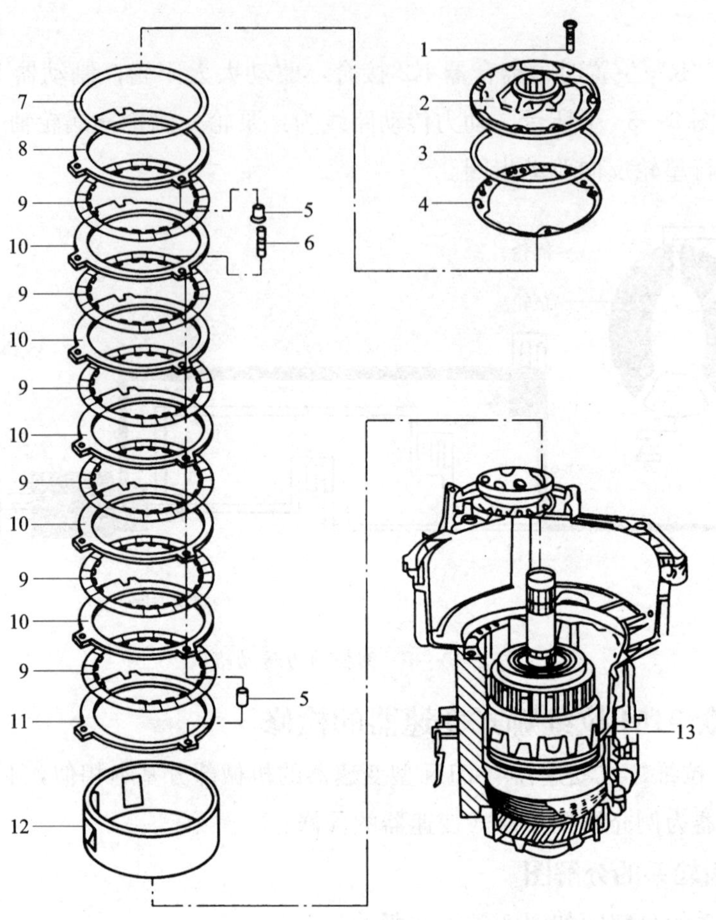

图 3—3—8　行星齿轮系的分解图

1—螺栓（7 个，8 N·m+90°，可分几次拧紧）　2—自动变速器油泵（带 B2 活塞）
3—自动变速器油泵上的 O 形密封圈　4—密封垫　5—弹簧盖（6 个）　6—弹簧（3 个）
7—波形弹簧垫圈　8—外片 B2　9—内片 B2（新内片在安装前应在 ATF 内浸 15 min）
10—外片 B2（必须用 2 mm 厚的外片）　11—装在隔离管上的外片 B2（厚 3 mm）
12—制动器 B2 的片组隔离管 B2（5 块内片长 68.6 mm，6 块内片长 64.9 mm）
13—装有离合器的变速器壳体

（3）用螺栓 1 和 2 将自动变速器固定到安装架上，如图 3—3—13 所示。

（4）拆下变速器壳体上带密封垫的端盖，如图 3—3—14 中箭头所示。

（5）拆下油底壳及自动变速器油滤网。

（6）拆卸带传输线的滑阀箱，如图 3—3—15 所示。

（7）拆下 B1 的密封圈，如图 3—3—16 中箭头所示。

（8）拆下自动变速器油泵螺栓，如图 3—3—17 中箭头所示。

（9）将螺栓 A（M8）拧入自动变速器油泵螺栓孔内，如图 3—3—18 所示。

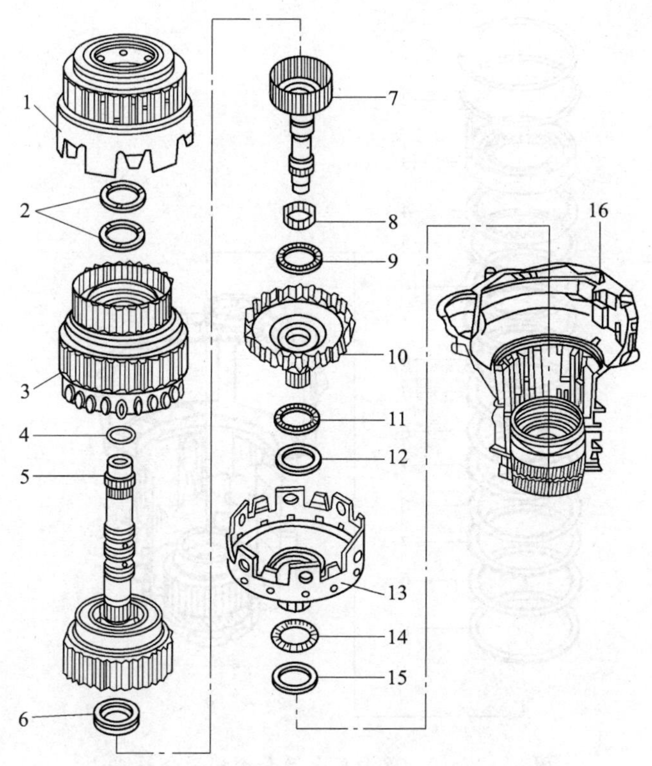

图 3—3—9　倒挡离合器 K2 和大太阳轮的分解图

1—倒挡离合器 K2　2—调整垫圈（可装 1 个或 2 个调整垫圈）　3—1 挡/3 挡离合器 K1　4—O 形密封圈　5—带蜗轮轴的 4 挡离合器 K3　6—带垫圈的推力滚针轴承　7—输入轴（小）　8—滚针轴承　9、11、14—推力滚针轴承　10—输入轴（大）　12—带台肩的推力滚针轴承垫圈　13—太阳轮（大）　15—推力滚针轴承垫圈　16—变速器壳体（带有已装好的单向离合器和弹性挡圈）

（10）均匀拧入螺栓 A，可将自动变速器油泵从变速器壳体中压出。

（11）将带有隔离管、B2 制动片、弹簧和弹簧盖的离合器拔出，如图 3—3—19 所示。

（12）将旋具插入大太阳轮的孔内，松开小输入轴螺栓，如图 3—3—20 所示。

（13）拧下小输入轴螺栓，如图 3—3—21 中箭头所示。

（14）拆下小输入轴上的螺栓和调整垫圈，将行星齿轮支架的推力滚针轴承留在变速器/主动齿轮内。

（15）拔下小输入轴，再拔出大输入轴，如图 3—3—22 中箭头所示。

（16）拔出大太阳轮，如图 3—3—23 中箭头所示。

（17）拆卸单向离合器前，应先拆下变速器转速传感器 G38。

（18）拆下隔离管弹性挡圈 a 和单向离合器弹性挡圈 b，如图 3—3—24 所示。

（19）用钳子从变速器壳体上拔下定位楔（如图 3—3—24 中箭头所示）上的单向离合器。

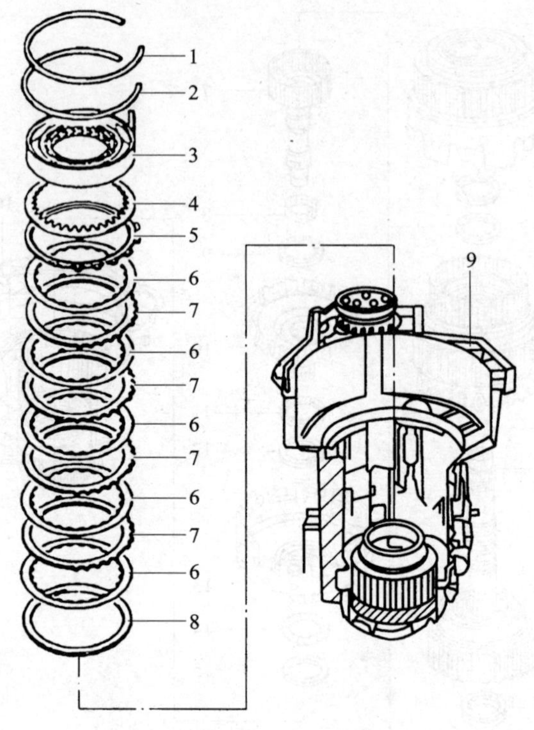

图 3—3—10　单向离合器和倒挡的分解图

1—隔离管 B2 弹性挡圈　2—单向离合器弹性挡圈　3—单向离合器（带 B1 活塞）　4—碟形弹簧　5—压盘　6—内片　7—外片　8—调整垫圈　9—变速器壳体（装有行星齿轮支架）

（20）拔下带碟形弹簧的行星齿轮支架，如图 3—3—25 所示。

（21）拆下倒挡制动器 B1 的摩擦片。需要说明的是，分解行星齿轮系时不需要拆下主制动轮。

6．行星齿轮系的组装

（1）将 O 形密封圈装入行星齿轮支架（见图 3—3—26）。更换行星齿轮支架时，需要调整该支架。

（2）将带垫圈的推力滚针轴承和行星齿轮支架装入主动齿轮，如图 3—3—27 所示。

（3）将垫圈和推力滚针轴承装到行星齿轮支架的小太阳轮上，如图 3—3—28 所示。

（4）使垫圈和推力滚针轴承与小太阳轮中心对齐，装入倒挡制动器 B1 的内、外片。

（5）装入压板，使扁平面朝向片组。压板厚度按制动片数量不同有所不同。装入碟形弹簧，将凸起面朝向单向离合器。如果要更换变速器壳体、单向离合器、倒挡制动器 B1 的活塞和摩擦片，则需要调整倒挡制动器 B1。

（6）用专用工具张开单向离合器滚子，并装上单向离合器，如图 3—3—29 所示。

（7）安装单向离合器弹性挡圈和隔离管弹性挡圈。安装弹性挡圈时开口应装到定位楔上。

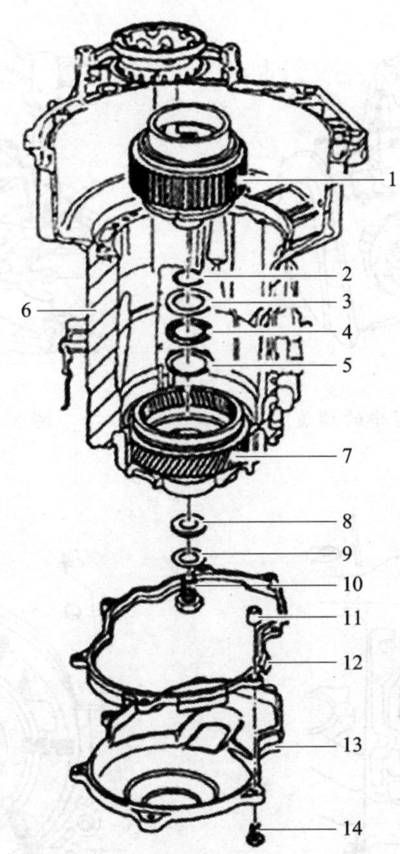

图 3—3—11　行星齿轮支架及带主动齿轮和端盖的变速器壳体的结构

1—行星齿轮支架　2—装在行星齿轮支架内的O形密封圈　3、5—推力滚针轴承垫圈　4—推力滚针轴承　6—变速器壳体（带主动齿轮）　7—主动齿轮　8—行星齿轮支架调整垫片　9—垫圈　10—小输入轴螺栓（30 N·m）　11—隔套（7个）　12—密封垫　13—端盖　14—螺栓（8 N·m）

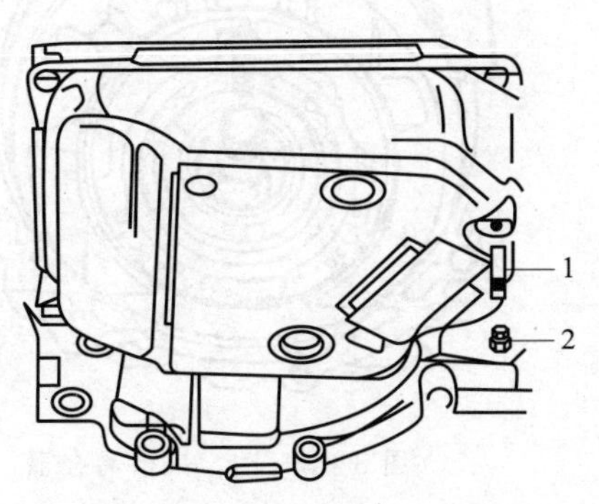

图 3—3—12　装上自动变速器油溢流管和螺塞

1—溢流管　2—螺塞

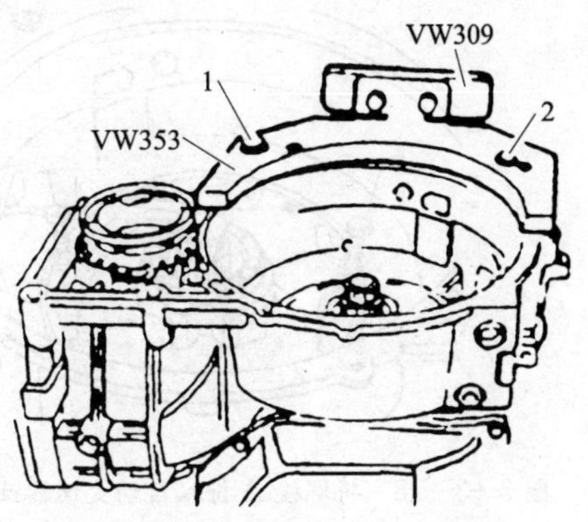

图 3—3—13　固定自动变速器

1、2—螺栓

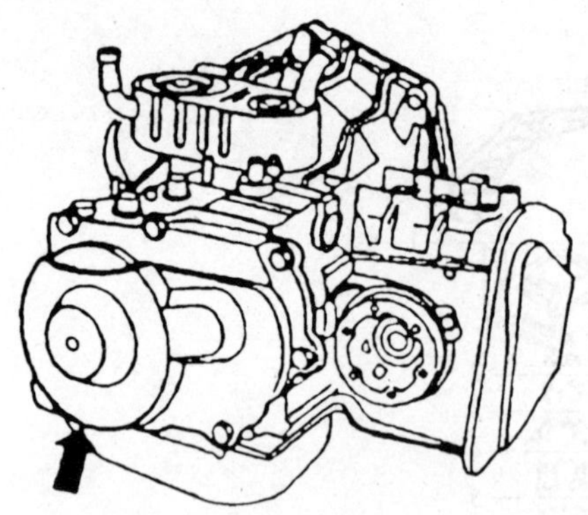

图 3—3—14　拆下带密封垫的端盖

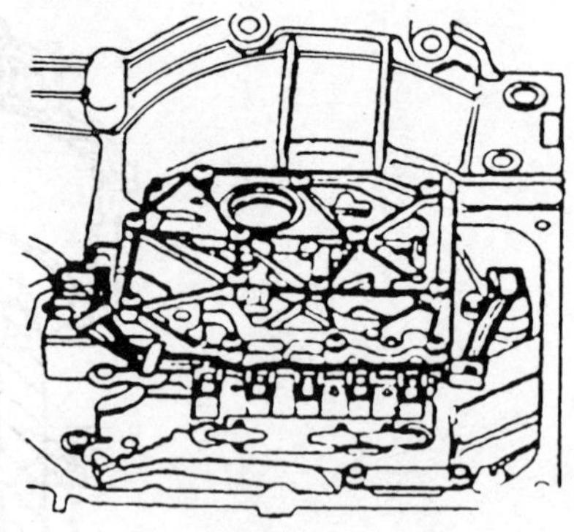

图 3—3—15　拆卸滑阀箱

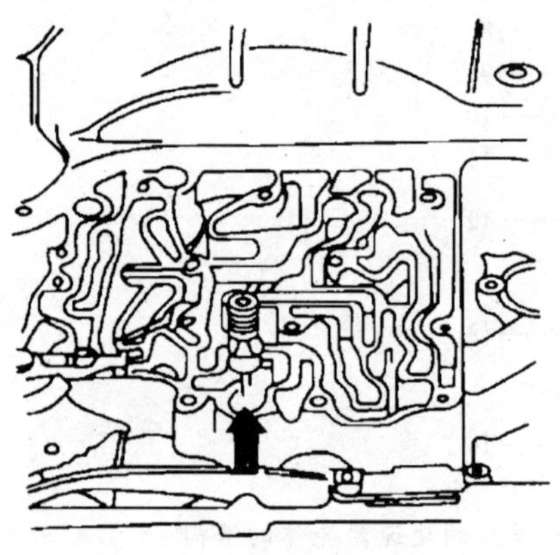

图 3—3—16　拆下 B1 的密封圈

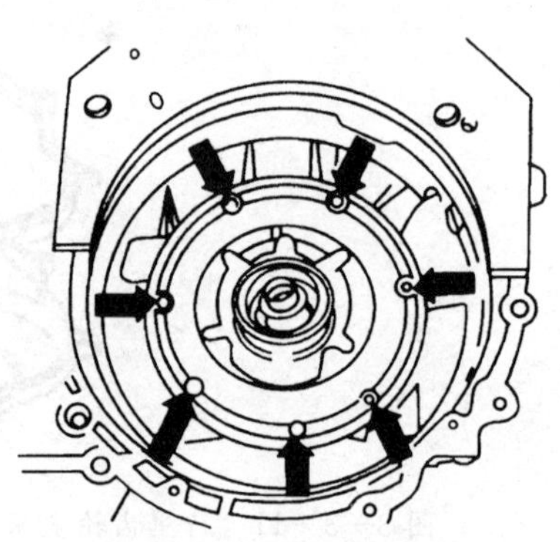

图 3—3—17　拆下自动变速器油泵螺栓

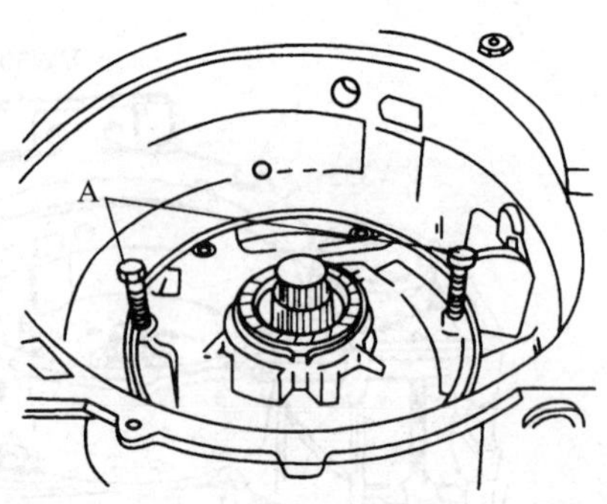

图 3—3—18　将螺栓 A 拧入自动变速器油泵螺栓孔内

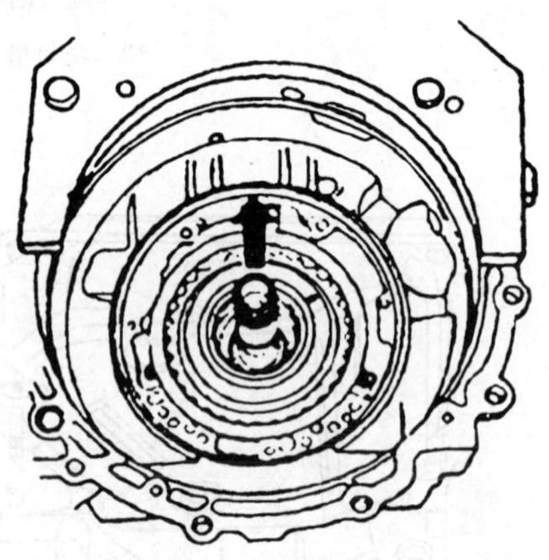

图 3—3—19　拔出离合器

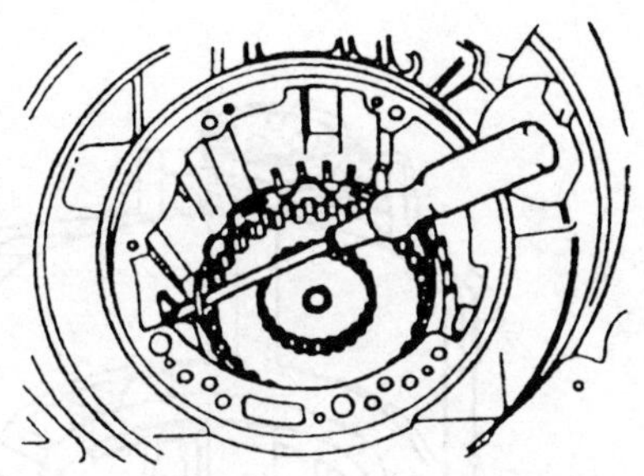
图 3—3—20　松开小输入轴螺栓

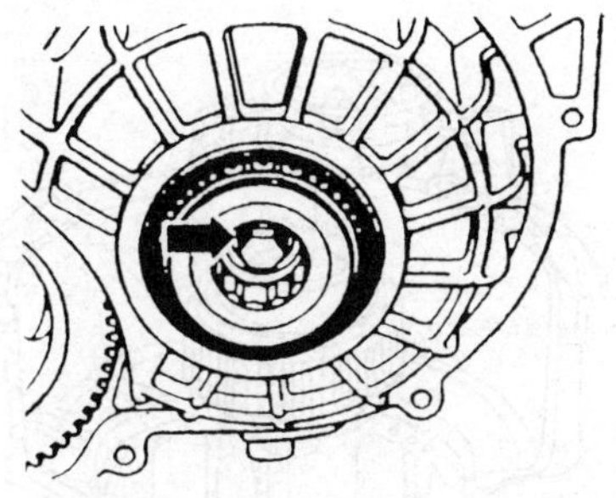
图 3—3—21　拧下小输入轴螺栓

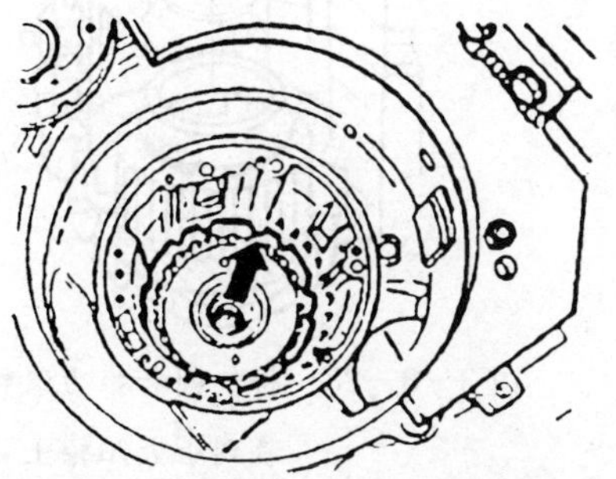
图 3—3—22　拔出大输入轴

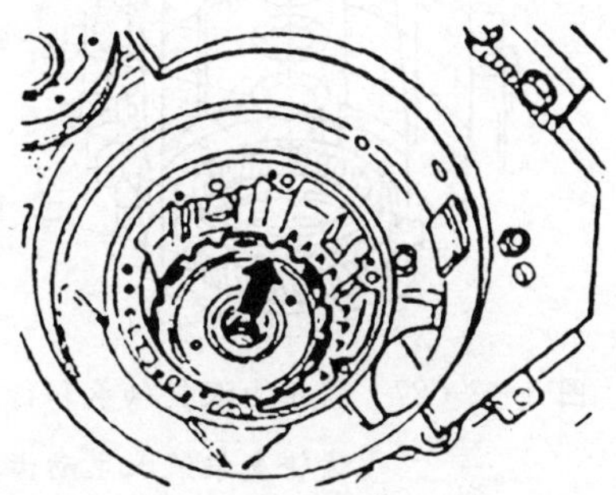
图 3—3—23　拔出大太阳轮

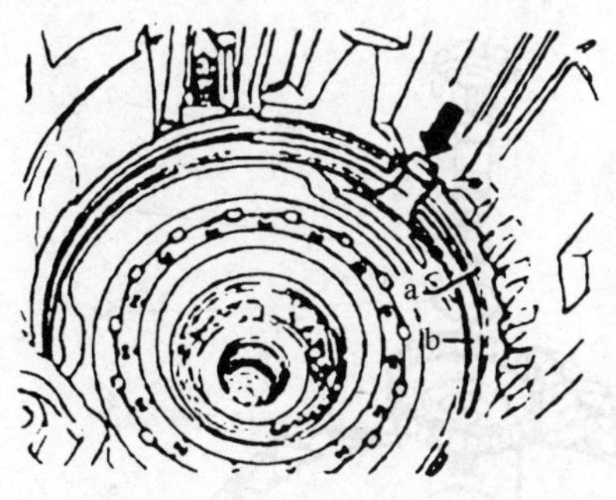

图 3—3—24　拆下弹性挡圈

a—隔离管弹性挡圈　b—单向离合器弹性挡圈

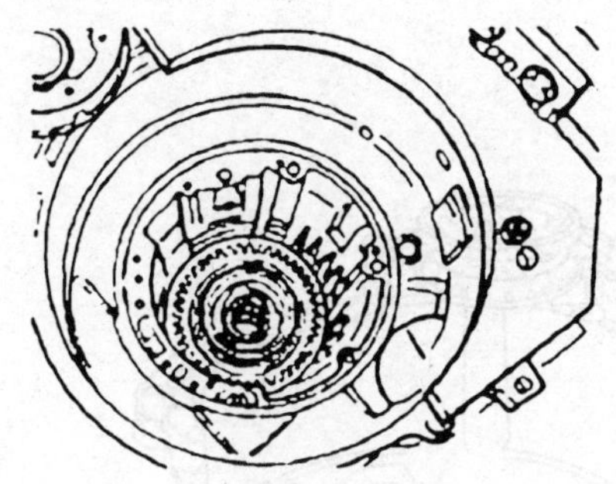
图 3—3—25　拔下带碟形弹簧的行星齿轮支架

(8) 安装变速器转速传感器 G38。

(9) 测量制动器 B1。

(10) 将大太阳轮到小输入轴的部件装入变速器壳体，如图 3—3—30 所示。

(11) 如图 3—3—31 所示，安装带有垫圈 2 和调整垫圈 3 的小输入轴螺栓 1。螺栓的拧紧力矩为 30 N · m。将调整垫圈 3 装到小输入轴台肩上（图中箭头所示），确定调整垫圈厚度，调整行星齿轮支架。

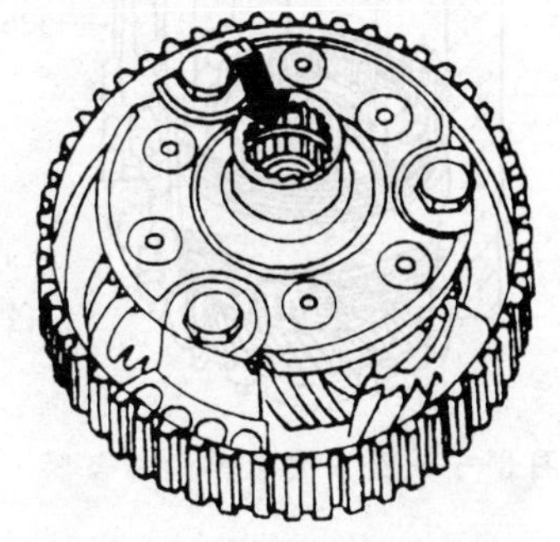
图 3—3—26　将 O 形密封圈装入行星齿轮支架

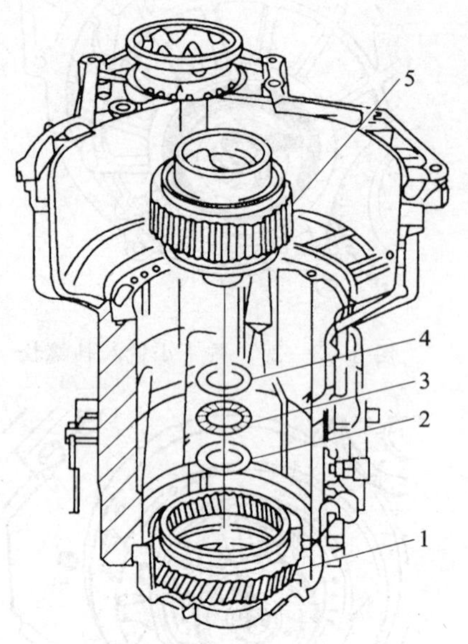

图 3—3—27 将推力滚针轴承和行星齿轮支架装入主动齿轮

1—主动齿轮（装在变速器壳体上） 2、4—推力滚针轴承垫圈 3—推力滚针轴承 5—装有O形密封圈的行星齿轮支架

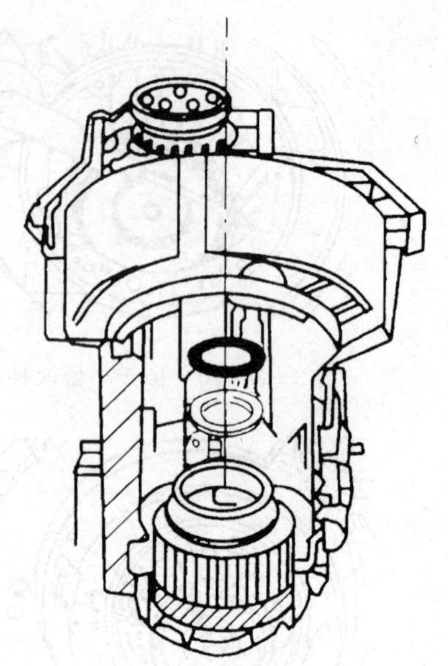

图 3—3—28 将垫圈和推力滚针轴承装到小太阳轮上

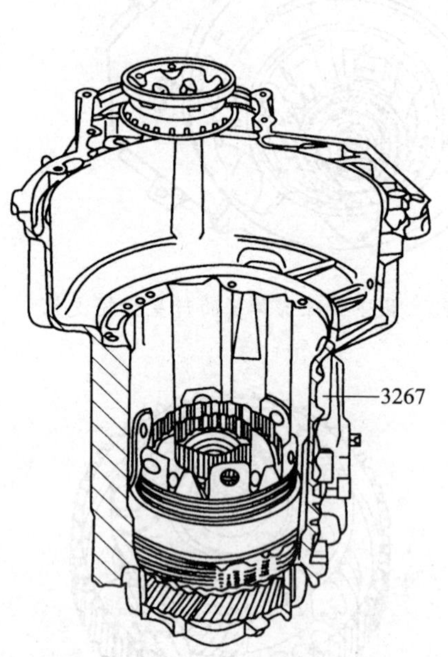

图 3—3—29 安装单向离合器

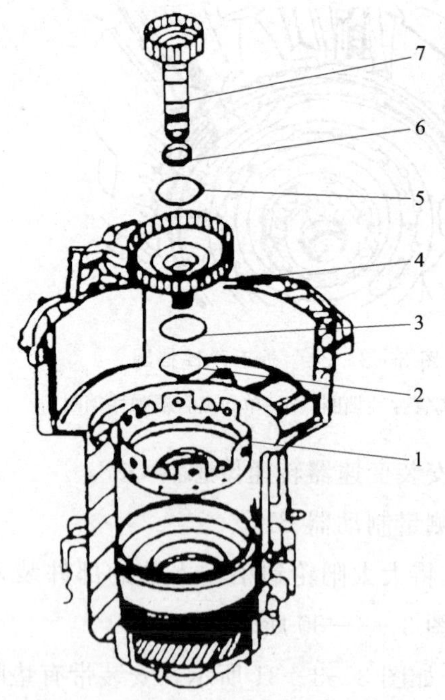

图 3—3—30 将大太阳轮到小输入轴的部件装入变速器壳体

1—大太阳轮 2—推力滚针轴承垫圈（台肩朝向大太阳轮） 3、5—推力滚针轴承 4—大输入轴 6—滚针轴承 7—小输入轴

（12）测量行星齿轮支架。

（13）将带垫圈的推力滚针轴承装到 4 挡离合器 K3 上，如图 3—3—32 所示。用自动变速器油浸湿推力滚针轴承垫圈，以便安装时将轴承粘到 K3 上。

图 3—3—31　安装小输入轴螺栓

1—小输入轴螺栓　2—垫圈　3—调整垫圈

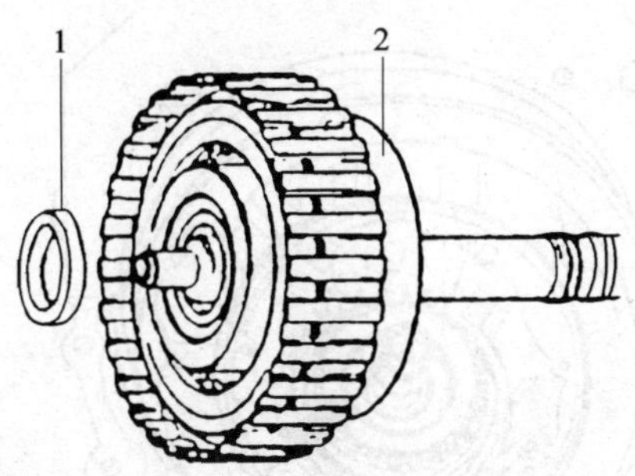

图 3—3—32　将推力滚针轴承装到 4 挡离合器 K3 上

1—带垫圈的推力滚针轴承　2—4 挡离合器 K3

（14）安装 4 挡离合器 K3，如图 3—3—33 所示。

（15）将 O 形密封圈装入槽内，如图 3—3—34 中箭头所示。注意活塞环的正确位置。

（16）装入 1 挡/3 挡离合器 K1，如图 3—3—34 所示。

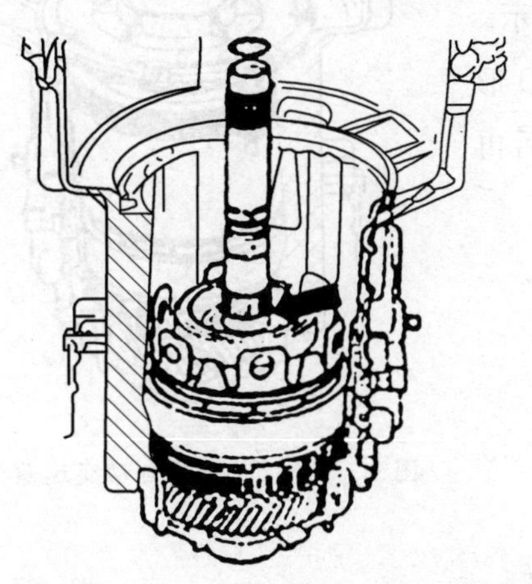

图 3—3—33　安装 4 挡离合器 K3

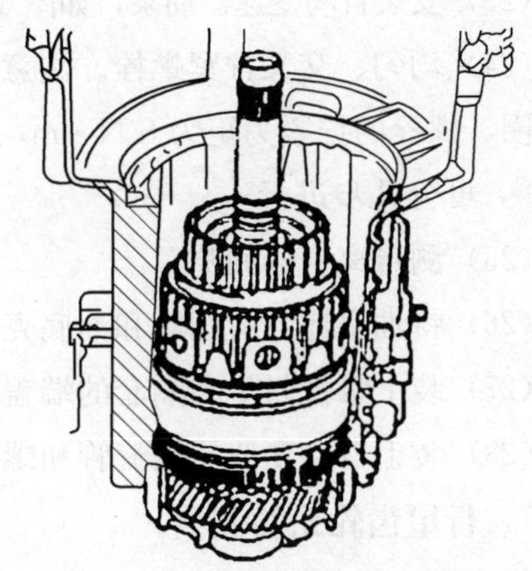

图 3—3—34　装入 1 挡/3 挡离合器 K1

（17）将调整垫圈（如图 3—3—35 中箭头所示）装入 K1。更换 K1、K2 或自动变速器油泵后，需重新测量调整垫片厚度，可使用 1 个或 2 个调整垫圈。

（18）装入倒挡离合器 K2。

（19）装入制动器 B2 片组的隔离管，安装时，应使隔离管上的槽对准单向离合器的楔。

（20）安装 B2 的制动片（见图 3—3—36）。先装上一个 3 mm 厚的外片，将 3 个弹簧盖装入外片，插入压力弹簧（图中箭头所示），直到把最后一个外片装上。安装最后一片已测量的外片前，应先将 3 个弹簧盖装到压力弹簧上，装上波形弹簧垫片。如果更换了隔离管、自动变速器油泵、制动片，则应调整 2 挡和 4 挡制动器 B2。

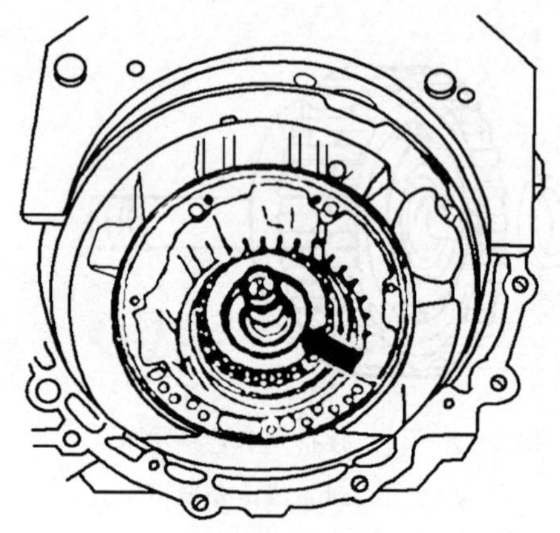
图 3—3—35 将调整垫圈装入 K1

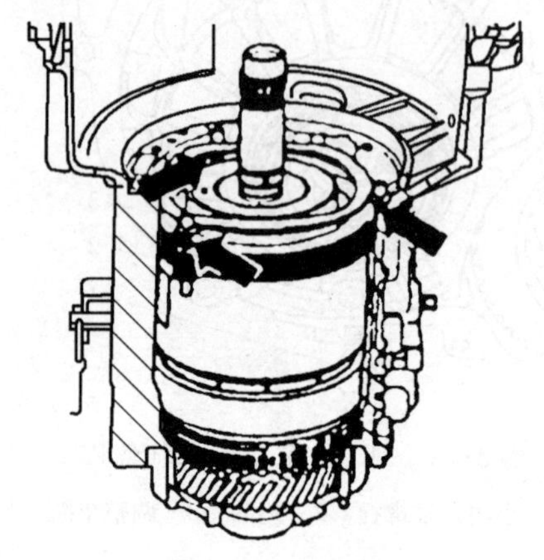
图 3—3—36 安装 2 挡和 4 挡制动器 B2 的制动片

（21）安装自动变速器油泵密封垫。

（22）将 O 形密封圈装到自动变速器油泵上。

（23）安装自动变速器油泵，如图 3—3—37 所示。

（24）均匀、交叉拧紧螺栓。注意不要损坏 O 形密封圈，螺栓的拧紧力矩为 8 N·m，螺栓拧紧后再拧 90°，可分几步进行。

（25）测量离合器间隙。

（26）将油塞连同滑阀箱和油底壳一同装上。

（27）装上带密封垫和隔套的端盖。

（28）装上自动变速器溢流管和螺塞。

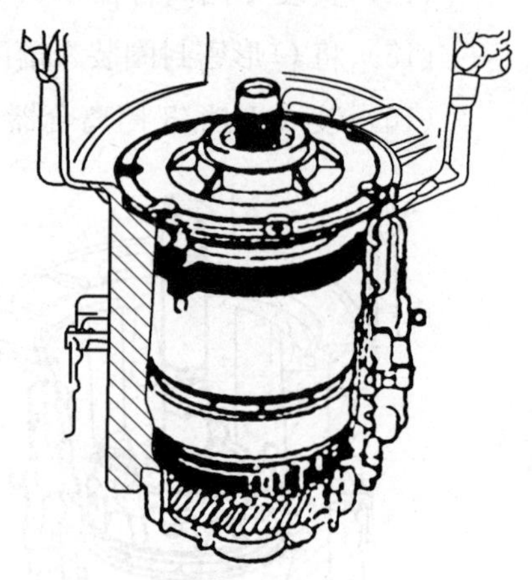
图 3—3—37 安装自动变速器油泵

7．行星齿轮系的调整

行星齿轮系的调整示意图如图 3—3—38 所示。

8．行星齿轮支架的调整

（1）行星齿轮支架调整部件示意图

行星齿轮支架调整部件示意图如图 3—3—39 所示，调整行星齿轮支架时，不需要装上调整垫圈 17。

（2）测量调整垫圈 A

测量调整垫圈 A 如图 3—3—40 所示。

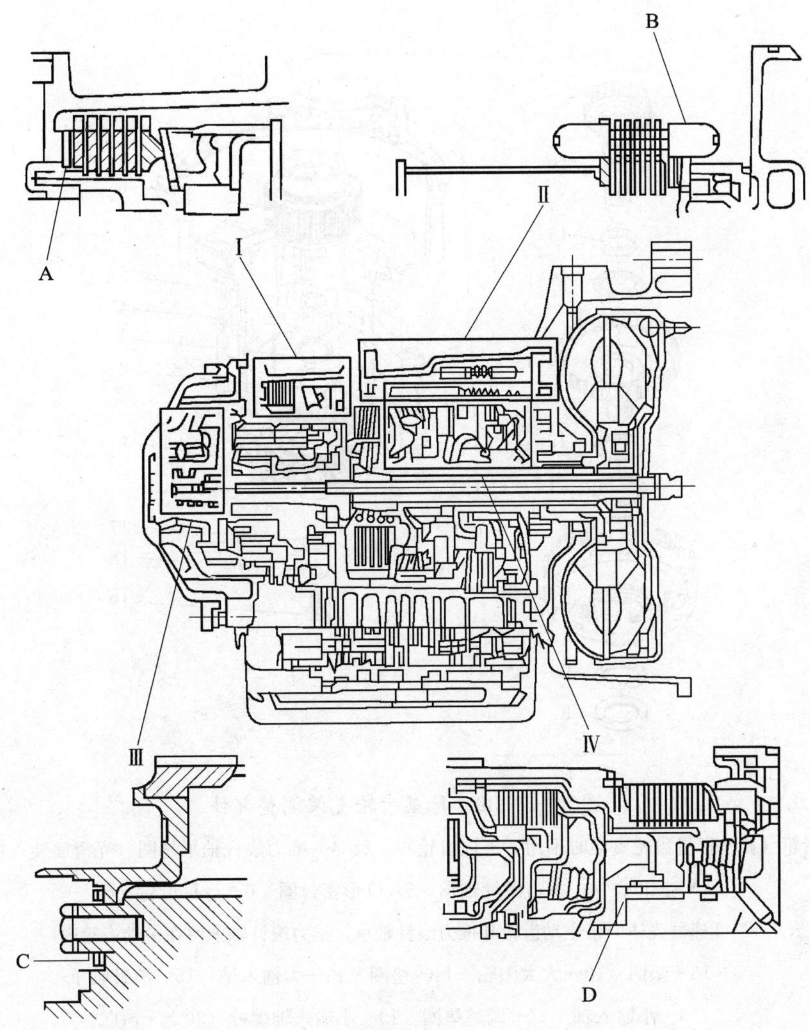

图 3—3—38　行星齿轮系的调整示意图

A、C、D—调整垫圈　B—外片

Ⅰ—倒挡制动器 B1　Ⅱ—2 挡和 4 挡制动器 B2　Ⅲ—行星齿轮支架　Ⅳ—离合器间隙

1）调整行星齿轮支架时，将所有部件（见图 3—3—39 中的 2～16）装入变速器壳体。

2）将旋具插入大太阳轮孔内，以松开（或紧固）小输入轴螺栓。

3）装上带垫圈 2 的小输入轴螺栓 1，不用调整垫圈，如图 3—3—41 所示。

4）安放千分表，并以 1 mm 的预紧量将千分表装到螺栓头中间，如图 3—3—42 所示。

5）将千分表置“0”，用力压小输入轴，并读出测量值。

6）按表 3—3—2 确定调整垫圈厚度，并按备件目录查找零件号。

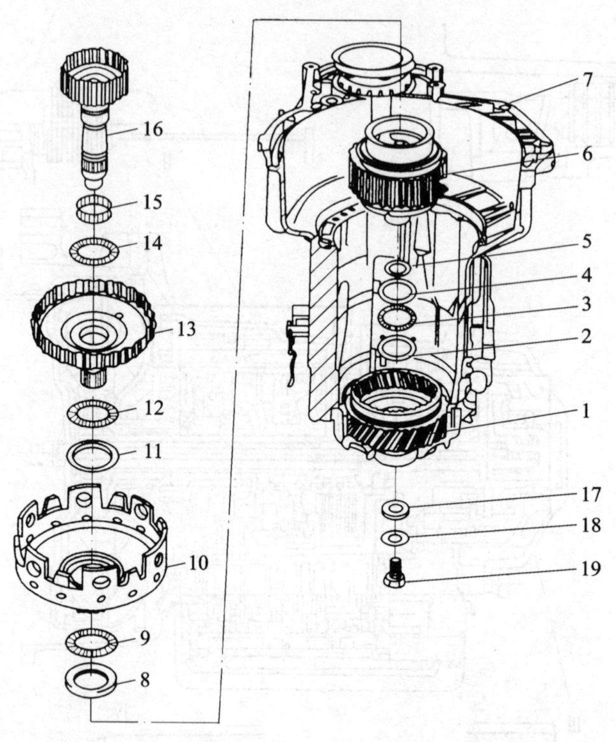

图 3—3—39　行星齿轮支架调整部件

1—主动齿轮（调整行星齿轮支架时不用拆下该齿轮）　2、4—推力滚针轴承垫圈（光滑面装入主动齿轮）
3、9、12、14—推力滚针轴承　5—O 形密封圈　6—行星齿轮支架
7—变速器壳体（带主动齿轮和推力滚针轴承，推力滚针轴承留在主动齿轮内）
8、18—垫圈　10—大太阳轮　11—垫圈　13—大输入轴　15—滚针轴承
16—小输入轴　17—调整垫圈　19—小输入轴螺栓（30 N·m）

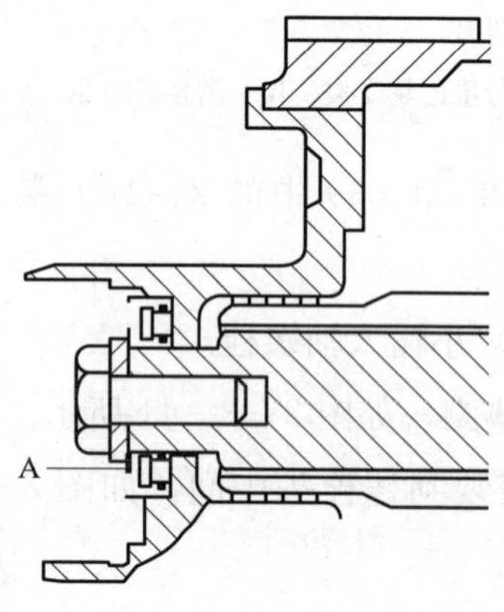

图 3—3—40　测量调整垫圈 A

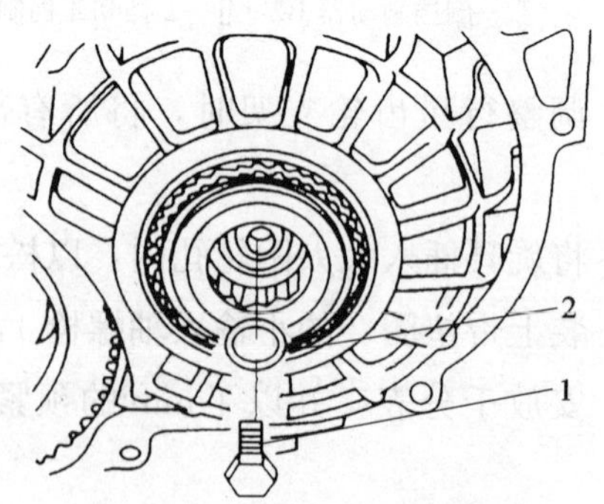

图 3—3—41　装上带垫圈的小输入轴螺栓
1—小输入轴螺栓（30 N·m）　2—垫圈

图 3—3—42　安放千分表

表 3—3—2　调整垫圈厚度　mm

测量值	调整垫圈厚度	测量值	调整垫圈厚度
1.26～1.35	1.0	2.26～2.35	2.0
1.36～1.45	1.1	2.36～2.45	2.1
1.46～1.55	1.2	2.46～2.55	2.2
1.56～1.65	1.3	2.56～2.65	2.3
1.66～1.75	1.4	2.66～2.75	2.4
1.76～1.85	1.5	2.76～2.85	2.5
1.86～1.95	1.6	2.86～2.95	2.6
1.96～2.05	1.7	2.96～3.05	2.7
2.06～2.15	1.8	3.06～3.15	2.8
2.15～2.25	1.9	3.16～3.25	2.9

举例来说，如果测量值是 2.00 mm，则装入 1.7 mm 厚的垫圈。

7）拆下小输入轴螺栓。

8）将已确定的调整垫圈装到小输入轴上。将小输入轴螺栓连同垫圈一同拧紧，拧紧力矩为 30 N·m。

（3）行星齿轮支架的测量

1）将千分表装到专用工具 VW382/7 上，并将千分表的测量触点顶到小输入轴螺栓上。

2）来回摆动小输入轴并从千分表上读出间隙值。最小间隙为 0.23 mm，最大间隙为 0.37 mm。如果已拆下倒挡制动器 B1 和单向离合器并调整过行星齿轮支架，则在安装行星齿轮支架前应装上倒挡制动器 B1。

9．倒挡制动器 B1 的调整

（1）倒挡制动器 B1 调整部件示意图

倒挡制动器 B1 调整部件示意图如图 3—3—43 所示。

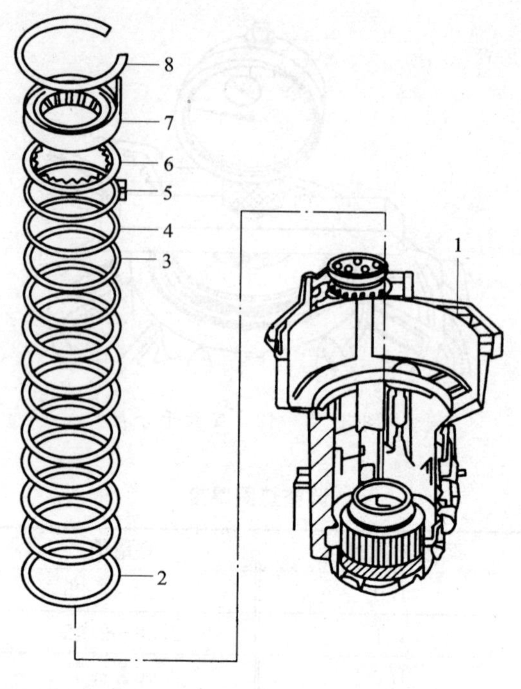

图 3—3—43　倒挡制动器 B1 调整部件

1—变速器壳体（装有主动齿轮和行星齿轮支架）　2—调整垫圈　3—B1 外片　4—B1 内片
5—压板（扁平面朝向片组，所装内片数量不同，厚度也不同，4 个内片厚 13.5 mm，5 个内片厚 10.5 mm）
6—碟形弹簧（凸起面朝向单向离合器）　7—单向离合器（带有活塞）　8—弹性挡圈

（2）确定调整垫圈 A 的厚度

如图 3—3—44 所示，调整垫圈厚度由间隙尺寸“X”确定，并按表 3—3—2 选用。图中，A 为调整垫圈，X 为间隙尺寸，$X=K+m/2-I$。I 为单向离合器内活塞位置，m 为带压板的片组高度，$K=$ 恒定值 $-$ 26.8 mm，K 由变速器内的结构高度确定，且不可调。

1）确定 I 的尺寸。如图 3—3—45 所示，按箭头方向将活塞压到挡块处，将导板 A 放到单向离合器外环上，用深度尺 B 测量活塞内棱。举例来说，如果测量值为 73.5 mm，导板厚度为 48.2mm，则：

$I=$ 测量值 $-$ 导板厚度

$=73.5\text{ mm}-48.2\text{ mm}=25.3\text{ mm}$

2）确定 m 的尺寸。如图 3—3—46 所示，将导板 A 放到压板上，按箭头方向压缩带压板的片组，并用深度尺 B 测量片组厚度。举例来说，如果测量值为 51.8 mm，导板厚度为 48.2mm，则：

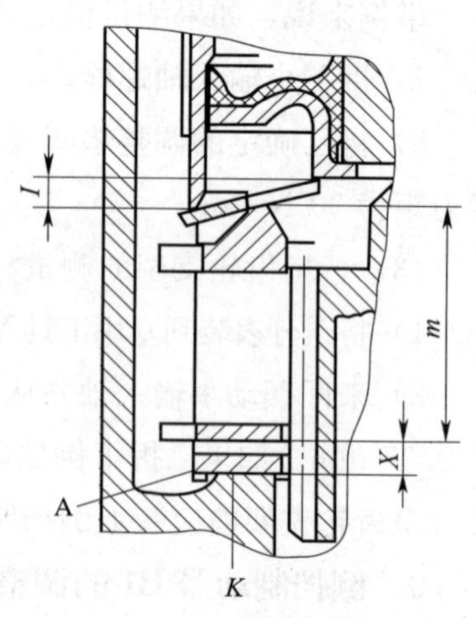

图 3—3—44　确定调整垫圈 A 的厚度

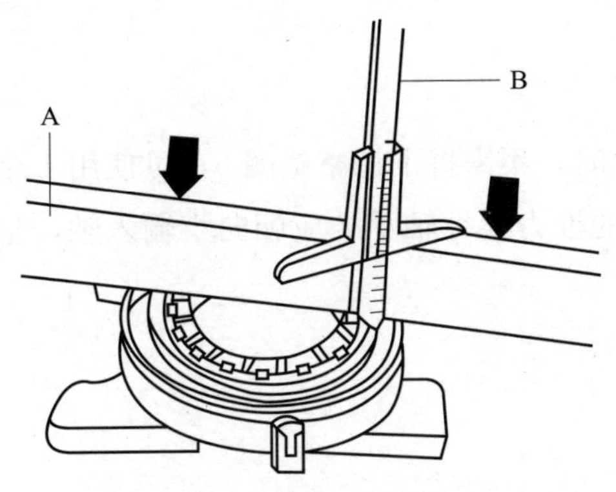

图 3—3—45　用深度尺测量活塞内棱

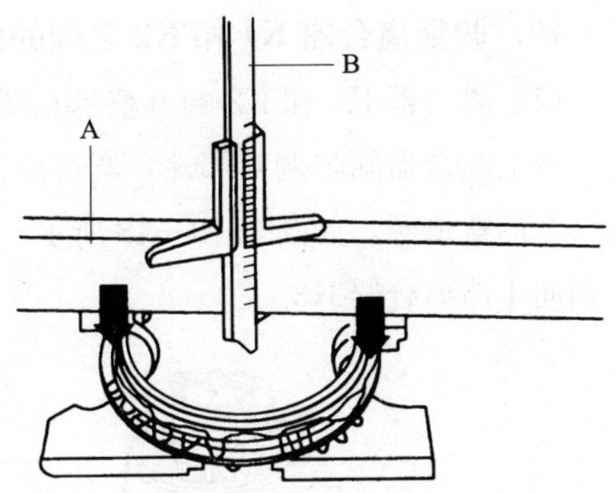

图 3—3—46　测量片组厚度

m＝测量值－导板厚度

＝51.8 mm－48.2 mm＝3.6 mm

3）计算尺寸 X。$X=K+m/2-I=26.8+3.6/2-25.3=3.3$ mm。

4）查表确定调整垫圈厚度尺寸，见表 3—3—3。

表 3—3—3　　**调整垫圈厚度**　　mm

间隙尺寸 *X*	调整垫圈厚度	间隙尺寸 *X*	调整垫圈厚度
2.36～2.45	1.0	3.36～3.45	1.0＋1.0
2.46～2.55	1.1	3.46～3.55	1.0＋1.1
2.56～2.65	1.2	3.56～3.65	1.1＋1.1
2.66～2.75	1.3	3.66～3.75	1.1＋1.2
2.76～2.85	1.4	3.76～3.85	1.2＋1.2
2.86～2.95	1.5	3.86～3.95	1.2＋1.3
2.96～3.05	1.6	3.96～4.05	1.3＋1.3
3.06～3.15	1.7	4.06～4.15	1.3＋1.4
3.16～3.25	1.8	4.16～4.25	1.4＋1.4
3.26～3.35	1.9		

5）按表确定调整垫圈厚度，按备件目录查找零件号。

6）确定 B1 调整垫片厚度以后，再进行检查与测量。

（3）测量倒挡离合器 B1

将到单向离合器的部件都装上，并用弹性挡圈固定。用塞尺 A 测量制动片之间的间隙，如图 3—3—47 所示。间隙最小不低于 1.20 mm，最大不超过 1.80 mm。

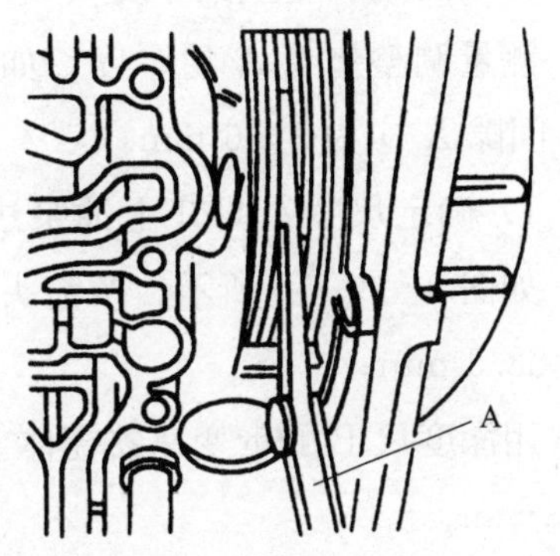

图 3—3—47　测量制动片之间的间隙

10. 调整离合器 K1 和 K2 之间的间隙

（1）离合器 K1 和 K2 的调整示意图

装上离合器间隙调整部件，调整离合器间隙时，不需拆下调整垫圈 6，可使用 1 个或 2 个调整垫圈，如图 3—3—48 所示。带垫圈的推力滚针轴承 2 应朝向小输入轴，垫圈朝向 4 挡离合器 K3。

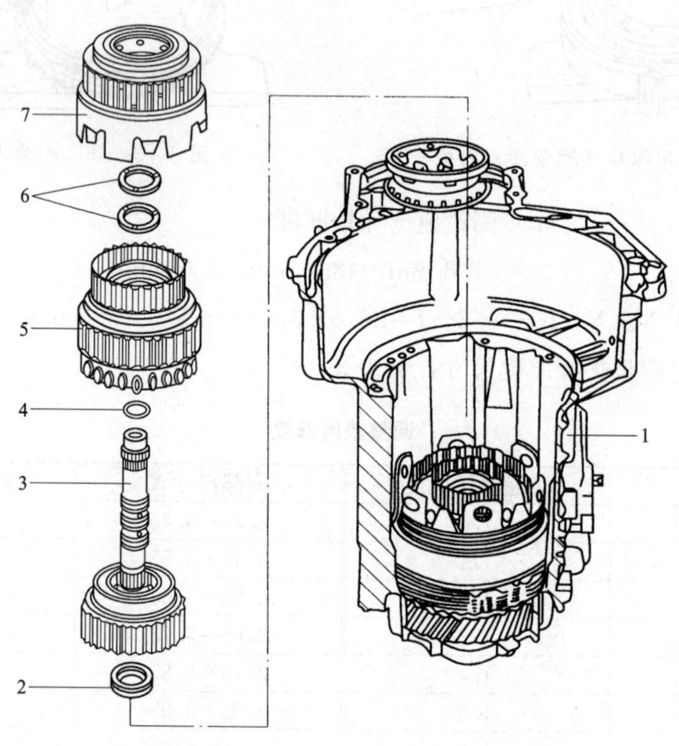

图 3—3—48　离合器 K1 和 K2 调整示意图

1—变速器壳体（行星齿轮系列，小输入轴已装好）　2—带垫圈的推力滚针轴承　3—4 挡离合器 K3（带泵轴）　4—O 形密封圈　5—1 挡/3 挡离合器 K1（带蜗轮轴）　6—调整垫圈　7—倒挡离合器 K2

（2）测量调整垫圈厚度

测量调整垫圈 A 的厚度，如图 3—3—49 所示。确定调整垫圈厚度须先确定间隙 X，间隙 X 应为 3～6 mm。

1）确定尺寸 a（K1 上油泵法兰/变速器壳体测量值）。将导板 A 装到变速器壳体上，如图 3—3—50 所示。按箭头方向向下压 K1 并用深度尺 B 测量 K1。假定测量值 δ_1＝88. 5 mm。

用深度尺 B 测量变速器壳体上的油泵法兰，如图 3—3—51 所示。假定测量值 δ_2＝34. 3 mm。

计算尺寸 $a=\delta_1-\delta_2$＝88. 5 mm－34. 3 mm＝54. 2 mm。

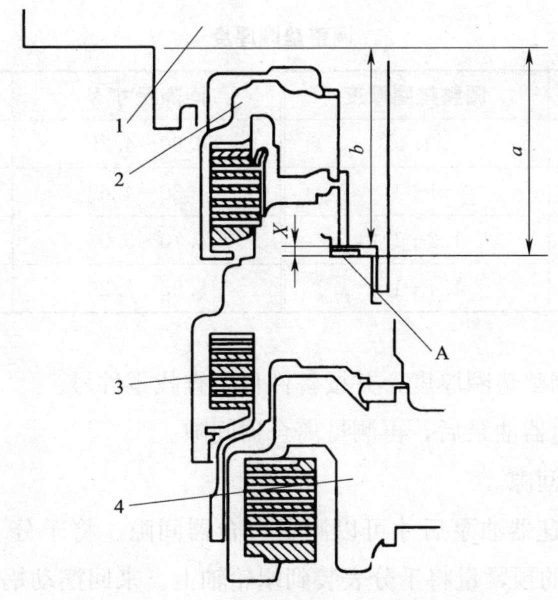

图 3—3—49 测量调整垫圈 A 的厚度

A—调整垫圈 1—自动变速器油泵 2—倒挡离合器 K2 3—1 挡/3 挡离合器 K1 4—4 挡离合器 K3

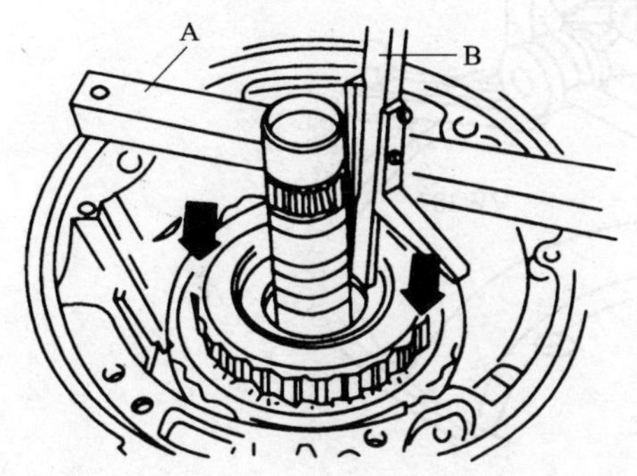

图 3—3—50 用深度尺测量 K1

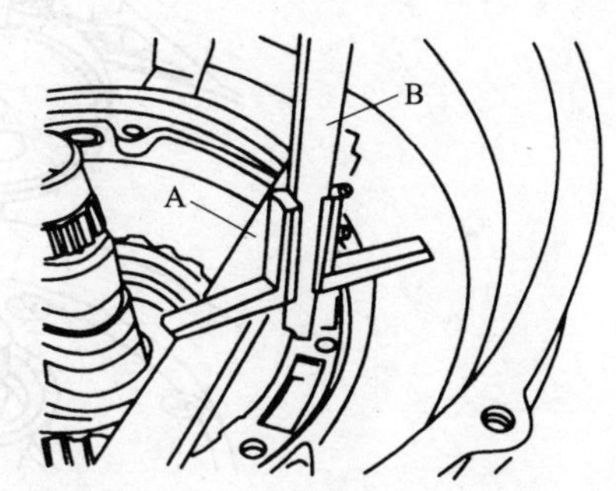

图 3—3—51 测量变速器壳体上的油泵法兰

2）确定尺寸 b。将导板 B 装到导轮支座（图 3—3—52 中箭头所示）上，用深度尺 A 测量油泵法兰密封垫。假定测量值为 70.5 mm，则 b＝测量值－导板尺寸＝70.5 mm－19.5 mm＝51.0 mm。

3）计算间隙 $X=a-b=54.2$ mm－51.0 mm＝3.2 mm。查表确定调整垫圈的厚度，见表 3—3—4。

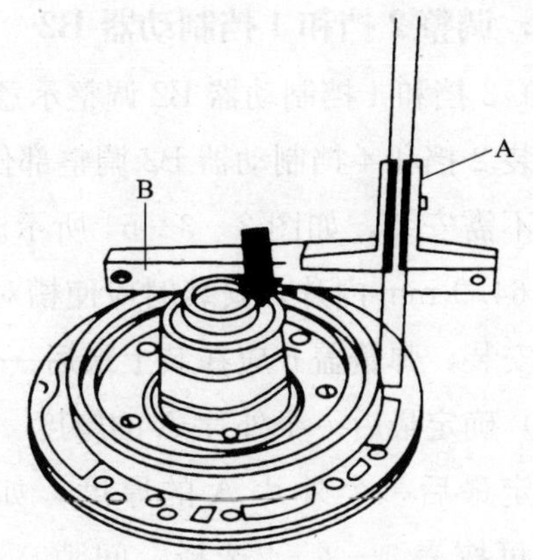

图 3—3—52 测量油泵法兰密封垫

表 3—3—4　　调整垫圈厚度　　mm

间隙尺寸 X	调整垫圈厚度	间隙尺寸 X	调整垫圈厚度
～2.45	1.4	3.90～4.29	1.6+1.6
2.55～3.09	1+1	4.30～4.69	1.8+1.8
3.10～3.49	1.2+1.2	4.70～5.04	1.2+1.2+1.6
3.50～3.89	1.4+1.4	5.05～5.26	1.2+1.2+1.8

4）按该表确定调整垫圈厚度，并按备件目录查找零件号。

5）装上自动变速器油泵后，再测量离合器间隙。

（3）测量离合器间隙

只有装上自动变速器油泵后才可以测量离合器间隙。将千分表支架固定到变速器壳体上，并以 1 mm 的预紧量将千分表装到蜗轮轴上。来回摆动蜗轮轴并读出千分表上的间隙值，如图 3—3—53 所示。间隙最小不低于 0.5 mm，最大不超过 1.2 mm。

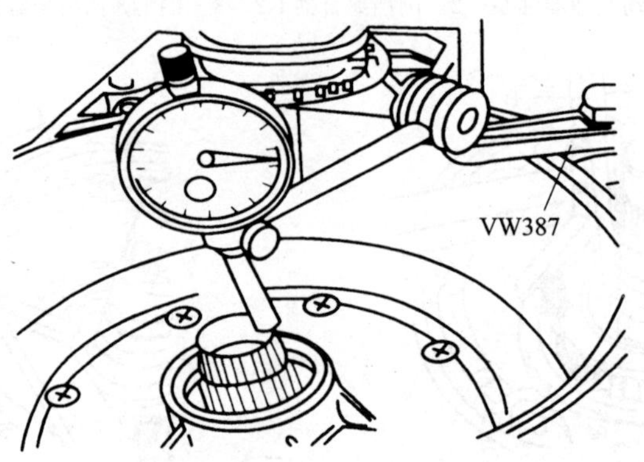

图 3—3—53　测量离合器间隙

11．调整 2 挡和 4 挡制动器 B2

（1）2 挡和 4 挡制动器 B2 调整示意图

安装 2 挡和 4 挡制动器 B2 调整部件时，波形弹簧垫圈 11、最后一个外片 10 和弹簧盖 6 不需安装，如图 3—3—54 所示。B2 隔离管带有 5 个长为 68.6 mm 的内片和 6 个长为 64.9 mm 内片，安装时应使槽对准单向离合器的楔，弹簧盖 5 应在装上第一个外片后安装，弹簧盖 6 应在装上最后一个外片前安装。B2 外片 10 可装上 2 个外片。

（2）确定最后一个外片 A 的厚度

确定最后一个外片 A 的厚度，如图 3—3—55 所示。该外片厚度由间隙 X 确定，并可按表 3—3—4 选择。间隙 $X=a-b-3.2$ mm。第一个外片（图中箭头所示）总是 3 mm 厚。

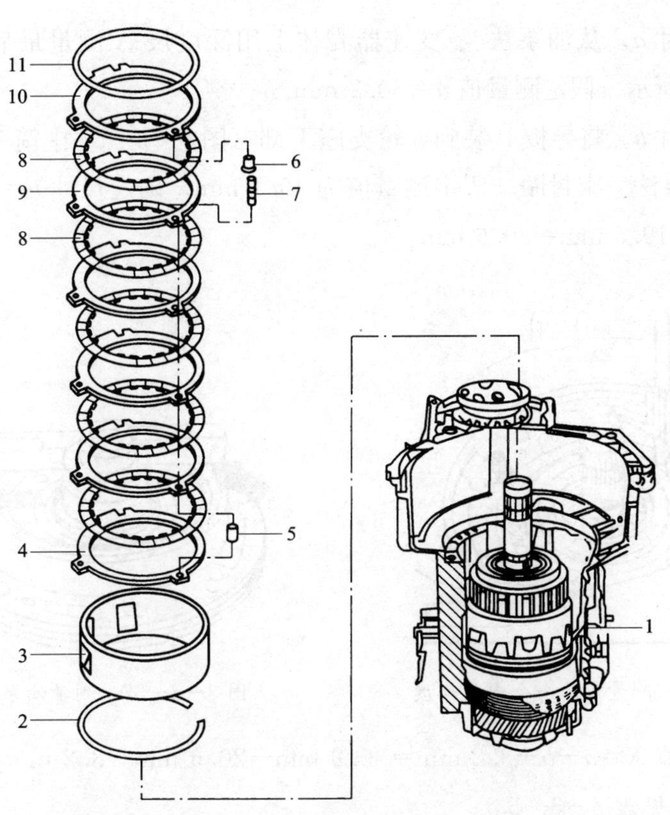

图 3—3—54　2 挡和 4 挡制动器 B2 调整示意图

1—变速器壳体　2—弹性挡圈（用于隔离管）　3—B2 隔离管　4—B2 外片（厚度为 3 mm）　5、6—弹簧盖　7—弹簧　8—B2 内片　9—B2 外片（厚度为 2 mm）　10—B2 外片　11—波形弹簧垫圈

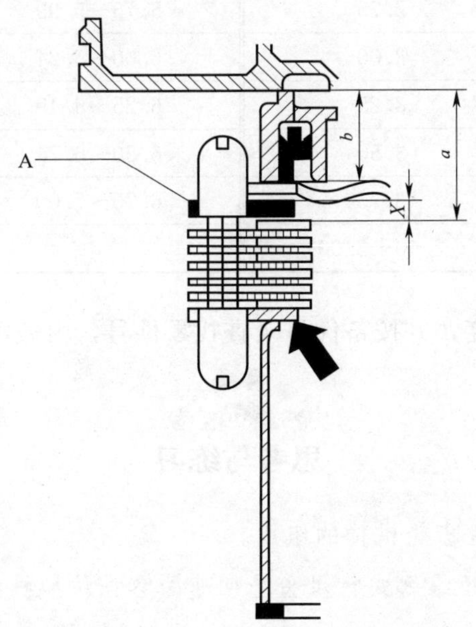

图 3—3—55　确定最后一个外片 A 的厚度

1）确定尺寸 a。从油泵法兰/变速器壳体上用深度尺 A 测量最后一个内片厚度，如图 3—3—56 所示。假定测量值 a=30.2 mm。

2）确定尺寸 b。将导板 B 装到导轮支座下部（图 3—3—57 中箭头所示），并用深度尺 A 测量油泵法兰密封圈。假定测量值为 40.1 mm，确定尺寸 b=测量值－导板厚度=40.1 mm－19.5 mm=20.6 mm。

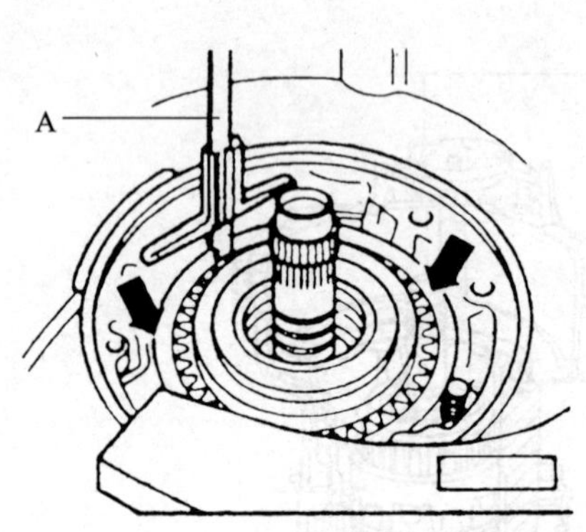

图 3—3—56　测量最后一个内片厚度

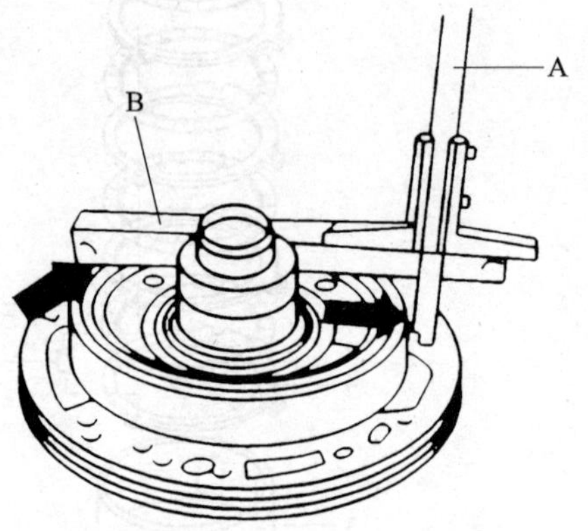

图 3—3—57　测量油泵法兰密封圈

3）计算间隙 $X=a-b-3.2$ mm=30.2 mm－20.6 mm－3.2 mm=6.4 mm。查表确定外片厚度，见表 3—3—5。

表 3—3—5　　**外片厚度尺寸**　　mm

间隙尺寸 **X**	制动外片厚度	间隙尺寸 **X**	制动外片厚度
4.25～4.49	2.75	5.75～5.99	2.00＋2.25
4.50～4.74	3.00	6.00～6.24	2.25＋2.25
4.75～4.99	3.25	6.25～6.49	2.25＋2.50
5.00～5.24	3.50	6.50～6.74	2.50＋2.50
5.25～5.49	3.75	6.75～7.00	2.50＋2.75
5.50～5.74	2.00＋2.00		

4）查表确定外片厚度，并按备件目录查找零件号，由表可知，可装 2 个外片。

思考与练习

1. 简速拉维娜式行星齿轮机构的组成。

2. 简述 01N 型四挡拉维娜式行星齿轮变速器各挡位换挡执行元件的工作情况及动力传动路线。

课题四　平行轴式齿轮机构

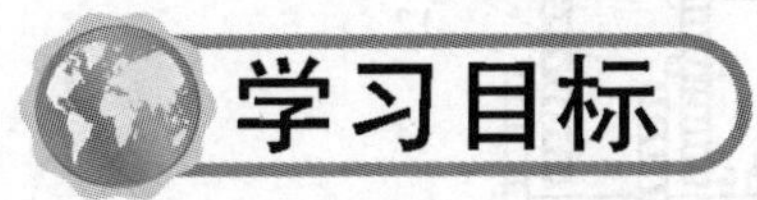

1. 掌握平行轴式齿轮变速器的结构及组成。
2. 掌握平行轴式齿轮变速器各挡位动力传递路线。

平行轴式齿轮机构采用定轴式齿轮变速传动机构，它是在传统手动变速器基础上发展起来的自动变速器齿轮机构，被广泛应用于本田轿车上。它一般采用前轮驱动，自动变速器与驱动桥合为一体，动力传递路线短，结构更紧凑。下面以本田轿车MAXA自动变速器齿轮机构为例进行讲解。

一、平行轴式齿轮机构的结构

MAXA自动变速器平行轴式齿轮机构的结构如图3—4—1。

平行轴式齿轮变速传动机构主要由平行轴、各挡齿轮和湿式多片离合器（以下统称离合器）等组成。平行轴为3根，即主轴、中间轴和副轴。主轴与发动机曲轴主轴颈轴线同轴。主轴上装有3挡和4挡离合器以及3挡、4挡、倒挡齿轮和惰轮（倒挡齿轮与4挡齿轮制成一体）。中间轴上装有最终主动齿轮及1挡、3挡、4挡、倒挡、2挡和驻车挡齿轮以及惰轮（最终主动齿轮与中间轴制成一体）。副轴上装有1挡、2挡离合器和1挡、2挡齿轮及惰轮。中间轴4挡齿轮及其倒挡齿轮可以锁止在副轴中部，工作时是锁止4挡齿轮还是倒挡齿轮取决于接合套的移动方式。主轴和副轴上的齿轮与中间轴上的齿轮保持常啮合状态。行车中，当通过控制系统使变速器中某一组齿轮实现啮合时，动力将从主轴和副轴传递到中间轴，并由中间轴输出，同时仪表板上的A/T挡位指示灯将显示正在运行的挡位（D_4、D_3、2、1或R挡）。

二、各挡动力传递路线

MAXA自动变速器各挡位的工作情况见表3—4—1。

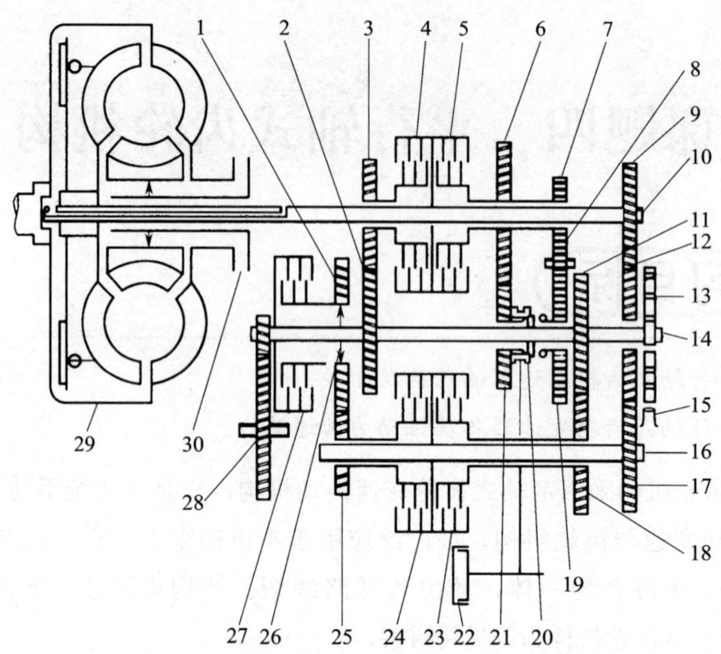

图 3—4—1　MAXA 自动变速器平行轴式齿轮机构的结构

1—副轴 1 挡齿轮　2—副轴 3 挡齿轮　3—主轴 3 挡齿轮　4—3 挡离合器　5—4 挡离合器　6—主轴 4 挡齿轮　7—主轴倒挡齿轮　8—倒挡惰轮　9—主轴惰轮　10—主轴　11—副轴 2 挡齿轮　12—副轴惰轮　13—驻车挡齿轮　14—副轴　15—制动锁销　16—辅助轴　17—辅助轴惰轮　18—副轴 2 挡齿轮　19—副轴倒挡齿轮　20—倒挡滑套　21—副轴 4 挡齿轮　22—伺服阀　23—2 挡离合器　24—1 挡离合器　25—辅助轴 1 挡齿轮　26—单向离合器　27—1 挡固定离合器　28—最终主动齿轮　29—液力变矩器　30—油泵

表 3—4—1　MAXA 自动变速器各挡位的工作情况

挡位		液力变矩器	1 挡齿轮 1 挡离合器	2 挡齿轮 2 挡离合器	3 挡齿轮 3 挡离合器	4 挡		倒挡齿轮	驻车挡齿轮
						齿轮	离合器		
P		●							●
R		●					●	●	
N		●							
4	1 挡	●	●						
	2 挡	●		●					
	3 挡	●			●	●	●		
	4 挡	●							

续表

挡位		液力变矩器	1 挡齿轮 1 挡离合器	2 挡齿轮 2 挡离合器	3 挡齿轮 3 挡离合器	4 挡		倒挡齿轮	驻车挡齿轮
						齿轮	离合器		
3	1 挡	●	●						
	2 挡	●		●					
	3 挡	●			●				
2		●		●					
1		●	●						

注：●表示工作。

1. P 挡的动力传递路线

如图 3—4—2 所示，液压油不作用于任何离合器，所有离合器均分离，因而动力不传递给中间轴。此时，依靠制动锁销与驻车挡齿轮的互锁作用实现驻车。

2. N 挡的动力传递路线

如图 3—4—2 所示，发动机的动力由液力变矩器传递给主轴惰轮、中间轴惰轮和副轴惰轮，但液压油没有作用到任何离合器上，所以动力没有传递给中间轴。

当变速杆从 D_4 挡变换到 N 挡时，倒挡接合套将使中间轴 4 挡齿轮与倒挡接合套轴套和中间轴相固连；而当变速杆从 R 挡变换到 N 挡时，中间轴倒挡齿轮也将处于啮合状态。但由于此时无动力传递给中间轴，因而上述两种情况均无动力输出，从而使车辆处于空挡位置。

3. D_4 挡或 D_3 的 1 挡以及 1 挡的动力传递路线

在 D_4 或 D_3 挡，根据节气门开度（发动机负荷）和行车速度之间的平衡情况，从 1 挡、2 挡、3 挡和 4 挡齿轮自动选择适当的挡位齿轮。

D_4 挡或 D_3 挡的 1 挡以及 1 挡的动力传递路线如图 3—4—3 中箭头所示。

（1）动力由液力变矩器传入主轴和与主轴固连的主轴惰轮，并通过中间轴惰轮和副轴惰轮使副轴转动，此时由于中间轴惰轮空套在中间轴上，所以中间轴不旋转。

（2）1 挡离合器将受液压油控制而接合，使副轴 1 挡齿轮与副轴固连而旋转。

（3）旋转的副轴 1 挡齿轮驱动中间轴 1 挡齿轮并驱动中间轴旋转。

（4）旋转的中间轴通过与其制成一体的最终主动齿轮，将动力传递给差速器的最终减速齿轮并将动力输出，从而实现 1 挡的动力传递过程。

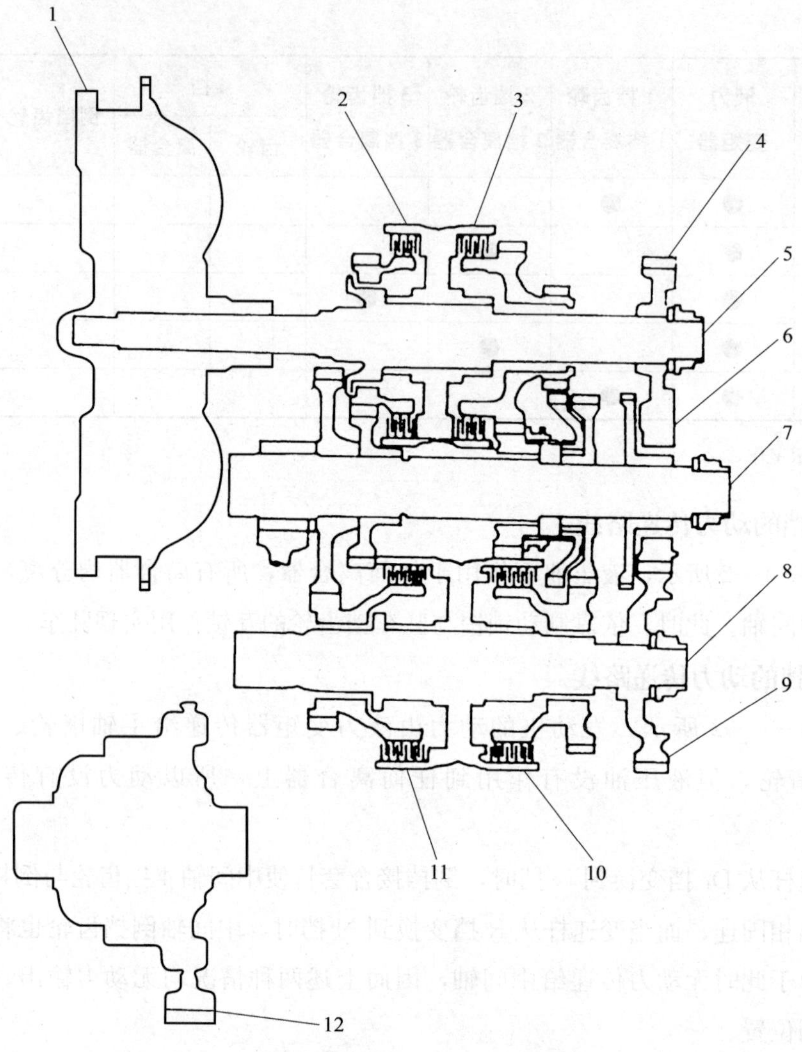

图 3—4—2 P 挡或 N 挡

1—液力变矩器 2—主轴 3 挡齿轮 3—主轴 4 挡齿轮 4—主轴惰轮 5—主轴 6—中间轴惰轮 7—中间轴 8—副轴 9—副轴惰轮 10—2 挡离合器 11—1 挡离合器 12—最终减速齿轮

4. D_4 挡或 D_3 挡的 2 挡或 2 挡的动力传递路线

D_4 挡或 D_3 挡的 2 挡或 2 挡的动力传递路线如图 3—4—4 中箭头所示。

（1）动力由液力变矩器传入主轴、主轴惰轮、中间轴惰轮、副轴惰轮而使副轴旋转（但中间轴不转动）。

（2）2 挡离合器将受液压油控制而接合，使副轴 2 挡齿轮与副轴固连而旋转。

（3）旋转的副轴 2 挡齿轮驱动中间轴 2 挡齿轮并驱动中间轴旋转。

（4）旋转的中间轴通过与其制成一体的最终主动齿轮，将动力传递给差速器的最终减速齿轮，然后将动力输出，从而实现 2 挡的动力传递过程。

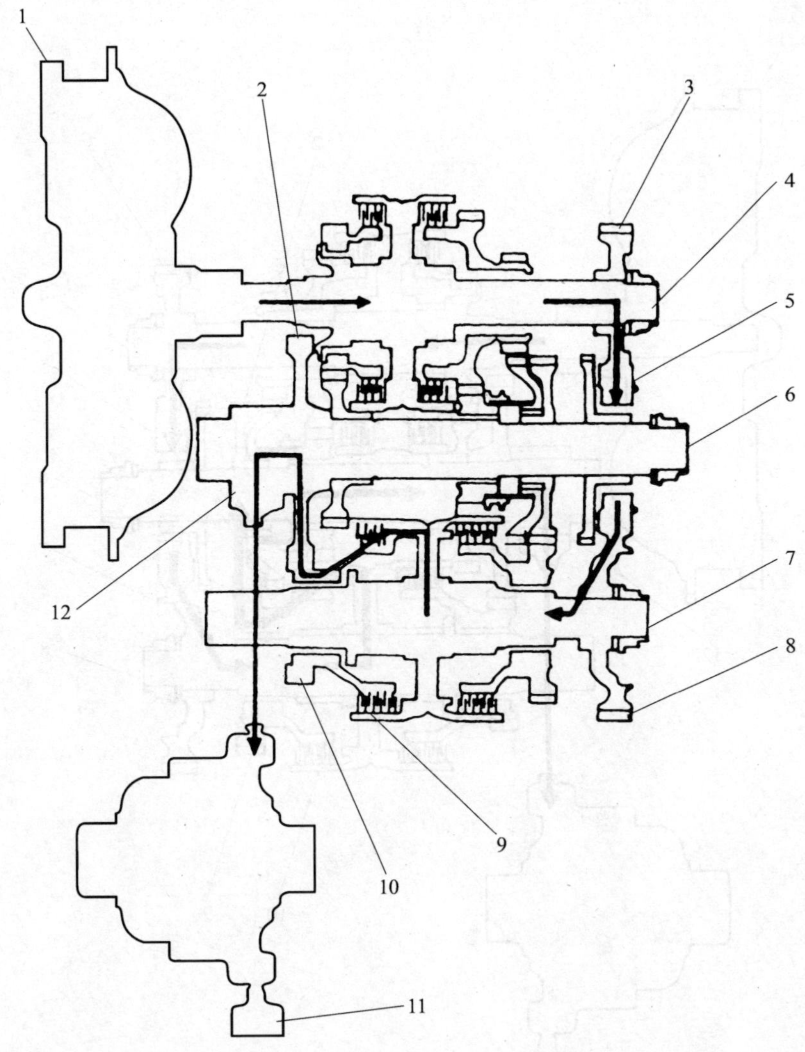

图 3—4—3　D_4 挡或 D_3 挡的 1 挡以及 1 挡的动力传递路线

1—液力变矩器　2—中间轴 1 挡齿轮　3—主轴惰轮　4—主轴　5—中间轴惰轮　6—中间轴　7—副轴　8—副轴惰轮　9—1 挡离合器　10—副轴 1 挡齿轮　11—最终减速齿轮　12—最终主动齿轮

5．D_4 挡或 D_3 挡的 3 挡的动力传递路线

D_4 挡或 D_3 挡的 3 挡的动力传递路线如图 3—4—5 中箭头所示。

（1）动力由液力变矩器传入主轴。

（2）3 挡离合器将受液压油控制而接合，使主轴 3 挡齿轮与主轴固连而旋转。

（3）旋转的主轴 3 挡齿轮驱动中间轴 3 挡齿轮并驱动中间轴旋转。

（4）旋转的中间轴通过与其制成一体的最终主动齿轮，将动力传递给差速器的最终减速齿轮，然后将动力输出，从而实现 3 挡的动力传递过程。

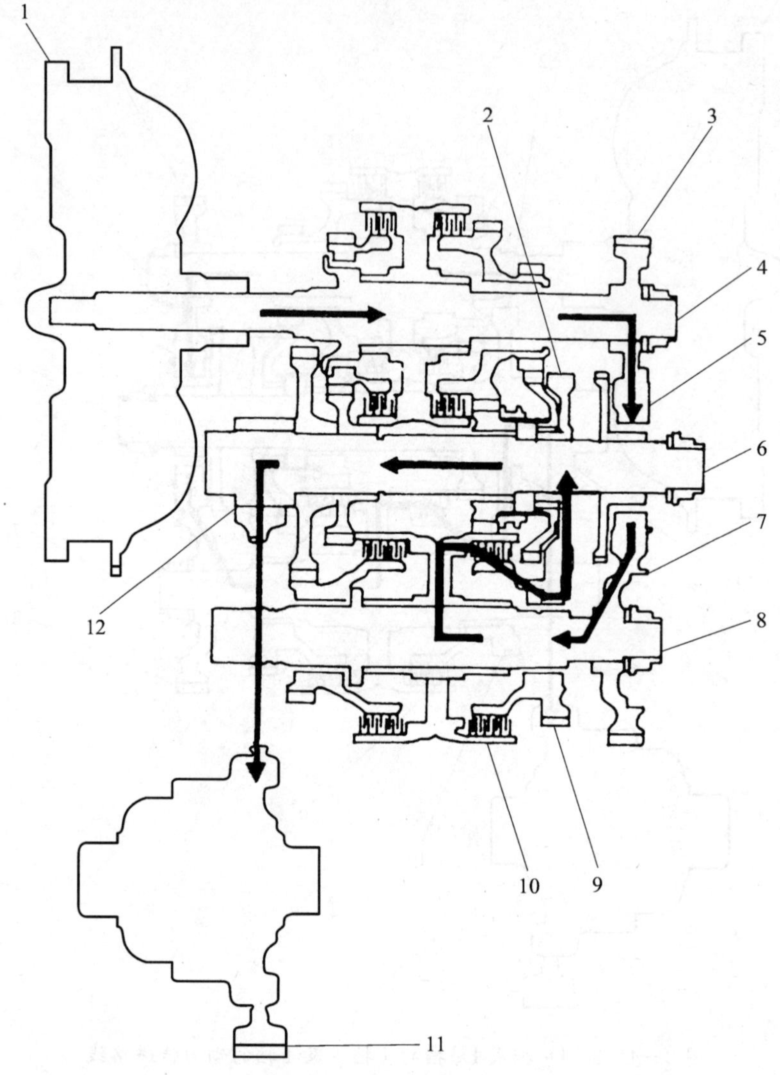

图 3—4—4　D_4 挡或 D_3 挡的 2 挡或 2 挡的动力传递路线

1—液力变矩器　2—中间轴 2 挡齿轮　3—主轴惰轮　4—主轴　5—中间轴惰轮　6—中间轴　7—副轴惰轮　8—副轴　9—副轴 2 挡齿轮　10—2 挡离合器　11—最终减速齿轮　12—最终主动齿轮

6. D_4 挡的 4 挡的动力传递路线

D_4 挡的 4 挡的动力传递路线如图 3—4—6 中箭头所示。

(1) 动力由液力变矩器传入主轴。

(2) 伺服阀将受液压油作用，使中间轴 4 挡齿轮通过倒挡接合套及其轴套与中间轴固连；同时 4 挡离合器也受液压油作用，使主轴 4 挡齿轮与主轴固连并随主轴旋转。这样，动力便由液力变矩器传入主轴、4 挡离合器、主轴 4 挡齿轮、中间轴 4 挡齿轮、倒挡接合套、倒挡接合套轴套传递给中间轴，并使中间轴旋转。

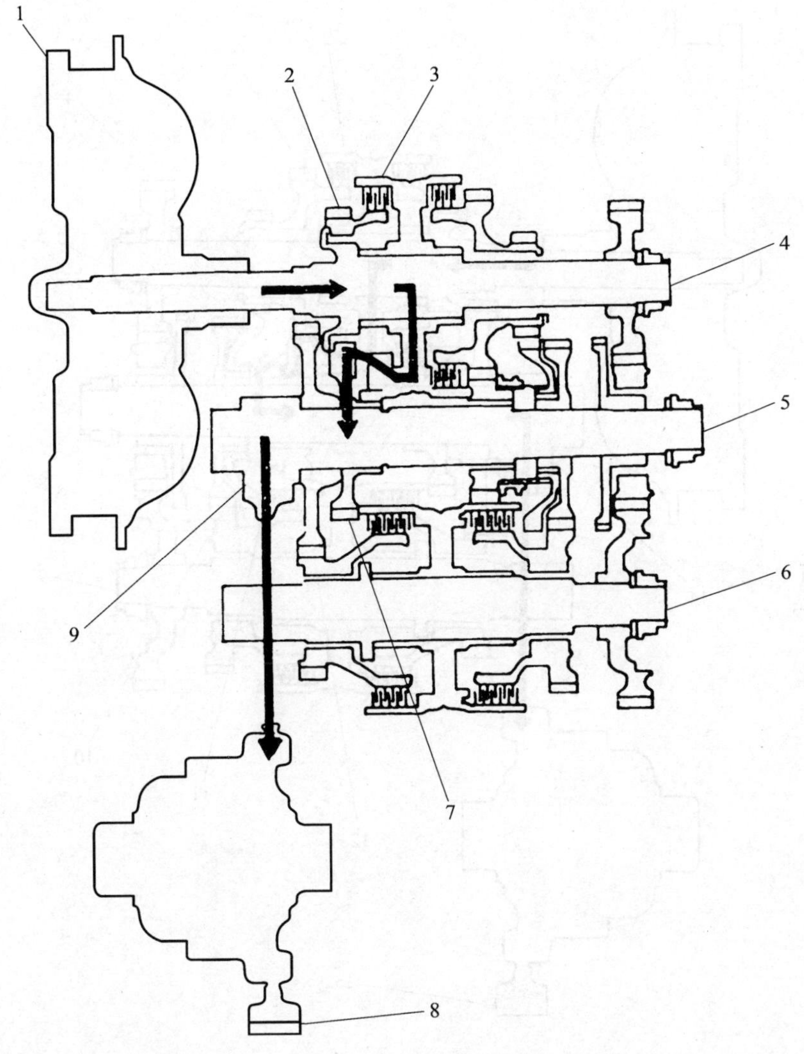

图 3—4—5　D_4 挡或 D_3 挡的 3 挡的动力传递路线

1—液力变矩器　2—主轴 3 挡齿轮　3—3 挡离合器　4—主轴　5—中间轴　6—副轴

7—中间轴 3 挡齿轮　8—最终减速齿轮　9—最终主动齿轮

（3）旋转的中间轴通过与其制成一体的最终主动齿轮，将动力传递给差速器的最终减速齿轮，然后将动力输出，从而实现 4 挡的动力传递。

7. R 挡的动力传递路线

R 挡的动力传递路线如图 3—4—7 中箭头所示。

（1）动力由液力变矩器传入主轴。

（2）伺服阀将受液压油作用，使中间轴倒挡齿轮通过倒挡接合套及其轴套与中间轴固连（见图 3—4—7 所示移出的倒挡齿轮详图）；同时 4 挡离合器也受液压油作用，使主轴倒挡齿轮与主轴固连并随主轴旋转而旋转。

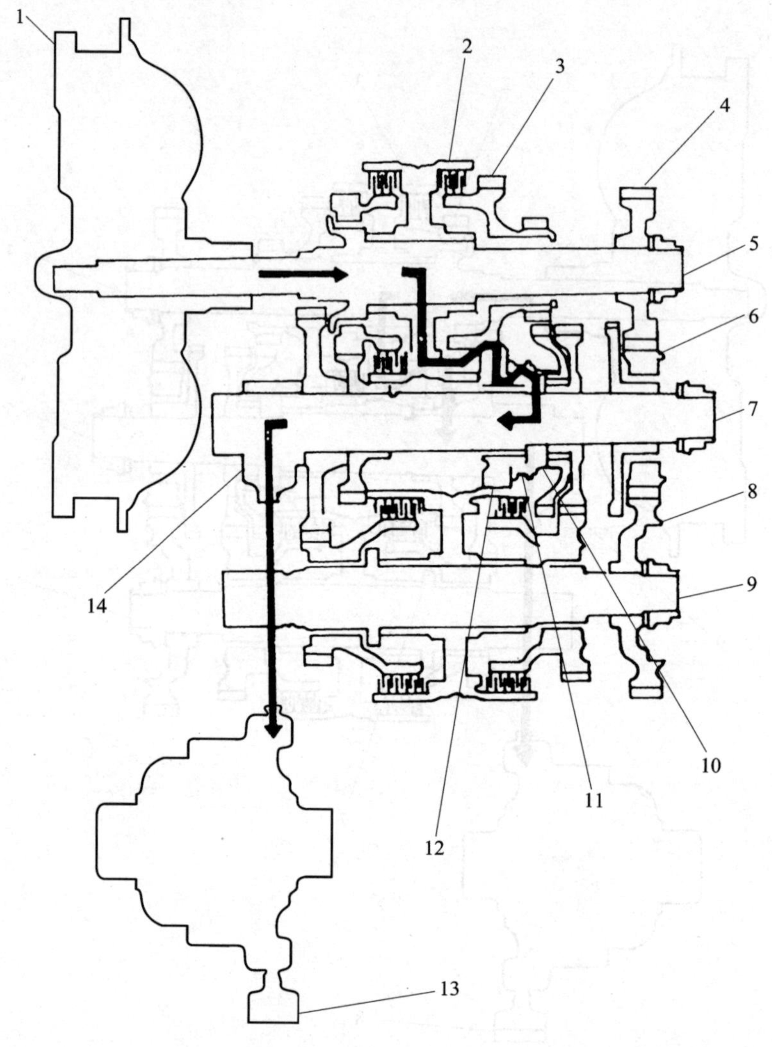

图 3—4—6 D_4 挡的 4 挡的动力传递路线

1—液力变矩器 2—4 挡离合器 3—主轴 4 挡齿轮 4—主轴惰轮 5—主轴 6—中间轴惰轮 7—中间轴 8—副轴惰轮 9—副轴 10—倒挡接合套轴套 11—倒挡接合套 12—中间轴 4 挡齿轮 13—最终减速齿轮 14—最终主动齿轮

（3）旋转的主轴倒挡齿轮将通过惰轮驱动中间轴倒挡齿轮（见图 3—4—7 所示移出的倒挡齿轮详图），于是，动力便由主轴倒挡齿轮传入倒挡惰轮、倒挡接合套和倒挡接合套轴套进而传递给中间轴。此时，倒挡惰轮参加工作，最终主动齿轮和最终减速齿轮实现了倒挡的动力传递。

三、轴和离合器的拆检

1．主轴的拆解、检查和重新装配（见图 3—4—8）

（1）检查止推滚针轴承和滚针轴承是否卡滞或移动不稳。

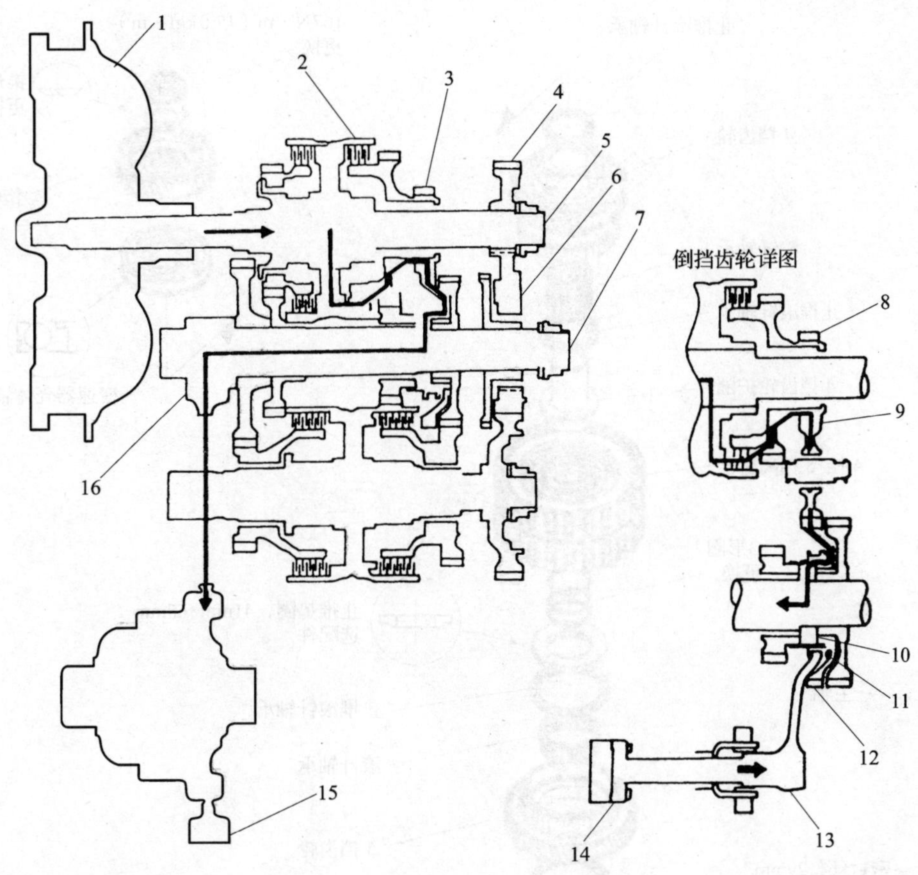

图 3—4—7　R 挡的动力传递路线

1—液力变矩器　2—4 挡离合器　3—主轴倒挡齿轮　4—主轴惰轮　5—主轴　6—中间轴惰轮　7—中间轴　8—主轴倒挡齿轮　9—倒挡惰轮　10—倒挡接合套轴套　11—倒挡接合套　12—中间轴倒挡齿轮　13—换挡拨叉　14—伺服阀　15—最终减速齿轮　16—最终主动齿轮

（2）检查花键是否过度磨损和损坏。

（3）检查轴承表面是否有划痕和过度磨损。

（4）安装 O 形圈前，用胶带缠住轴花键，以免损坏 O 形圈。

（5）装配时应用 ATF 润滑所有零件。

（6）按图 3—4—8 所示方向安装锥形弹簧垫圈和止推垫圈。

（7）装配变速器时，换上新的锁紧螺母和锥形弹簧垫圈。

2．主轴 5 挡齿轮轴向间隙的检查（见图 3—4—9）

（1）拆下主轴变速器壳体轴承。

（2）将止推滚针轴承（A）、五挡齿轮（B）、滚针轴承（C）、止推滚针轴承（D）、止推垫圈（E）、4 挡/5 挡离合器（F）、4 挡隔圈（G）和变速器壳体轴承（H）安装到主轴（I）上。检查过程中，不要安装 O 形圈。

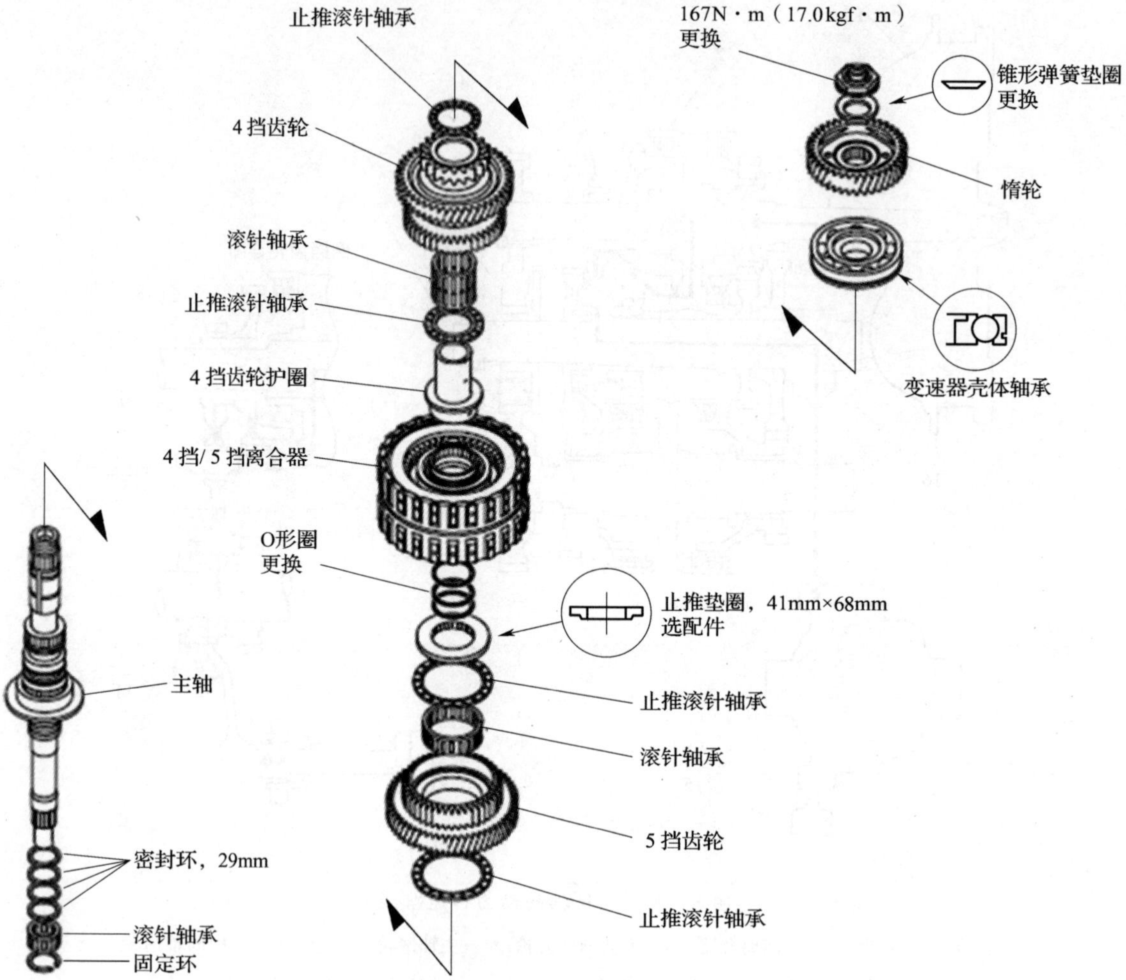

止推滚针轴承
4 挡齿轮
滚针轴承
止推滚针轴承
4 挡齿轮护圈
4 挡/5 挡离合器
O形圈
更换
止推垫圈，41mm×68mm
选配件
止推滚针轴承
滚针轴承
5 挡齿轮
止推滚针轴承
167N · m（17.0kgf · m）
更换
锥形弹簧垫圈
更换
惰轮
变速器壳体轴承
主轴
密封环，29mm
滚针轴承
固定环

图 3—4—8　主轴装配图

（3）用压力机将惰轮（J）安装到主轴上，然后安装锥形弹簧垫圈（K）和锁紧螺母（L），参见图 3—4—9。

（4）紧固锁紧螺母至规定力矩。

（5）将百分表（A）置于 5 挡齿轮（B）上，如图 3—4—10 所示。

（6）向上提 5 挡齿轮（A），同时握住主轴，并使用百分表（B）读取五挡齿轮的轴向间隙值，如图 3—4—11 所示。

（7）移动 5 挡齿轮时，至少在三个地方测量 5 挡齿轮的轴向间隙，将平均值作为实际间隙值。

（8）如果间隙值超出标准，应拆下止推垫圈并测量其厚度。

（9）选择并安装新的止推垫圈，然后重新检查。

（10）更换止推垫圈后，应确保间隙值在标准值内。

（11）将安装零件从主轴上拆解下来。

（12）将变速器壳体轴承重新安装入变速器壳体内。

3. 副轴的拆解、检查和重新装配（见图 3—4—12）

（1）检查滚针轴承是否卡滞或移动不稳。

（2）检查花键是否过度磨损和损坏。

（3）检查轴承表面是否有划痕和过度磨损。

（4）装配时用 ATF 润滑所有零件。

（5）安装锥形弹簧垫圈、倒挡选择器、套圈和图 3—4—12 所示的所有齿轮。

（6）装配变速器时，换上新的锁紧螺母和锥形弹簧垫圈。副轴锁紧螺母是左旋螺纹。

（7）将某些倒挡选择器毂和 3 挡齿轮压装入副轴，需要用拆装器手柄将其拆卸。

4. 副轴倒挡选择器毂和 3 挡齿轮的拆卸

（1）将轴承分离器安装到 4 挡齿轮（A）上。用压力机和副轴之间的隔圈（C）将压力机固定在副轴（B）上，并拆下倒挡选择器毂（D），如图 3—4—13 所示。

注意：一些倒挡选择器毂不是压配合，不使用轴承分离器和压力机就能拆卸。

（2）拆下滚针轴承、固定环、套圈和锁环。

（3）用压力机和副轴之间的隔圈（B）将压力机固定在副轴（A）上，并拆下 3 挡齿轮（C），如图 3—4—14 所示。

（4）拆下套圈、5 挡齿轮、1 挡齿轮和 2 挡齿轮。

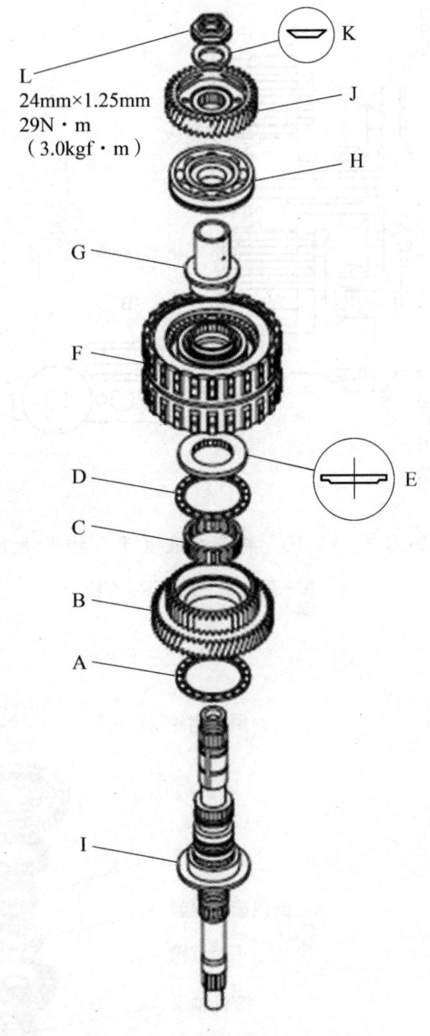

图 3—4—9　主轴五挡齿轮分解图

A、D—止推滚针轴承　B—5 挡齿轮　C—滚针轴承　E—止推垫圈　F—4 轴/5 挡离合器　G—4 挡隔圈　H—变速器壳体轴承　I—主轴　J—惰轮　K—弹簧垫圈　L—锁紧螺母

5. 副轴 3 挡齿轮和倒挡选择器毂的安装

（1）将 2 挡齿轮、1 挡齿轮、5 挡齿轮、套圈安装到副轴上。

（2）将 3 挡齿轮（A）滑过副轴，用拆装器手柄和压力机将其压到位，如图 3—4—15 所示。

（3）安装锁环、套圈、固定环、滚针轴承和 4 挡齿轮。

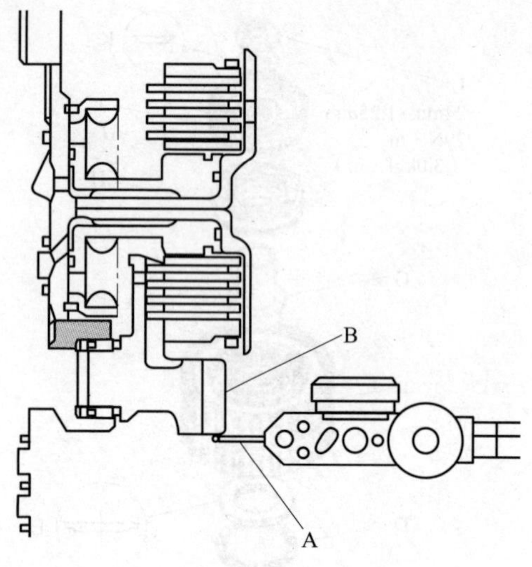

图 3—4—10 将百分表置于 5 挡齿轮上

A—百分表 B—5 挡齿轮

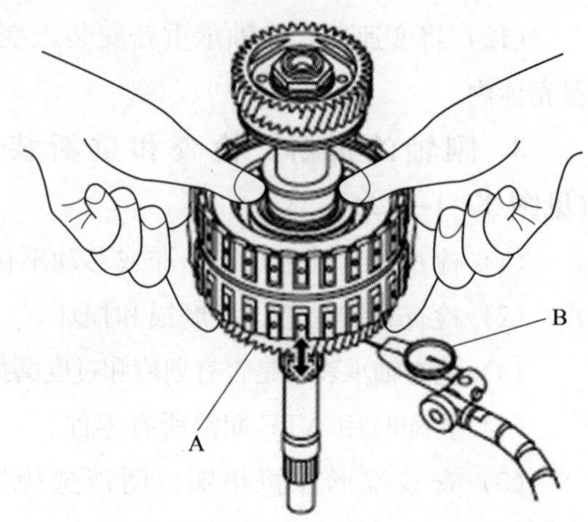

图 3—4—11 读取 5 挡齿轮的轴向间隙值

A—5 挡齿轮 B—百分表

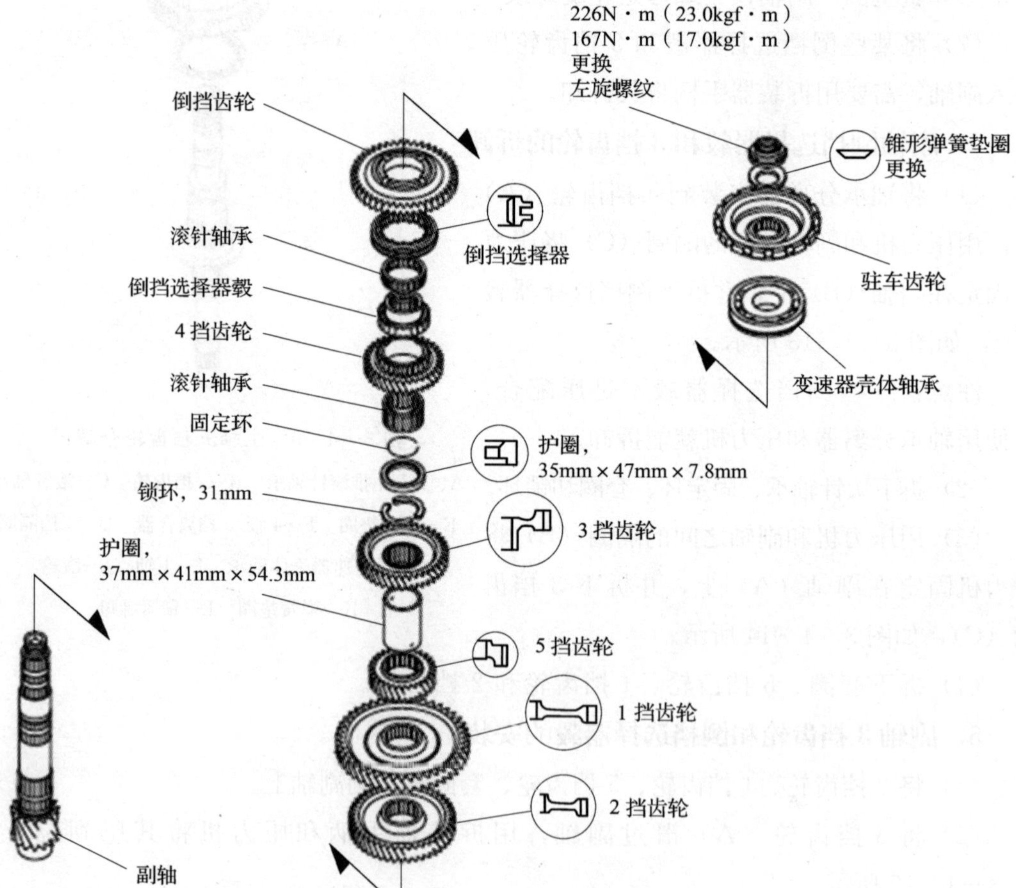

226N · m（23.0kgf · m）
167N · m（17.0kgf · m）
更换
左旋螺纹

锥形弹簧垫圈
更换

驻车齿轮

变速器壳体轴承

倒挡齿轮

倒挡选择器

滚针轴承

倒挡选择器毂

4 挡齿轮

滚针轴承

固定环

护圈，
35mm × 47mm × 7.8mm

锁环，31mm

3 挡齿轮

护圈，
37mm × 41mm × 54.3mm

5 挡齿轮

1 挡齿轮

2 挡齿轮

副轴

图 3—4—12 副轴装配图

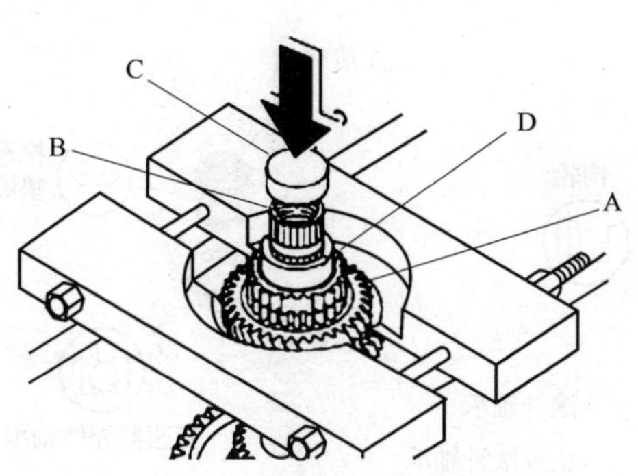

图 3—4—13　副轴倒挡选择器毂和3挡齿轮的拆卸

A—4挡齿轮　B—副轴

C—隔圈　D—倒挡选择器毂

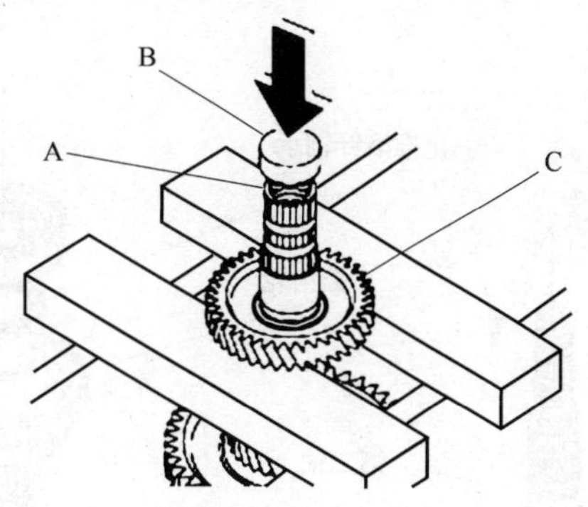

图 3—4—14　拆下3挡齿轮

A—副轴　B—隔圈　C—3挡齿轮

（4）将倒挡选择器毂（A）滑到副轴上，然后用拆装器和压力机将其压到位，如图 3—4—16 所示。

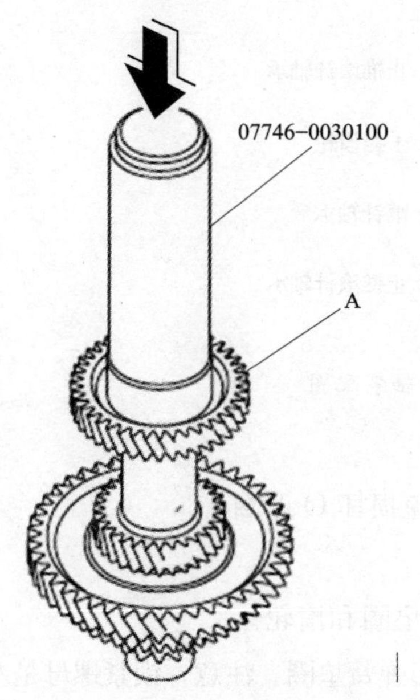

图 3—4—15　副轴3挡齿轮和倒挡选择器毂的安装

A—3挡齿轮

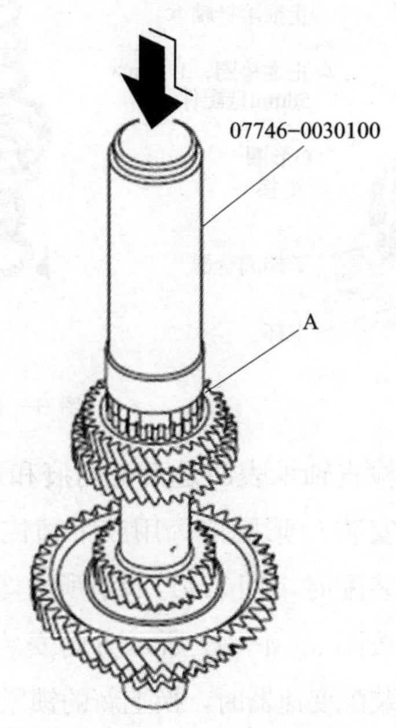

图 3—4—16　压装到位

A—倒挡

注意：一些倒挡选择器毂不是压配合，不使用内拆装器手柄和压力机就能安装。

6．第二轴的拆解、检查和重新装配（见图 3—4—17）

（1）检查止推滚针轴承和滚针轴承是否卡滞或移动不稳。

（2）检查花键是否过度磨损和损坏。

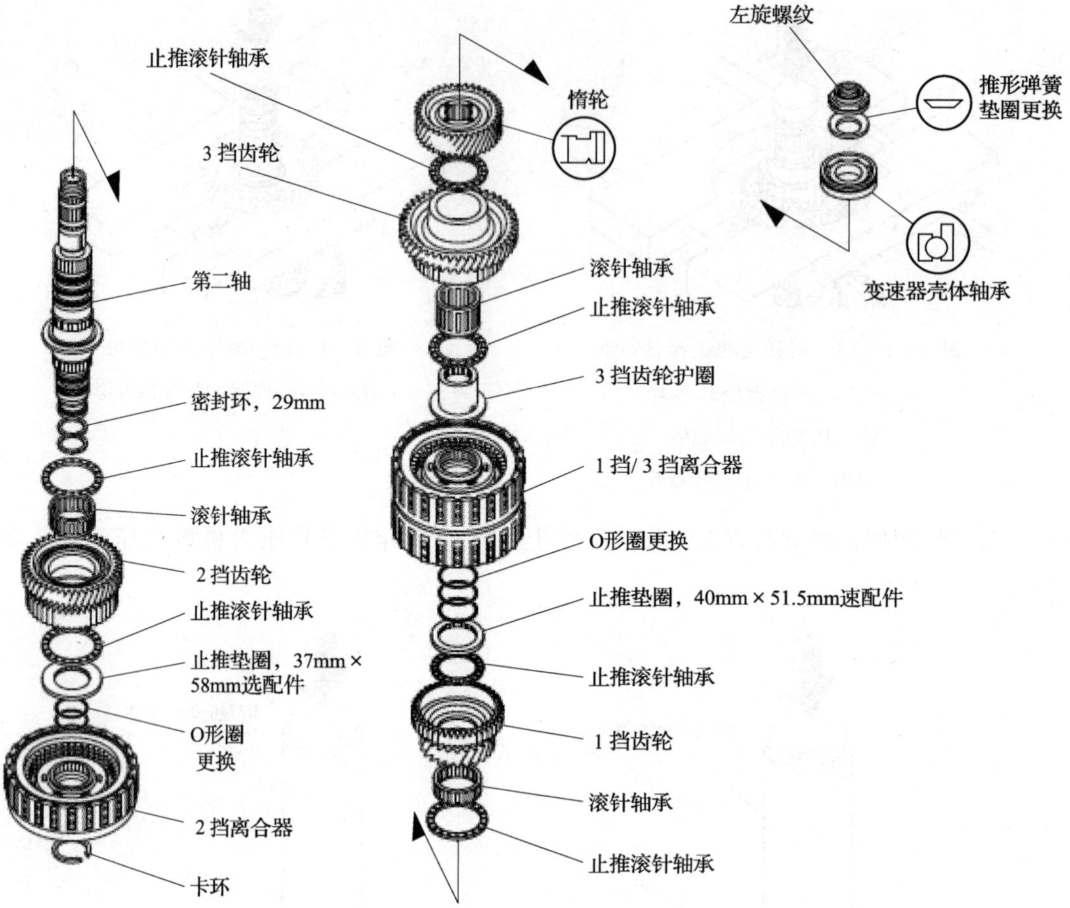

左旋螺纹
止推滚针轴承
惰轮
推形弹簧
垫圈更换
3 挡齿轮
第二轴
滚针轴承
止推滚针轴承
变速器壳体轴承
3 挡齿轮护圈
密封环，29mm
止推滚针轴承
1 挡/ 3 挡离合器
滚针轴承
O形圈更换
2 挡齿轮
止推垫圈，40mm × 51.5mm速配件
止推滚针轴承
止推垫圈，37mm × 58mm选配件
止推滚针轴承
O形圈
更换
1 挡齿轮
滚针轴承
2 挡离合器
止推滚针轴承
卡环

图 3—4—17　第二轴装配图

（3）检查轴承表面是否有划痕和过度磨损。

（4）安装 O 形圈前，用胶带缠住轴花键以免损坏 O 形圈。

（5）装配时，用 ATF 润滑所有零件。

（6）按图 3—4—17 所示方向安装锥形弹簧垫圈和惰轮。

（7）装配变速器时，换上新的锁紧螺母和锥形弹簧垫圈。注意，锁紧螺母是左旋螺纹。

（8）检查 2 挡齿轮和 1 挡齿轮。

7．第二轴惰轮的拆卸和安装

（1）拆卸

将轴保护器（A）置于第二轴（B）上，并将拔出器（C）固定在惰轮（D）下方，然后拆下惰轮，如图 3—4—18 所示。

（2）安装

用轴承拆装器附件和压力机将惰轮（A）安装到第二轴（B）上，如图 3—4—19 所示。

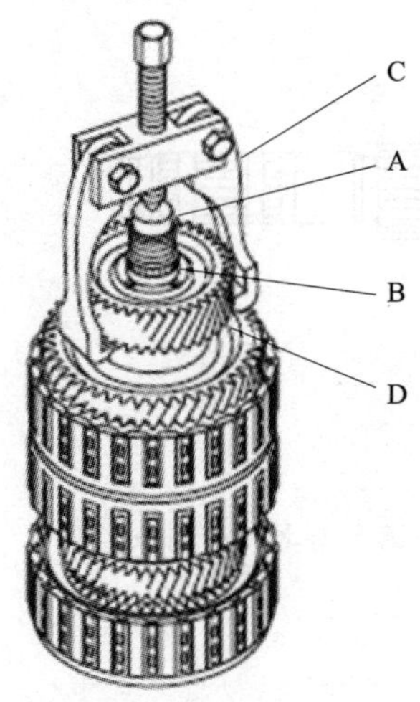

图 3—4—18　第二轴惰轮的拆卸

A—轴保护器　B—第二轴　C—拔出器　D—惰轮

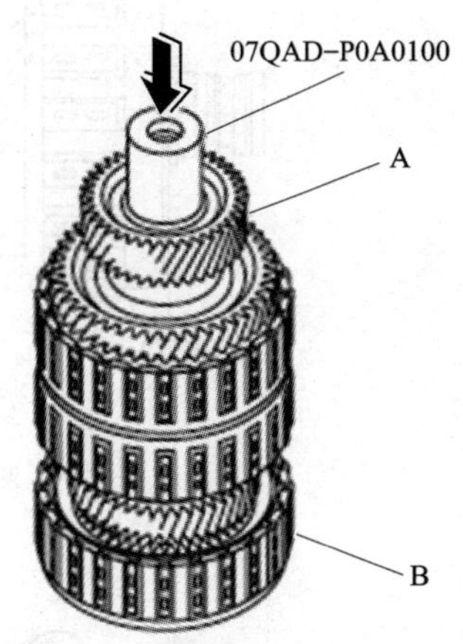

图 3—4—19　第二轴惰轮的安装

A—惰轮　B—第二轴

8．第二轴 2 挡齿轮轴向间隙的检查

（1）将止推滚针轴承（A）、滚针轴承（B）、2 挡齿轮（C）、止推滚针轴承（D）、止推垫圈（E）和 2 挡离合器（F）安装到第二轴（G）上，然后用卡环（H）将其固定，如图 3—4—20 所示。检查过程中不要安装 O 形圈。

（2）用塞尺（C）至少在三个地方测量卡环和二挡离合器导套之间的间隙，将平均值作为实际间隙值，其范围是 0.04～0.12 mm，如图 3—4—21 所示。

（3）如果间隙值超出标准，拆下止推垫圈并测量其厚度。

（4）选择并安装新的止推垫圈，然后重新检查。

（5）更换止推垫圈后，确保间隙在标准值内。

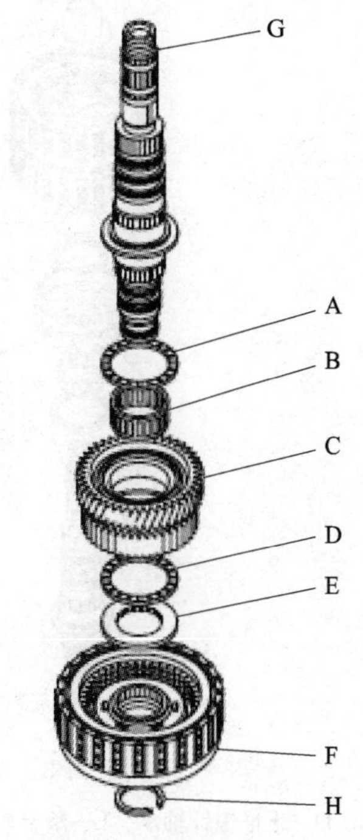

图 3—4—20　第二轴 2 挡齿轮轴向间隙的检查

A、D—止推滚针轴承　B—滚针轴承

C—2 挡齿轮　E—止推垫圈

F—2 挡离合器　G—第二轴

H—卡环

9．第二轴 1 挡齿轮轴向间隙的检查

（1）将止推滚针轴承（A）、滚针轴承（B）、1 挡齿轮（C）、止推滚针轴承（D）、止推垫圈（E）、1 挡/3 挡离合器（F）、3 挡隔圈（G）安装到第二轴（H）上。检查过程中，不要安装 O 形圈，如图 3—4—22 所示。

（2）安装惰轮（I），然后用 42 mm 的轴承拆装器附件和压力机将变速器壳体轴承（J）安装到惰轮上，参见图 3—4—22。

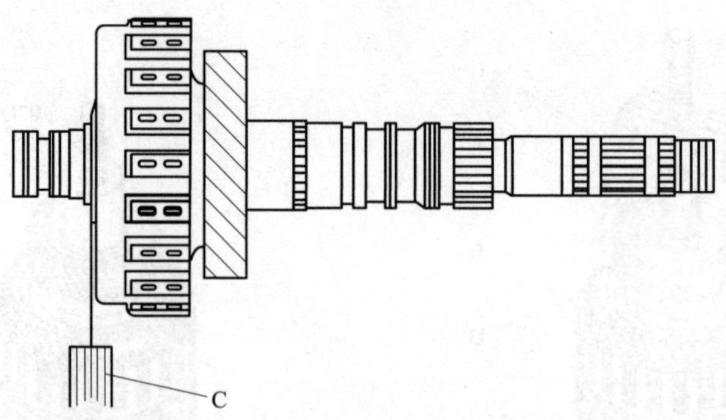

图 3—4—21　测量卡环和 2 挡离合器导套之间的间隙

C—塞尺

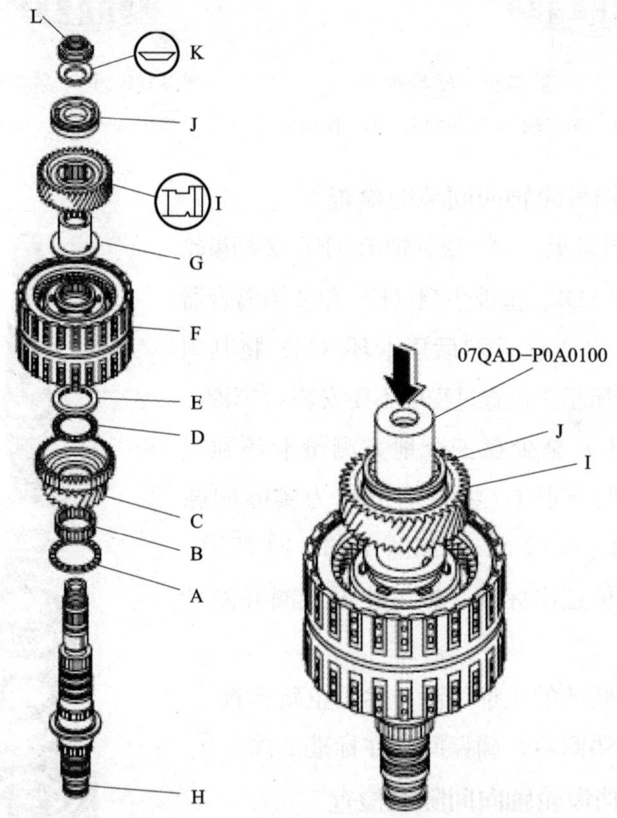

图 3—4—22　第二轴 1 挡齿轮轴向间隙的检查

A、D—止推滚针轴承　B—滚针轴承　C—1 挡齿轮　E—止推垫圈　F—1 挡/3 挡离合器　G—3 挡隔圈　H—第二轴　I—惰轮　J—变速器壳体轴承　K—锥形弹簧垫圈　L—锁紧螺母

(3) 安装锥形弹簧垫圈（K）和锁紧螺母（L)，然后紧固锁紧螺母至 29 N·m，参见图 3—4—22。

(4) 转动第二轴总成，使其上面朝下，并将百分表（A）固定到 1 挡齿轮（B）上，如图 3—4—23 所示。

(5) 向上提 1 挡齿轮 (A)，同时握住第二轴，并使用百分表 (B) 读取 1 挡齿轮的轴向间隙值，如图 3—4—24 所示。

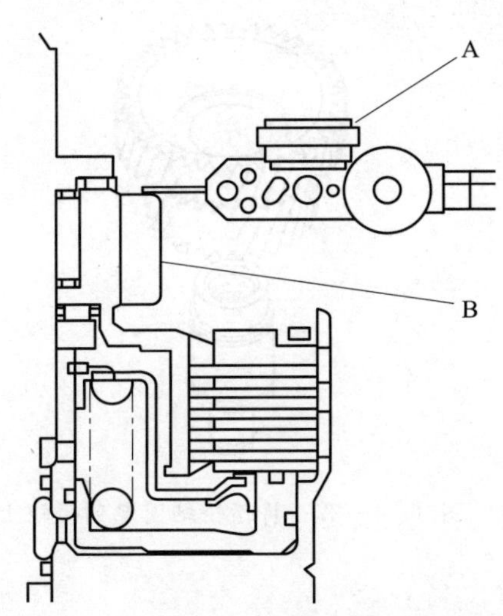

图 3—4—23　将百分表固定到 1 挡齿轮上

A—百分表　B—1 挡齿轮

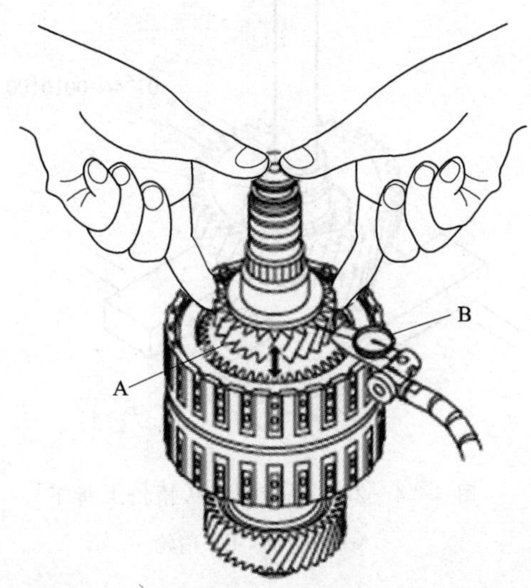

图 3—4—24　读取 1 挡齿轮的轴向间隙值

A—1 挡齿轮　B—百分表

(6) 至少在 3 个位置测量 1 挡齿轮轴向间隙，将平均值作为实际间隙值，其范围是 0.04～0.12 mm。

(7) 如果间隙值超出标准，拆下止推垫圈并测量其厚度。

(8) 选择并安装新的止推垫圈，然后重新检查。

(9) 更换止推垫圈后，确保间隙在标准值内。

10．惰轮轴的拆卸和安装

(1) 将卡环从惰轮/惰轮轴总成上拆下，如图 3—4—25 所示。

(2) 用拆装器手柄、轴承拆装器附件和压力机将惰轮轴 (A) 从惰轮 (B) 上拆下，如图 3—4—26 所示。

(3) 更换惰轮或惰轮轴，并将惰轮轴固定到惰轮上，如图 3—4—27 所示。

(4) 用拆装器手柄、轴承拆装器附件和压力机将惰轮轴 (A) 安装到惰轮 (B) 中，如图 3—4—28 所示。

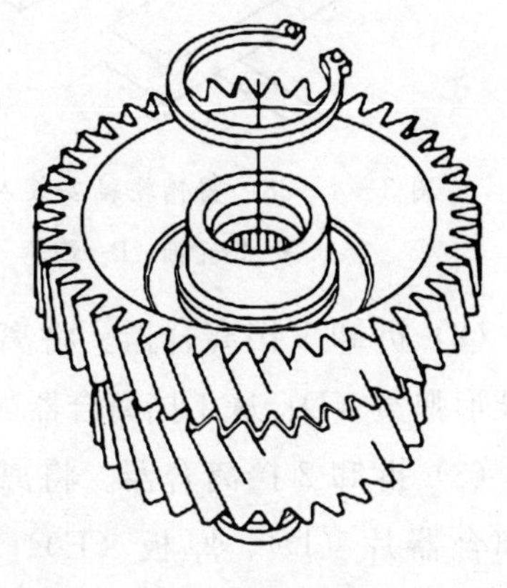

图 3—4—25　将卡环从惰轮/惰轮轴总成上拆下

11．离合器的拆解

(1) 使用旋具拆下卡环，如图 3—4—29 所示。

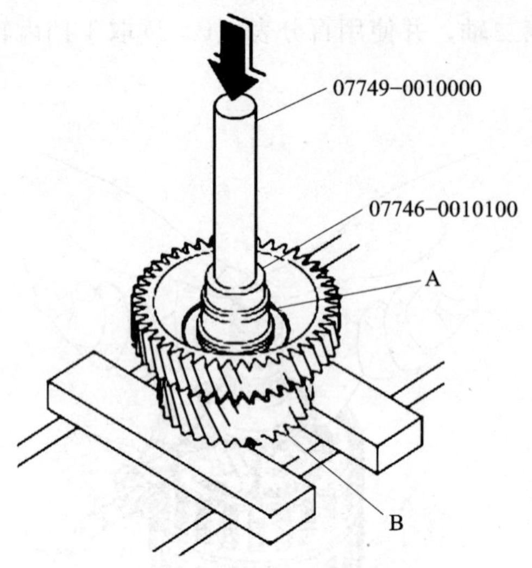

图 3—4—26　将惰轮轴从惰轮上拆下

A—惰轮轴　B—惰轮

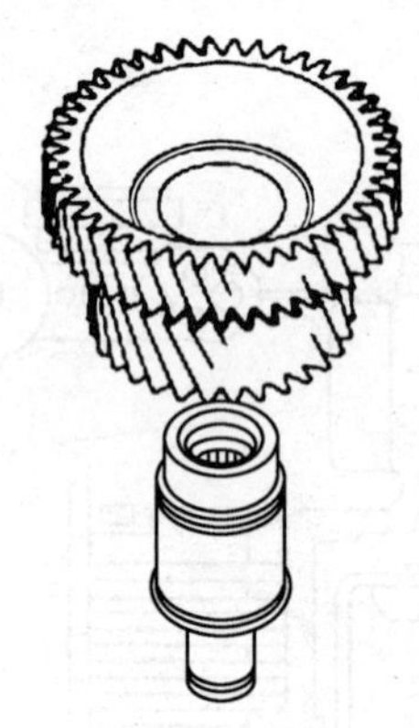

图 3—4—27　将惰轮轴固定到惰轮上

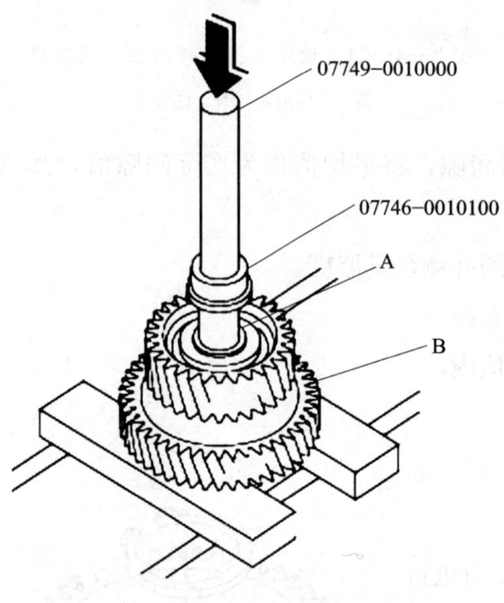

图 3—4—28　将惰轮轴安装入惰轮中

A—惰轮轴　B—惰轮

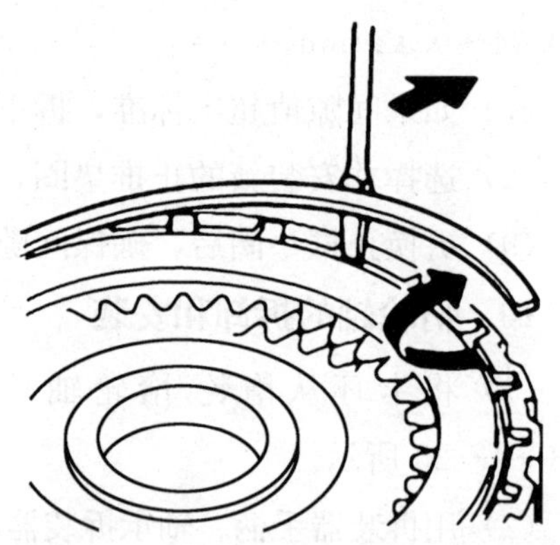

图 3—4—29　使用旋具拆下卡环

（2）拆卸 1 挡离合器。将离合器端板（A）、离合器盘（B）、离合器波形片（C）和波形弹簧（D）从 1 挡离合器鼓（E）上拆下，如图 3—4—30 所示。

（3）拆卸 2 挡离合器。将离合器端板（A）、离合器盘（B）、离合器波形片（C）和离合器片（D）、厚板（E）、波形弹簧（F）从 2 挡离合器鼓（G）上拆下，如图 3—4—31 所示。

（4）在离合器片上做参照标记。

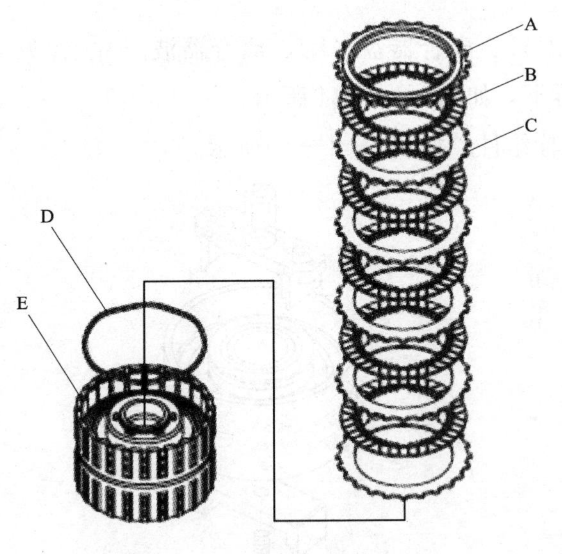

图 3—4—30　拆卸 1 挡离合器

A—离合器端板　B—离合器盘

C—离合器波形片　D—波形弹簧

E—1 挡离合器鼓

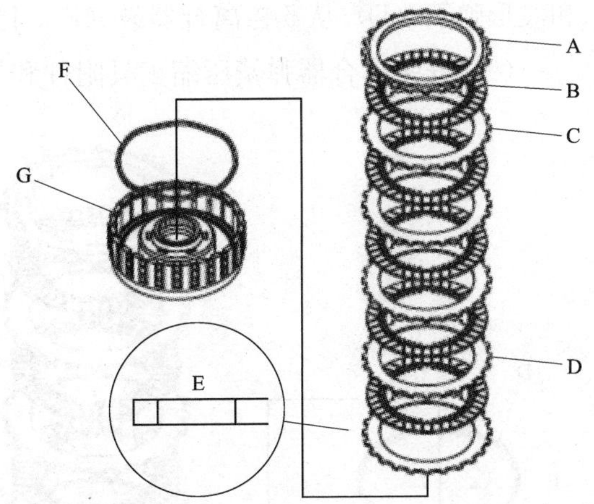

图 3—4—31　拆卸 2 挡离合器

A—离合器端板　B—离合器盘　C—离合器波形片

D—离合器片　E—厚板　F—波形弹簧

G—2 挡离合器鼓

(5) 拆卸 3 挡离合器。将离合器端板 (A)、离合器盘 (B)、离合器波形片 (C) 和离合器片 (D) 和波形弹簧 (E) 从 3 挡离合器鼓 (F) 上拆下，如图 3—4—32 所示。

(6) 在离合器片上做参照标记。

(7) 拆卸 4 挡离合器。将离合器端板 (A)、离合器盘 (B)、离合器波形片 (C) 和波形弹簧 (D) 从 4 挡离合器鼓 (E) 上拆下，如图 3—4—33 所示。

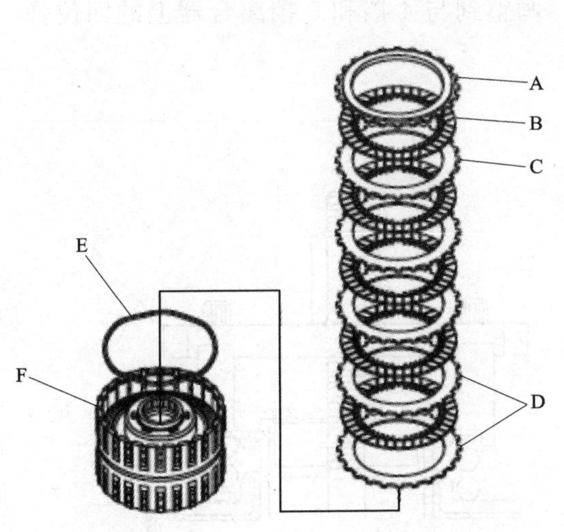

图 3—4—32　拆卸 3 挡离合器

A—离合器端板　B—离合器盘　C—离合器波形片

D—离合器片　E—波形弹簧　F—3 挡离合器鼓

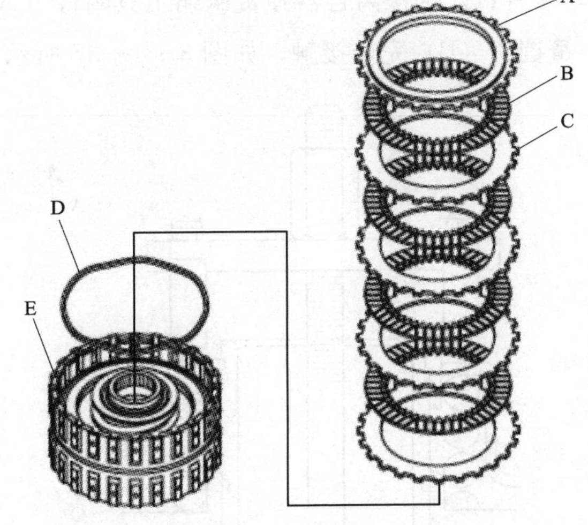

图 3—4—33　拆卸 4 挡离合器

A—离合器端板　B—离合器盘　C—离合器波形片

D—波形弹簧　E—4 挡离合器鼓

（8）拆卸 5 挡离合器。将离合器端板（A）、离合器盘（B）、离合器波形片（C）和波形弹簧（D）从 5 挡离合器鼓（E）上拆下，如图 3—4—34 所示。

（9）安装离合器弹簧压缩工具附件和螺栓组件，如图 3—4—35 所示。

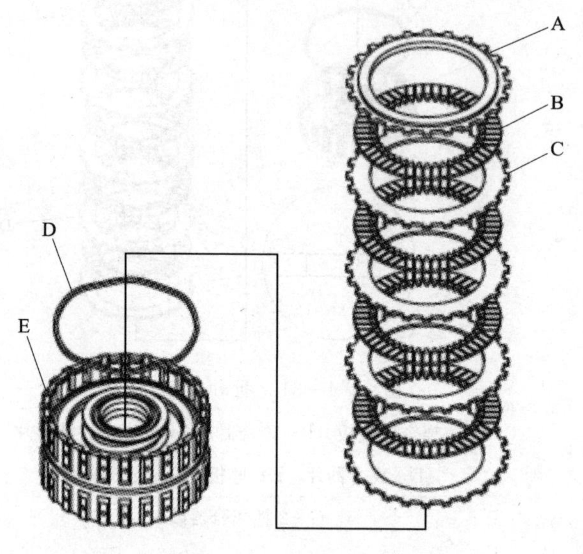

图 3—4—34　拆卸 5 挡离合器

A—离合器端板　B—离合器盘　C—离合器波形片

D—波形弹簧　E—5 挡离合器鼓

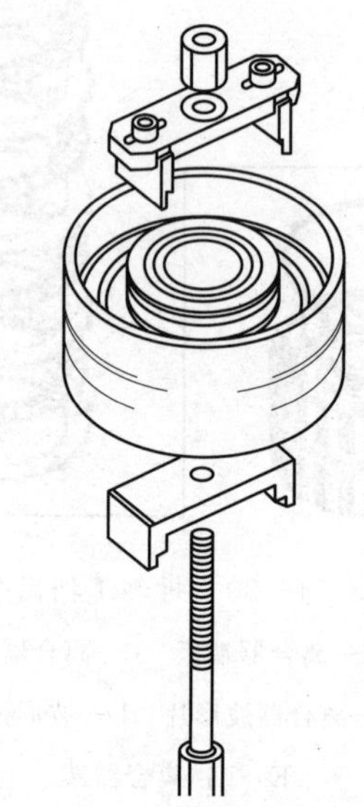

图 3—4—35　安装离合器弹簧压缩工具附件和螺栓组件

（10）将离合器弹簧压缩工具附件（A）固定到 1 挡、2 挡和 3 挡离合器的弹簧挡圈（B）上，使其可以在离合器回位弹簧（C）上推动，如图 3—4—36 所示。

（11）确保离合器弹簧压缩工具附件（A）调整到与 4 挡和 5 挡离合器上的回位弹簧挡圈（B）完全接触，如图 3—4—37 所示。

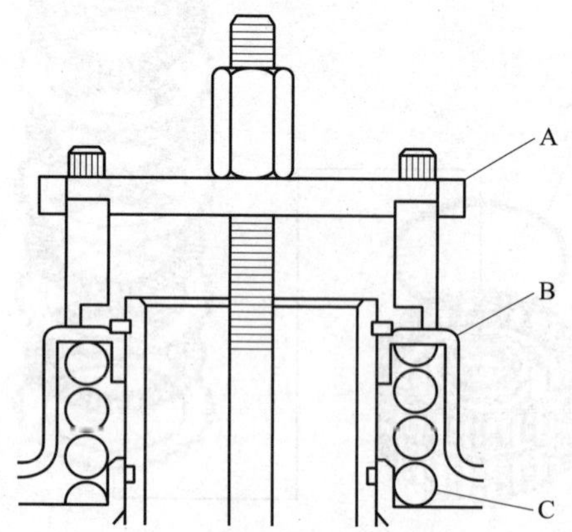

图 3—4—36　固定弹簧压缩工具附件

A—离合器弹簧压缩工具附件　B—弹簧挡圈

C—离合器回位弹簧

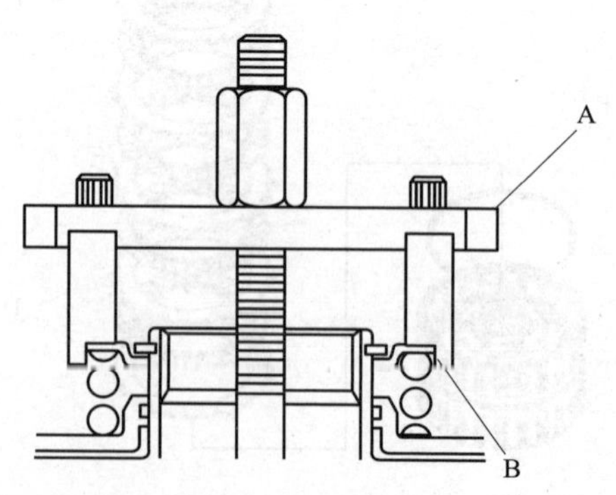

图 3—4—37　调整弹簧压缩工具附件位置

A—离合器弹簧压缩工具附件　B—回位弹簧挡圈

（12）检查离合器弹簧压缩工具附件的放置情况。如果离合器弹簧压缩工具附件的任一端固定在弹簧挡圈的某个没有回位弹簧支撑的部位上，则弹簧挡圈可能会损坏，如图 3—4—38 所示。

（13）压缩回位弹簧，直到卡环可以被拆下，用卡环钳拆下卡环，如图 3—4—39 所示。

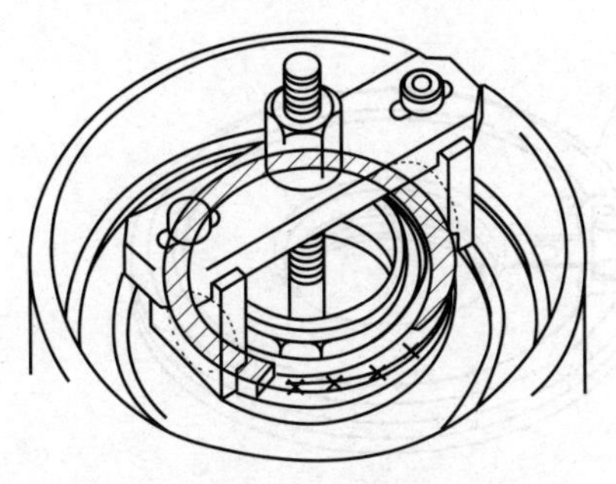

图 3—4—38　检查离合器弹簧压缩工具附件的放置情况

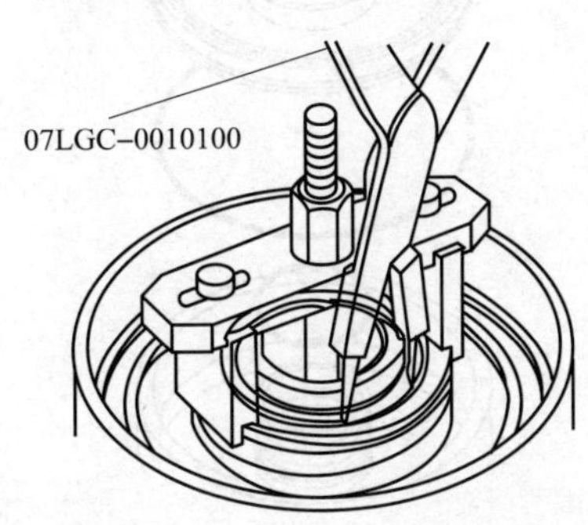

图 3—4—39　用卡环钳拆下卡环

（14）拆下离合器弹簧压缩工具附件和螺栓组件，拆下卡环（A）、弹簧挡圈（B）和回位弹簧（C），如图 3—4—40 所示。

（15）在离合器鼓周围缠绕抹布，在油道中施加空气压力以拆下活塞。施加空气压力时将指尖放在另一油道，如图 3—4—41 所示。

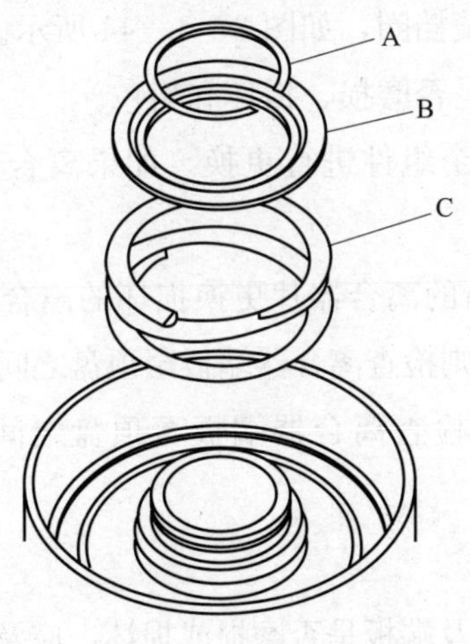

图 3—4—40　拆卸弹簧压缩工具附件

A—卡环　B—弹簧挡圈　C—回位弹簧

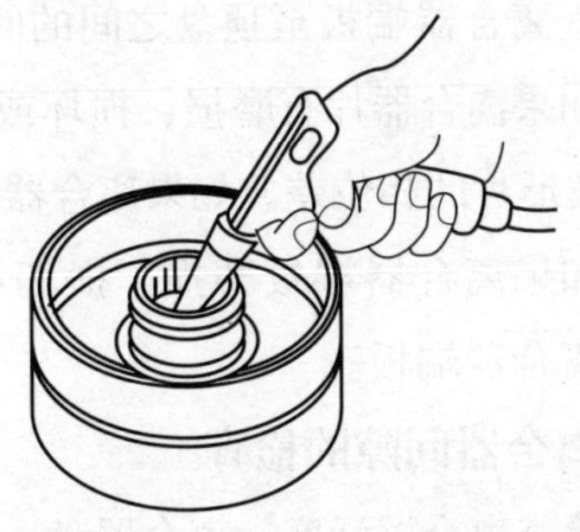

图 3—4—41　施加空气压力

（16）拆下活塞，然后将 O 形圈从 4 挡和 5 挡离合器活塞上拆下，拆下活塞，然后将 O 形圈从 1 挡、2 挡和 3 挡离合器鼓上拆下，并将 O 形圈从每个离合器活塞上拆下，如图 3—4—42 所示。

12．离合器的检查

（1）检查 4 挡和 5 挡离合器活塞和离合器活塞单向阀（A），如图 3—4—43 所示。

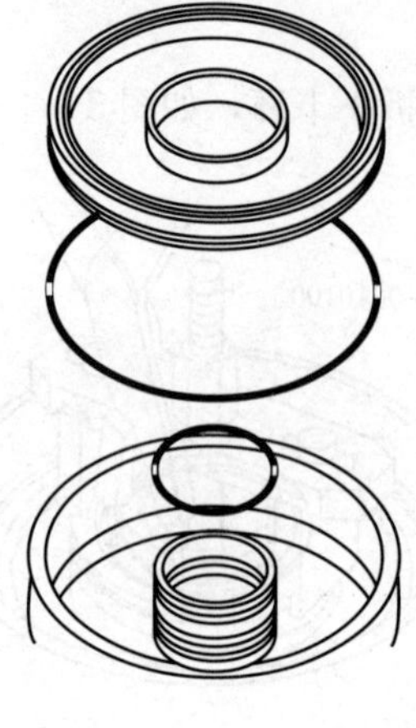
图 3—4—42　拆下活塞

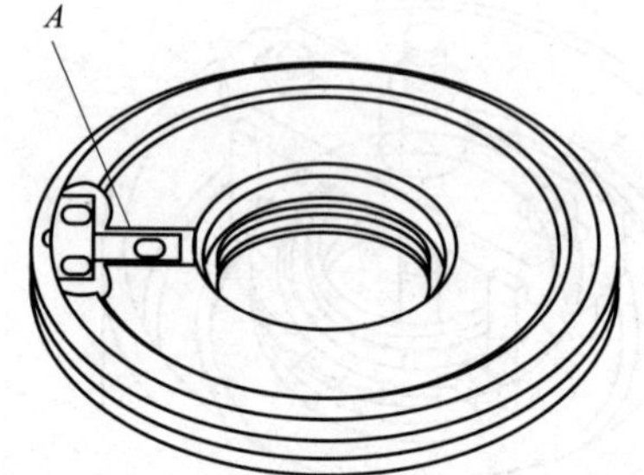

图 3—4—43　检查 4 挡和 5 挡离合器活塞和活塞单向阀
A—单向阀

（2）如果离合器活塞单向阀松动或损坏，应更换离合器活塞。

（3）检查弹簧挡圈是否磨损和损坏。

（4）检查 1 挡、2 挡和 3 挡离合器的弹簧挡圈上的油封（A）是否磨损、损坏或脱落，如图 3—4—44 所示。

（5）如果油封磨损、损坏或脱落，应更换弹簧挡圈，如图 3—4—44 所示。

（6）检查离合器盘、离合器片和离合器端板是否磨损、损坏和变色。

（7）如果离合器盘磨损或损坏，将其作为一个组件进行更换。如果离合器盘已更换，则检查离合器端板至顶盘之间的间隙。

（8）如果离合器片有磨损、损坏或变色，用新的离合器片更换损坏的离合器片，并检查其他波形片的相位差。如果离合器片已更换，则检查离合器端板至顶盘之间的间隙。

（9）如果离合器端板磨损、损坏或变色，则检查离合器端板至顶盘之间的间隙，然后更换离合器端板。

13．离合器间隙的检查

（1）检查离合器活塞、离合器盘、离合器片以及端板是否磨损或损坏，应及时更换。

（2）将离合器活塞安装到离合器鼓内。检查过程中不要安装 O 形圈，如图 3—4—45 所示。

（3）对于 1 挡离合器：将波形弹簧（A）安装到 1 挡离合器鼓（B）内。从离合器波形片开始，交替安装离合器波形片（C）和离合器盘（D），然后安装离合器端板（E），使其平面侧朝向顶盘，如图 3—4—46 所示。

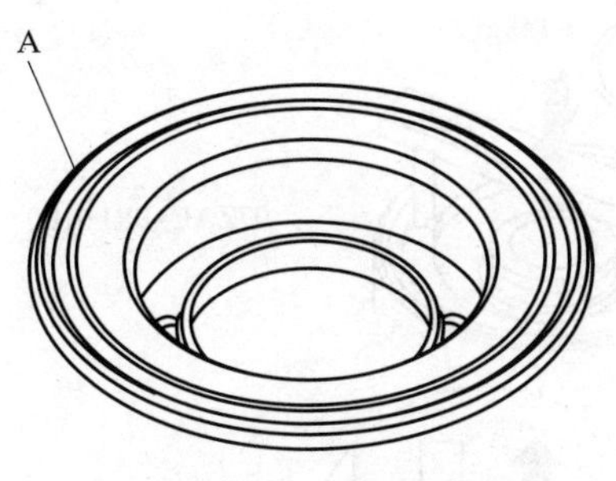

图 3—4—44　更换弹簧挡圈

A—油封

图 3—4—45　将离合器活塞安装到离合器鼓内

（4）其他各挡位离合器的安装参照步骤（3）。

（5）使用旋具安装卡环，固定离合器端板，如图 3—4—47 所示。

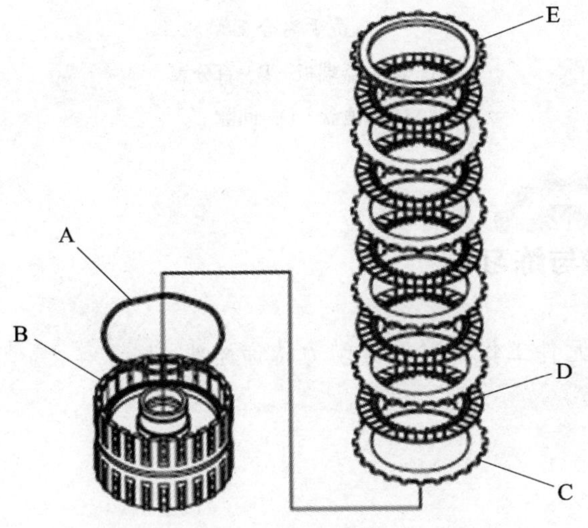

图 3—4—46　1 挡离合器间隙装配图

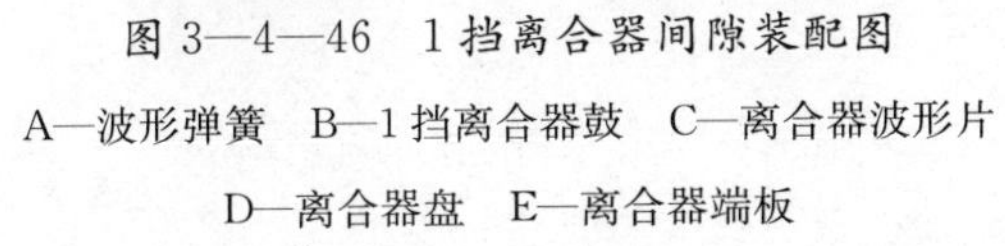

A—波形弹簧　B—1 挡离合器鼓　C—离合器波形片

D—离合器盘　E—离合器端板

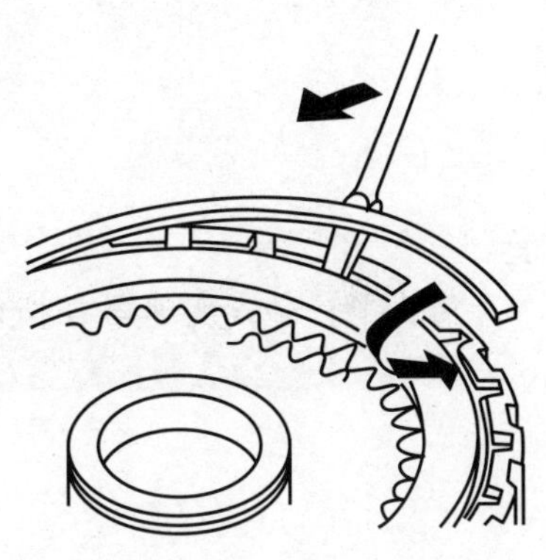

图 3—4—47　固定离合器端板

（6）将百分表（A）固定到离合器端板（B）上，如图 3—4—48 所示。

（7）将离合器端板举升到卡环（C）上，如图 3—4—48 所示。将百分表调零，松开离合器端板使其降低，然后将离合器压缩工具附件置于离合器端板（A）上，如图 3—4—49 所示。

（8）使用测力计，用 147 N 的力向下按压离合器压缩工具附件，并读取百分表读数（B）[用百分表读取离合器端板与顶盘（C）之间的间隙（D），至少在三处进行测量]，并将平均值作为实际间隙值。

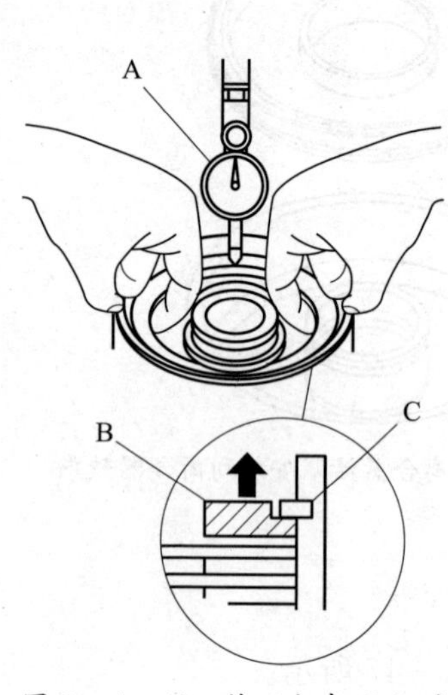

图 3—4—48 将百分表固定到离合器端板上

A—百分表 B—离合器端板 C—卡环

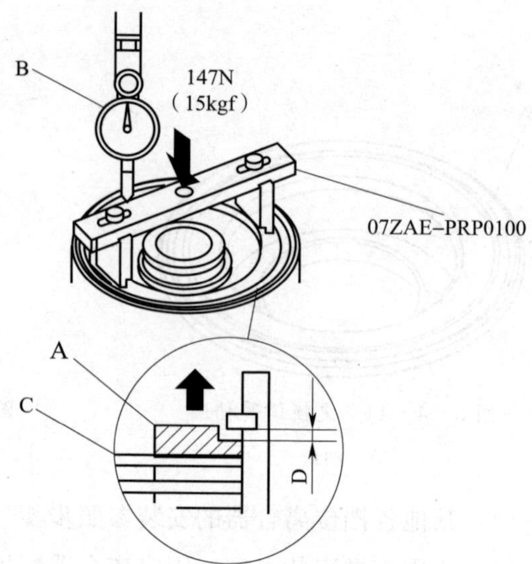

图 3—4—49 将离合器压缩工具附件置于离合器端板上

A—离合器端板 B—百分表 C—顶盘 D—间隙

思考与练习

简述平行轴式变速器各挡位换挡执行元件工作情况及其动力传递路线。

模块四

液压控制换挡系统

自动变速器液压控制换挡系统将发动机负荷（节气门开度）和车速信号转化为不同的油压，由此确定换挡正时并实现换挡。液压控制换挡系统一般由自动变速器油（ATF）、油泵、散热器和液压控制阀等组成。

课题一　自动变速器油

学习目标

1. 掌握 ATF 的一般性能指标。
2. 了解 ATF 的使用方法。
3. 掌握 ATF 的检查和更换方法。

一、自动变速器油（ATF）

目前汽车上常见的自动变速器都是基于液压传动的，它们的正常工作都依赖于自动变速器油（ATF，Automatic Transmission Fluid）。ATF 在自动变速器中有多重任务，第一，它是液压介质，液压系统能够工作全依赖于它；第二，它是自动变速器中重要的润滑剂，负责润滑变速器中大量的齿轮、阀门和其他所有运动部件；第三，它还能带走变速器中产生的热量，起到冷却作用。ATF 是一种复杂的特殊化工产品，它的基体由石油提炼而成，现在也出现了全合成的 ATF。

1．性能指标

（1）适当的黏度

ATF 的使用温度为－40～150℃，范围很宽，又因自动变速器对其工作油的黏度极其敏感，所以黏度是 ATF 重要的特性之一。不同种类变速器所需要的 ATF 黏度也不相同，因此，不能随意更换汽车使用 ATF 的标准油，避免由于 ATF 黏度与自动变速器黏度要求不适应，导致出现不良反应。当使用 ATF 的黏度偏大时，不仅影响变矩器的效率，而且可能造成低温启动困难；当使用 ATF 的黏度偏小时，会导致液压系统的泄漏增加。特

别是变速器在高速工作时，铝制阀体膨胀量大，此时，黏度小则可能引起换挡不正常。

（2）良好的热氧化安定性

ATF的热氧化安定性是使用中的一个极为重要的问题。与机油一样，油品的热氧化安定性直接决定着ATF的使用寿命和自动变速器的使用寿命。因为ATF的使用温度很高，如果热氧化安定性不好，就会导致形成油泥、清漆、积炭及沉淀物等，从而造成离合器片和制动片打滑，控制系统失灵等故障的发生。

（3）良好的抗泡沫性

自动变速器中的ATF产生泡沫对传动系统危害很大，这是由自动变速器油的工作性质所决定的。目前，普遍采用的液力变矩器和变速器是同一油路系统供油的。因此，它既是变矩器传递功率的介质，又是变速器自动控制的介质和润滑冷却的介质。泡沫会导致变矩器传递功率下降，泡沫的可压缩性可导致液压系统压力波动和油压下降，严重时可使供油中断。油中混入大量空气，实际是减少了润滑油量，这些气泡在压缩过程中温度升高，又加速了油品老化，影响了油品使用寿命，且会导致机件早期磨损。

（4）良好的抗磨性能

只有良好的抗磨性能才能保证：

1）行星齿轮中各齿轮传动的需要。

2）离合器片工作效能的需要。

3）自动变速器使用寿命的需要。

（5）与系统中橡胶密封材料的匹配性好

目前，自动变速器中密封件多使用的是丁腈橡胶、丙烯橡胶及硅橡胶等，要求ATF使其不能有太明显的膨胀，也不能使之硬化、变质。

（6）良好的摩擦特性（换挡性能）

这是保证传动齿轮各件工作平顺的关键，并能降低噪声，延长自动变速器的使用寿命。

（7）防腐（防锈）性能优良

在传动装置和冷却器中安装有铜接头、黄铜轴瓦、黄铜过滤器及止推垫圈等部件，这些部件中均含有大量有色金属，ATF必须要保证不会引起铜腐蚀和其他金属生锈。

（8）储存安定性优良

ATF在一定温度范围内和一定时间应该保证均相，且没有分解，而且ATF各成分不应该出现分层或析出等现象。

2．ATF的使用

因为设计生产自动变速器的厂家很多，所以使用的ATF的种类也很多，同一类标准的ATF还有不同的代号和级别。最常见的是美国通用汽车公司DEXRON和美国福特公司 MERCON，这两类 ATF 被很多不同的厂商使用。此外，还有很多厂商使用其他特殊类型的 ATF。

目前，各车厂都有专用的规范与自动变速器油规格，不同规格的自动变速器油不能混合使用。原因如下：

（1）流动速率不同。

（2）比重或密度不同。

（3）动态与静态摩擦特性不同。

（4）−40℃的动态黏度测试不同。

（5）膨胀系数不同。

二、ATF 的检查和更换

1. ATF 液面高度的检查

ATF 液面高度过高会导致主油压过高，从而出现换挡冲击振动、换挡提前等故障，还会导致空气进入 ATF。ATF 液面高度过低则会导致主油压过低，从而出现换挡滞后、离合器和制动器打滑等故障。

ATF 液面高度的检查方法如下：

（1）启动车辆，使发动机冷却液温度和 ATF 温度达到正常工作范围。

（2）将车辆停在水平地面上，并可靠驻车。

（3）使发动机怠速运转，将变速杆由 P 挡换至 L 挡，再退回 P 挡。

（4）拉出变速器油尺，并将其擦拭干净。

（5）将油尺全部插回套管。

（6）将油尺拉出，检查油面是否在“HOT”范围内，如图 4—1—1 所示；如果不在，应添加 ATF。

一般车辆每行驶 10 000 km 的里程，就要检查 ATF 液面高度。

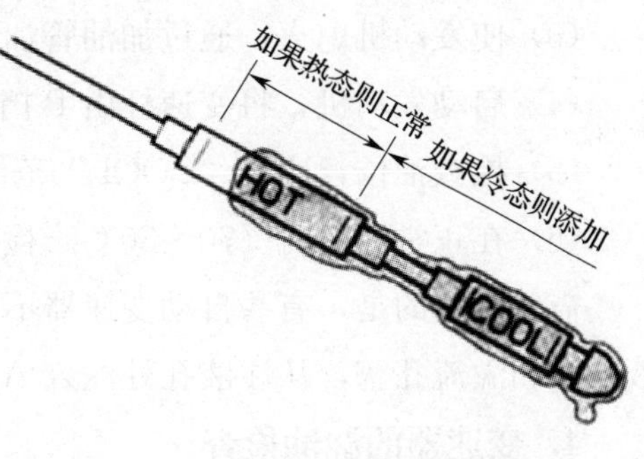

图 4—1—1　ATF 液面高度的检查

2. ATF 油质的检查

从 ATF 油质的好坏可以了解自动变速器的损坏情况。油质的好坏主要从以下几个方面判断：

（1）颜色：正常颜色为鲜亮、透明的红色，如果发黑则说明已经变质或有杂质，如果呈粉红色或白色则说明油冷却器进水。

（2）气味：正常的 ATF 没有气味，如果有焦煳味，说明 ATF 过热，有摩擦材料烧蚀。

（3）杂质：如果 ATF 中有金属切屑，说明有元件严重磨损或损伤；如果 ATF 中有胶质状油，说明 ATF 因油温过高或使用时间过长而变质。

检查 ATF 油质时，从油尺上闻一闻油液的气味，在手指上点少许油液，用手指互相摩擦看是否有颗粒，或将油尺上的油液滴在干净的白纸上，检查油液的颜色及气味。

3．ATF 的更换

按照汽车维护规定，在汽车行驶 40 000～60 000 km 后，需进行自动变速器油的更换。自动变速器经过长时间的使用，若不能及时更换自动变速器油，容易造成 ATF 污染、颗粒增大、产生碎屑、变质、降低黏度、加大摩擦片之间的磨损，从而产生油路阻塞、拉伤阀体、柱塞阻塞、换挡冲击、增加油耗等工作异常，甚至损坏自动变速器。为保证自动变速器正常工作，应及时更换自动变速器油。

具体方法如下：

（1）拆下放油螺塞，将 ATF 排放到容器中，如图 4—1—2 所示。

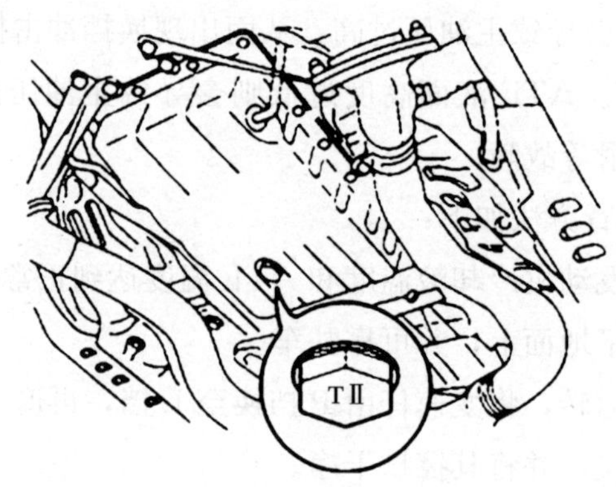

图 4—1—2　更换 ATF

（2）将放油螺塞紧固好。

（3）使发动机熄火，通过加油管加入新自动变速器油。

（4）启动发动机，将变速杆由 P 挡换至 L 挡，再退回 P 挡。

（5）检查油位，应在“COOL”范围内。

（6）在正常温度时（70～80℃）检查油位，必要时添加 ATF。

需要说明的是，有些自动变速器不采用上述方式。加注或更换 ATF 时，先拆下注液孔塞和溢流孔塞，从注液孔处注入 ATF 直到油液从溢流孔流出即可。

4．变速器的漏油检查

一般情况下，ATF 不会消耗，如果 ATF 液面高度变低，就要检查自动变速器是否有漏油的地方。

漏油会导致油压下降、液面高度下降，使换挡打滑和延迟。应目视检查油封、管接头等部位是否漏油。常见自动变速器漏油的检查部位如图 4—1—3 所示。

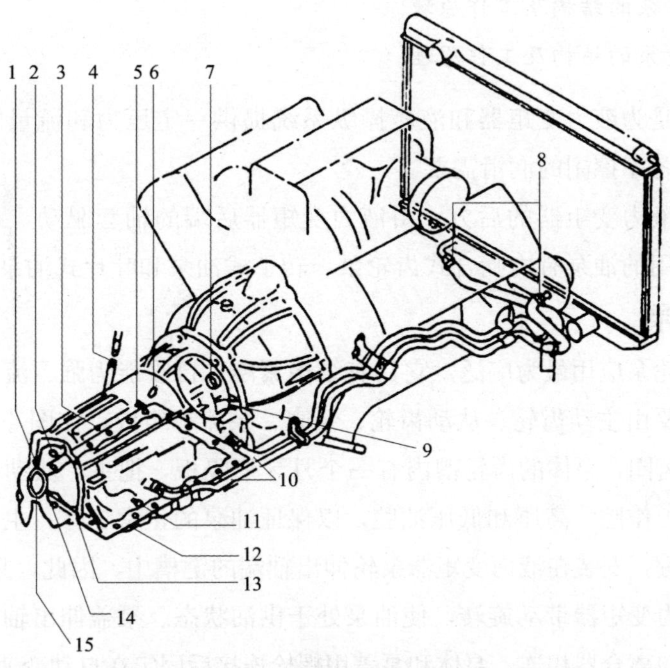

图 4—1—3　自动变速器漏油的检查部位

1—2 号车速传感器 O 形圈　2—转速传感器 O 形圈　3—电磁线圈配线 O 形圈　4—油尺导管 O 形圈　5—油压测试口螺塞和 O 形圈　6—输入轴转速传感器油封　7—油泵油封　8—油冷却器管箍　9—油泵 O 形圈　10—油冷却器管接头和 O 形圈　11—蓄能器背压测试口螺塞和 O 形圈　12—油底壳和变速器之间的垫片　13—加长壳体与变速器之间的垫片　14—1 号车速传感器油封　15—加长壳体后油封

思考与练习

1. 简述自动变速器油的一般性能指标。
2. 简述自动变速器油的检查和更换方法。

课题二　油　　泵

学习目标

1. 掌握齿轮泵的结构及工作原理。
2. 掌握摆线转子泵的结构及工作原理。

3. 掌握叶片泵的结构及工作原理。

4. 了解变量泵的结构及工作原理。

油泵的作用是为液力变矩器和液压操纵系统提供一定压力和流量的液压油，并保证行星齿轮机构各摩擦副的润滑需要。

油泵安装在液力变矩器的后方，由液力变矩器后端的轴套驱动，在自动变速器的供油系统中，常用的油泵有内啮合式齿轮泵、转子式油泵和叶片式油泵。

一、齿轮泵

内啮合式齿轮泵应用最为广泛，它具有结构紧凑、自吸能力强、流量波动小、噪声低等特点。其主要由主动齿轮、从动齿轮、泵壳、泵盖等组成，如图 4—2—1 所示。从动齿轮是一个内齿圈，泵体的齿轮槽内有一个月牙形隔板，把主、从动齿轮不啮合部分隔开，形成两个工作腔，高压和低压油腔，以保证油泵的正常工作。主动齿轮的内圈上有对称的两个凸键，安装在液力变矩器泵轮伸出轴端的键槽中。因此，只要发动机转动，主动齿轮就由液力变矩器带动旋转，使油泵处于供油状态。泵盖伸出轴端花键与液力变矩器中导轮的单向离合器相连，泵体和泵盖用螺栓连接后固定在自动变速器壳体上。

油泵工作时，其主动齿轮带动从动齿轮转动，轮齿脱开啮合的一端（吸油腔）容积不断变大，产生真空吸力，把液压油从油底壳经滤网吸进油泵，轮齿进入啮合的一端（压油腔），容积不断减小，油压升高，将油压出油泵。油泵不停地转动，就为液压自动控制系统提供了一定压力和流量的液压油。

二、摆线转子泵

摆线转子泵由泵壳、泵盖及一对内啮合的转子组成，如图 4—2—2 所示。内转子为外齿轮，其齿廓曲线是外摆线；外转子为内齿轮，其齿廓曲线是圆弧曲线。内、外转子

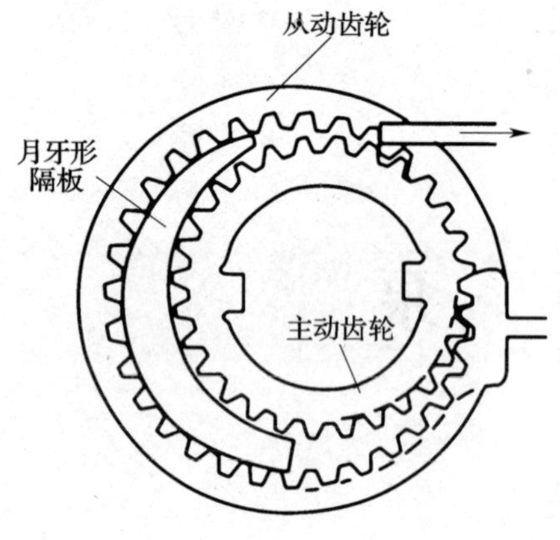

图 4—2—1　内啮合式齿轮泵

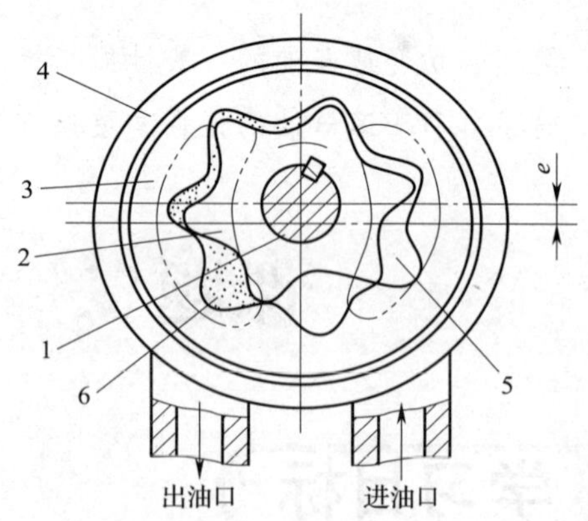

图 4—2—2　摆线转子泵的结构

1—驱动轴　2—内转子　3—外转子　4—泵壳

5—进油腔　6—出油腔　e—偏心距

的旋转中心不同，两者之间有偏心距，一般内转子的齿数可以为 4、6、8、10 等，而外转子比内转子多一个齿。内转子的齿数越多，出油脉动就越小，通常在自动变速器上使用的内转子都是 10 个齿。

如图 4—2—3 所示，发动机运转时，带动油泵内、外转子朝相同的方向旋转。内转子为主动齿，外转子的转速比内转子每圈慢一个齿。随转子的转动，工作腔的容积不断变化，当转子朝顺时针方向旋转时，内、外转子中心线右侧工作腔的容积由小变大，形成局部真空，将液压油从吸油口吸入；内、外转子中心线左侧工作腔的容积由大变小，将液压油从出油口排出。

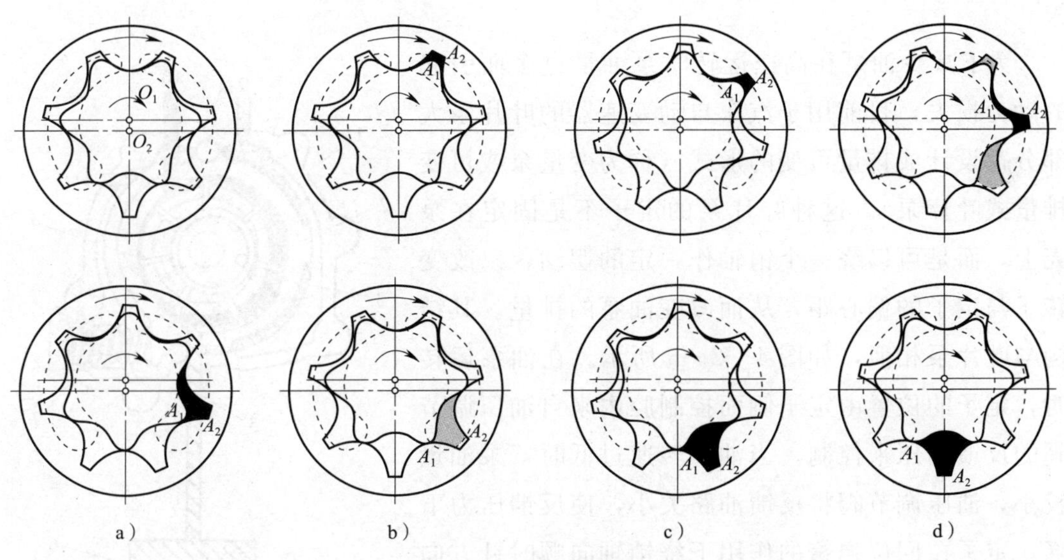

图 4—2—3　转子泵的工作原理

三、叶片泵

叶片泵具有运转平稳、噪声小、泵油流量均匀、容积效率高等优点。但它结构复杂，对液压油的污染比较敏感。叶片泵由定子、转子、叶片及定位环等组成，如图 4—2—4 所示。

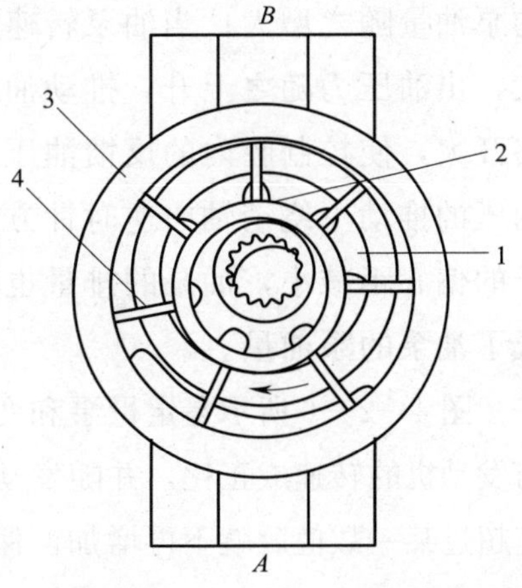

图 4—2—4　叶片泵的结构

1—转子　2—定位环　3—定子　4—叶片

A—进油口　B—出油口

转子绕中心转动，定子固定不动，两者不同心，有一定的偏心距，当转子旋转时，叶片在离心力作用下向外张开，紧贴在定子表面上，并随转子的转动在转子叶片槽内作往复运动，这样相邻叶片之间形成密封腔，转子转动，工作腔由大变小将油压出。

四、变量泵

上述三种油泵的排量都是固定不变的，称为定量泵。为保证自动变速器的正常工作，油泵的排量应足够大，以便在发动机怠速运转的低速工况下也能为自动变速器各部分提供足够大的流量和压力的液压油。定量泵的泵油量是随转速的增大而成正比增加的，当发动机在中高速运转时，油泵的泵油量将大大超过自动变速器的实际需要，此时油泵泵出的大部分液压油将通过油压调节阀返回油底壳。由于油泵泵油量越大，其运转阻力也越大，因此，这种定量泵在高转速时，过多的泵油量使阻力增大，从而增加了发动机的负荷和油耗，造成了一定的动力损失。

为了减少油泵在高速运转时泵油量过多而引起的动力损失，目前用于汽车自动变速器的叶片泵大部分都设计成排量可变的形式（称为变量泵或可变排量式叶片泵）。这种叶片泵的定子不是固定在泵壳上，而是可以绕一个销轴作一定的摆动，以改变转子与定子的偏心距，从而改变油泵的排量。其结构与叶片泵相似，如图 4—2—5 所示。在油泵运转时，定子的位置由定子侧面控制腔内来自油压调节阀的反馈油压来控制。当油泵转速过低时，泵油量较小，油压调节阀将反馈油路关小，使反馈压力下降，定子在回位弹簧的作用下绕销轴向顺时针方向摆动一个角度，加大了定子与转子的偏心距，油泵的泵油量随之增大；当油泵转速增高时，泵油量增大，出油压力随之上升，推动油压调节阀将反馈油路开大，使控制腔内的反馈油压上升，定子在反馈油压的推动下绕销轴向逆时针方向摆动，定子与转子的偏心距减小，油泵的排量也随之减小，从而降低了油泵的泵油量。

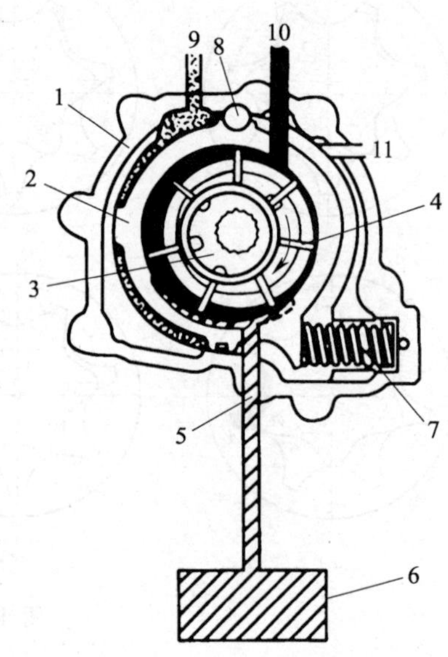

图 4—2—5　变量泵

1—泵壳　2—定子　3—转子　4—叶片
5—进油口　6—滤清网　7—回位弹簧
8—销轴　9—反馈油道　10—出油口
11—卸压口

图 4—2—6 所示是定量泵和变量泵的泵油量曲线图。由图可知，定量泵的泵油量与发动机的转速成正比，并随发动机转速的增加而增加；变量泵的泵油量在发动机转速超过某一数值后就不再增加，保持在一个能满足油路压力的水平上，从而减少了油泵在高转速的运转阻力，提高了汽车的燃油经济性。

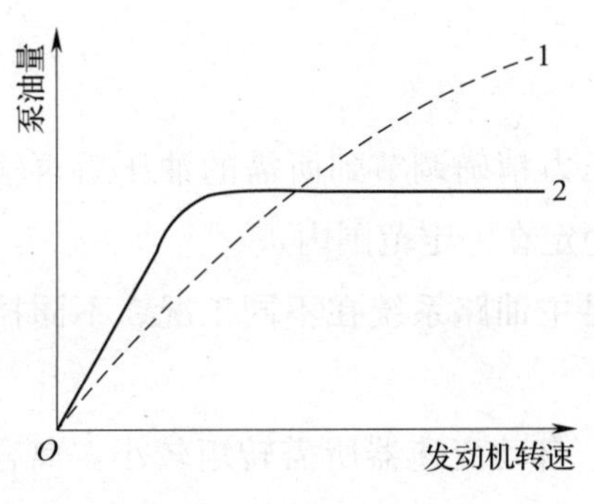

图 4—2—6　泵油量曲线图

1—定量泵泵油量　2—变量泵泵油量

思考与练习

1. 简述内啮合式齿轮泵的组成及工作原理。
2. 简述摆线转子泵的组成及工作原理。
3. 简述变量泵的组成及工作原理。

课题三　液压控制阀体

学习目标

1. 掌握油压调节阀的组成及工作原理。
2. 掌握换挡信号转换阀的组成及工作原理。
3. 掌握换挡控制阀的组成及工作原理。

自动变速器油从油泵泵出，进入主油路系统。由于油泵是发动机直接驱动的，因此它的输出流量和压力受到发动机运转状况的影响。发动机运行过程中，转速通常在 1 000～5 000 r/min 范围内变化，从而使油泵的输出流量和压力变化很大。当主油路压力过高时，会引起换挡冲击和增加功率消耗，当主油路压力太低时，又会引起离合器、制动器打滑，两者都会影响液压系统的工作。因此，在主油路系统中必须设置液压控制阀。

液力自动变速器的液压控制阀一般有油压调节阀、换挡信号转换阀和换挡控制阀三种。

一、油压调节阀

1．主油路调节阀

其作用是将油泵输出压力精确调节到所需的油压后再输入主油路，而多余的油液返回油底壳，使系统压力稳定在一定范围内。

主油路调压阀应能满足主油路系统在不同工况、不同挡位时，具有不同油压的功能要求。

（1）节气门开度小时，自动变速器所需转矩较小，离合器、制动器不易打滑，主油路压力可以降低一些；若与之相反，应使油压升高。

（2）自动变速器处于低挡行驶时所需转矩较大，主油压要高，而在高挡行驶时，自动变速器所需转距小，可降低主油压。

（3）倒挡使用时间较少，为减小自动变速器尺寸，倒挡执行机构做得较小，为避免打滑，应提高主油压。

主油路调节阀一般采用阶梯形阀体，其结构如图 4—3—1 所示，其中涂灰部分是油道。弹簧靠住固定的弹簧座将阀体往上压，阀体所受向上的力有弹簧张力和作用在阀①处的随动阀油压（面积 C×节气门随动阀油压）；阀体所受向下的力是阀体顶部的油压力（面积 A×主油路油压）。主油路油压就是由这两个作用力之差进行调节的。

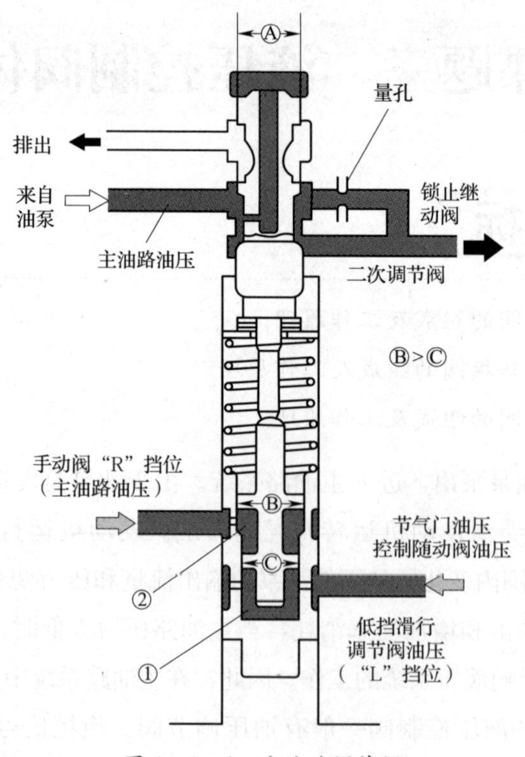

图 4—3—1　主油路调节阀

当变速杆置于“R”挡位时，来自手动阀的主油路油压力［（面积 B－面积 C）×主油路油压］作用在阀体②处，并与作用在阀体①处的随动阀油压力（面积 C×节气门调节油压）联合将阀体向上推动，使油液排出通道的面积减小，主油路油压上升。因此，在倒挡位的主油路油压大于“D”和“2”挡位的主油路油压。由于倒挡时扭矩较大，较高的主油路油压防止了离合器和制动器打滑。同样，在“L”挡位时，低压随动控制阀油压大于节气门随动阀油压，作用在阀体①处向上的油压力增大，关小排出油液通道，主油路油压升高。因此，“L”挡位的主油路油压高于“D”挡位和“2”挡位的主油路油压，满足了“L”挡位传递较大扭矩的需要。

当汽车行驶速度增大，发动机转速提升时，来自油泵主油路的油压升高，作用在阀体顶部的油压力（面积 A×主油路油压）升高，使阀体向下移动，排出油液通道面积增大，油液排出量增多，使主油路油压下降；反之，阀体向上移动，主油路油压升高。因此，主油路调节阀对主油路油压有自我调节作用。

2. 辅助油压调节阀

辅助油压调节阀由阀体和弹簧组成，其作用是根据汽车行驶的速度和油门开度的变化，能自动调节液力变矩器的油压，也能保证各摩擦副的润滑油压。

如图 4—3—2 所示，阀体受向上的弹簧张力作用和向下的油压力（面积 A×变矩器油压）作用，阀体在压力差作用下调节变矩器油压和润滑用油压。当发动机停止转动时，变矩器油压减小，阀体在弹簧张力的作用下向上移动，将变矩器的油路封闭，防止液压油从变矩器流出，保证变矩器的转矩输出。当变矩器油压升高，阀体在向下的油压力作用下下移，打开排出油液通道，使变矩器油压适当降低。

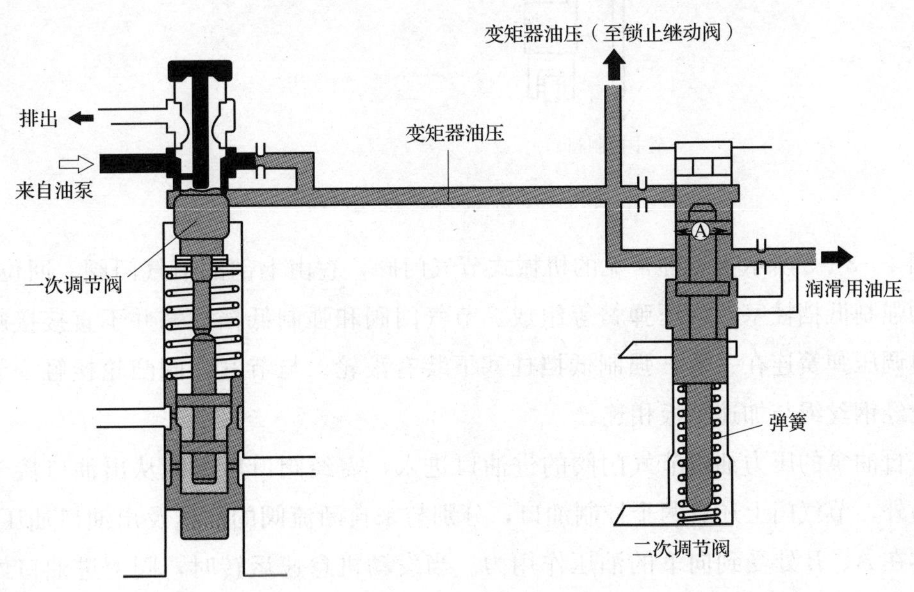

图 4—3—2　辅助油压调节阀

二、换挡信号转换阀

液力自动变速器控制换挡的主要信号是节气门油压信号和转速油压信号，执行元件分别为节气门阀和速控阀。

1. 节气门阀

节气门阀产生随节气门开度大小变化的油压，并传给主油路调节阀、辅助油压调压阀和换挡阀，控制主油压、变矩器油压、润滑油压及换挡。根据输入方式的不同，节气门阀可分为机械式节气门阀和真空式节气门阀两种。

（1）机械式节气门阀（见图 4—3—3）

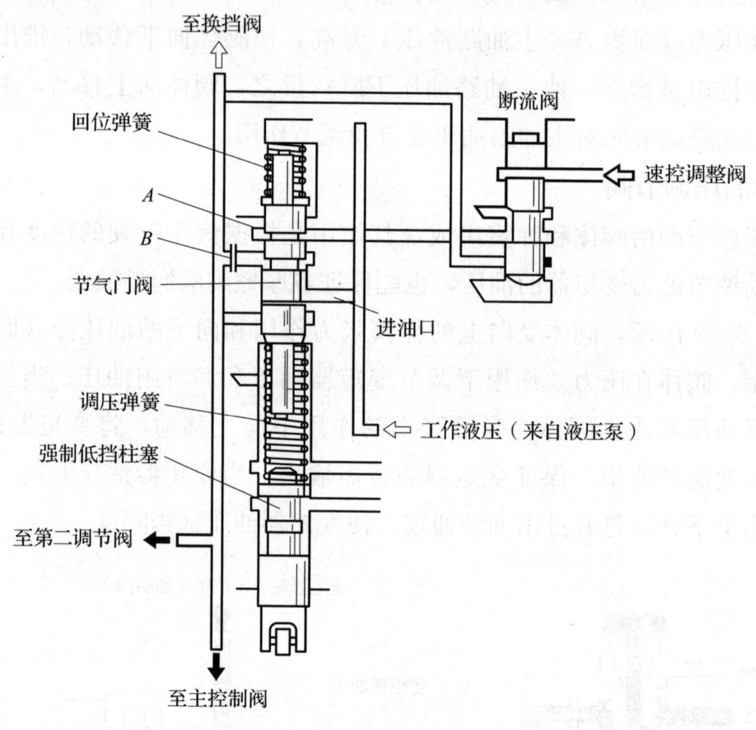

图 4—3—3 机械式节气门阀

图 4—3—3 所示为一种常见的机械式节气门阀，它由上部的节气门阀、回位弹簧、下部的强制低挡柱塞和调压弹簧等组成。节气门阀和强制低挡柱塞并不直接接触，而是通过调压弹簧连在一起，强制低挡柱塞下装有滚轮，与节气门阀凸轮接触。节气门阀凸轮经钢丝绳与加速踏板相连。

来自油泵的压力油由节气门阀的进油口进入，需经阀口后方能从出油口接至换挡阀。另外，节气门上还有两个控制油口，分别与来自断流阀的油压及出油口油压相通，使阀体在 A、B 处受到向下的油压作用力。当发动机怠速运转时，阀上进油口处的节流口开度很小，输出的油压很低。

当踩下加速踏板时，节气门拉索被拉动，将强制低挡柱塞上推压缩弹簧，调压弹簧则推动节气门阀体向上，使节流口开大，从节气门输出的油压增高。越往下踩加速踏板，节气门开度越大，节气门阀凸轮转动角度也越大；强制低挡柱塞上移越多，节气门阀体向上移动就越多，节流口也就越大。节气门的开度大小与自动变速器节气门阀输出的油压成正比关系。

(2) 真空式节气门阀（见图 4—3—4）

真空式节气门阀由真空膜片室、推杆和膜片等组成。

上部被膜片隔开的真空膜片室通过软管与发动机节气门后的进气管相通，与膜片相连的推杆则在膜片弹簧力作用下将滑阀的阀芯往下推，阀上有三个油口：与主油路相通的进油口 *A*、节气门油压出油口 *B* 和泄油口 *C*。从出油口 *B* 引出控制油流通至阀芯底部，其油压使滑阀阀芯上移，与膜片弹簧力平衡，油从进油口 *A* 到出油口 *B* 或泄油口 *C*，均要给阀口以节流作用，最终使阀芯在油压作用下达到新的位置平衡。

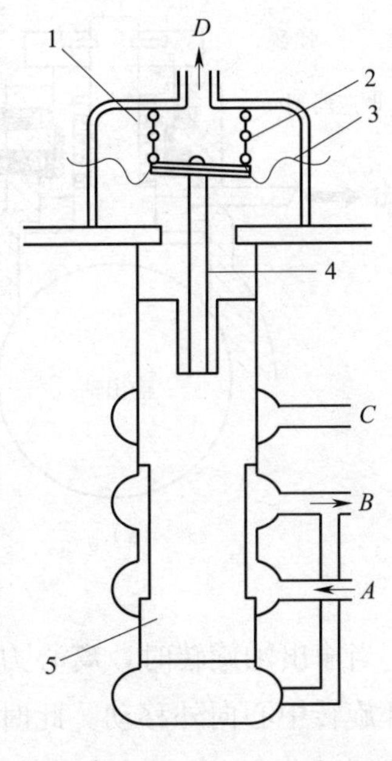

图 4—3—4 真空式节气门阀

1—真空膜片室 2—膜片弹簧 3—膜片
4—推杆 5—滑阀
A—主油路进油口 *B*—节气门油压出油口
C—泄油口 *D*—真空接口

而当阀芯的油压小于膜片推力时，阀芯下移，*A* 通 *B* 的阀口加大，通泄油口 *C* 的阀口关小，节气门阀输出油压，阀芯下部的油压也随之增加，使阀芯在新的位置平衡。

膜片作用在推杆的力既与膜片的弹簧力大小有关，又与真空度有关。

当节气门开度较小时，进气管真空度较大，真空膜片室膜片对阀芯的推力减小，节气门阀输出油压较低；当节气门开度较大时，进气管真空度较小，真空膜片室膜片对阀芯的推力变大，节气门阀输出油压较高。也就是说，真空节气门阀所产生的控制信号油压随负荷大小而变化。

2. 速控阀

速控阀又称速度调压阀，它的作用是产生与车速成正比的控制油压（速控油压）传给换挡阀，以便控制换挡。速控阀是液力自动变速器上反映车速的装置，仅用于液力自动变速器，电控自动变速器采用车速传感器来反映车速。

正确的速控油压对于自动变速器的正常工作非常重要，如果速控油压过高，会导致换挡的车速提前；而速控油压过低，会导致换挡的车速滞后。

速控阀一般均为离心式节流阀，其作用是为液力自动变速器提供一个随车速变化的控制油压，一般分为普通双级调速阀和复合双级调速阀两种。

(1) 普通双级调速阀

其结构如图 4—3—5 所示，调速阀的工作分两个阶段，车辆速度低时在第一阶段工作，如图 4—3—5a 所示。

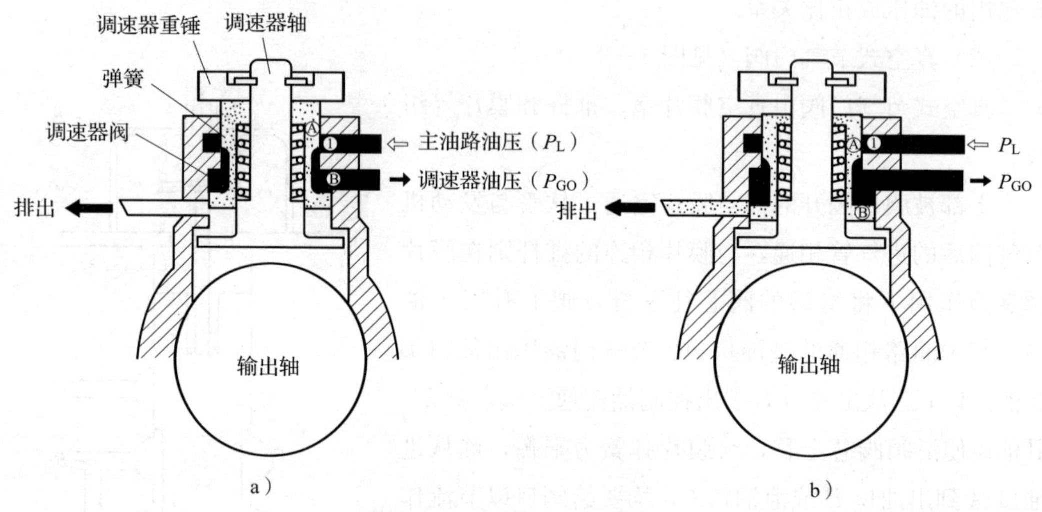

图 4—3—5 普通双级调速阀

当输出轴旋转时，离心力作用于调速器阀阀体和调速器重锤，促使重锤和阀体离开旋转中心向外移动。此时，油路①开始打开，主油路油压进入调速器阀产生调速器油压。这个油压作用于阀体的 A 和 B 两处，因为 B 处的截面积大于 A 处的截面积，调速器油压以（$B-A$）$\times P_{G_O}$ 的力作用在阀体上，促使阀体向内移动，再次关闭管路①。然后，作用力（$B-A$）$\times P_{G_O}$ 强制阀体继续向内移动，打开排油口，这样就使调速器油压 P_{G_O} 比主油路油压 P_L 低。作用力（$B-A$）$\times P_{G_O}$ 使阀体向内移动，而重锤和阀体的离心力（重锤的离心力通过压缩弹簧弹力作用于阀体）使阀体向外移动。

当以上两个方向的力达到平衡时，排油口被阀体外移关闭。这个过程产生的油压为调速器油压，它随车速变化而变化。当车速上升时，重锤和阀体的离心力增大，上述力的平衡被打破，阀体向外移动，再次打开油路①，主油路油压进入阀内，使调速器油压升高。上述过程周而复始地进行，使调速器油压随车速的上升而升高。

当车辆速度达到中速和高速时，调速器的工作进入第二阶段。如图 4—3—5b 所示，当输出轴的转速持续上升，调速器轴的凸缘与调速器重锤连接成一体向外移动，与调速器壳体止动器接触。此时，调速器轴和重锤停止向外移动，重锤的离心力对调速器油压不再产生作用，调速器轴仅起弹簧座的作用，调速器油压是由使阀体向外移动的阀体离心力和弹簧弹力与使阀体向内移动的油压力［（$B-A$）$\times P_{G_O}$］相平衡而产生的，其工作过程与第一阶段相同。

（2）复合双级调速阀（见图 4—3—6）

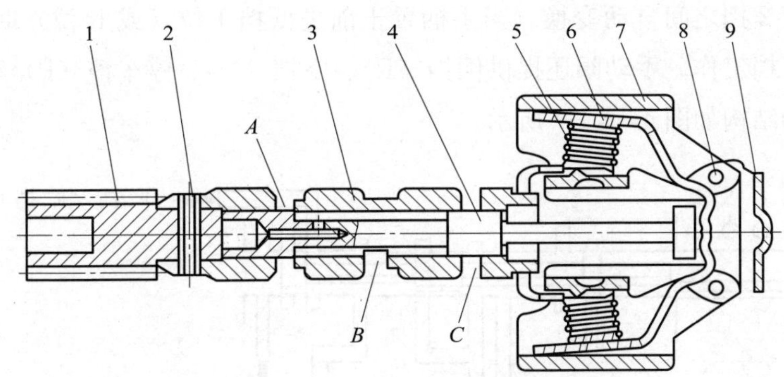

图 4—3—6　复合双级调速阀的结构

1—从动齿轮　2—锁销　3—阀体及保持架　4—阀芯　5—弹簧

6—次重块　7—主重块　8—销子　9—止推罩

A—进油口　*B*—出油口　*C*—泄压口

前驱变速器使用普通双级调速阀难以布置，而中间传动复合式双级调速阀因其体积小，可放在变速器的轴管内，由装在变速器输出轴上的齿轮间接驱动。因此，在自动驱动桥中多采用中间传动复合式双级调速阀。

当来自主油路的压力油由进油口 *A* 进入后，经阀芯左端，将阀芯向右推，使 *A* 口关小，泄压口 *C* 增大，调速阀输出压力减小。当从动齿轮带动阀芯、阀体及保持架旋转时，重块组件在离心力的作用下可绕销孔向外摆动。

在输出轴转速低时，重块所受离心力小，阀芯在油压的作用下处于较右的位置，*A* 口开度减小，速控输出油压速度随之降低，输出轴转速越高，重块组件所受离心力越低，阀芯被向左推移得越远，调速阀输出油压就越高，从而使速控输出油压能随着输出轴转速的增大而增高。

三、换挡控制阀

换挡控制阀根据换挡信号系统提供的信号，控制自动变速器中液压油路的方向，由此决定所处不同挡位。换挡控制阀主要由手动阀、换挡阀、蓄能减振器等组成。

1．手动阀

手动阀是安装在控制系统阀板总成中的多路换向阀，由驾驶室内的自动变速器操纵手柄控制。操纵手柄的作用与普通手动变速器的换挡手柄不同。

手动变速器换挡手柄的工作位置就是变速器的挡位。变速器有几个挡位，手柄就有几个工作位置。而自动变速器操纵手柄的位置是自动变速器的工作方式，与挡位数并不对应。例如，手柄置于前进挡（D）位置时，对三挡自动变速器而言，变速器可根据换挡信号在1挡至3挡之间自动变换；对四挡自动变速器而言，变速器可根据换挡信号在1挡至4挡之间自动换挡。当手柄置于前进低挡2位（或S位）时，自动变速器只能在1挡至2挡之间自动变换。当手柄置于前进低挡1位（或L位）时，自动变速器被限制在1挡工作。手动阀还提供倒挡（R）、空挡（N）、停车挡（P）等功能。

手动阀的结构如图4—3—7所示。

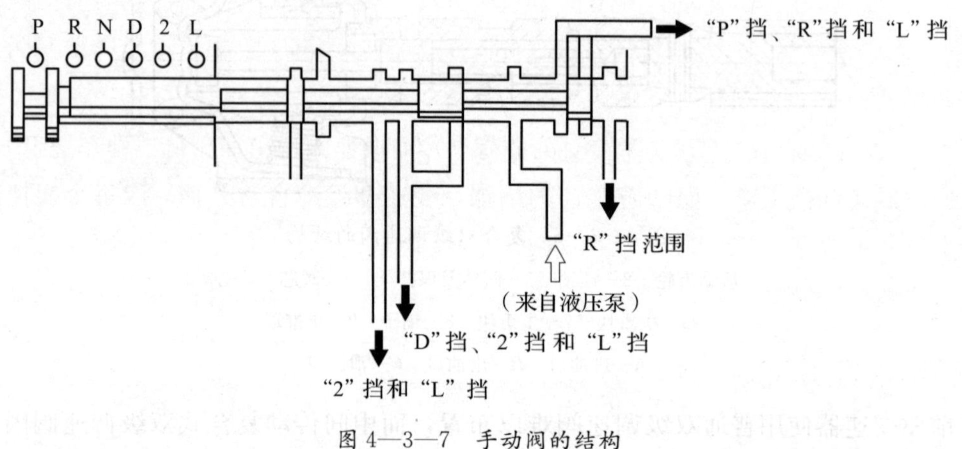

图4—3—7 手动阀的结构

2. 换挡阀

换挡阀的作用是根据换挡控制信号或油压切换挡位油路，以实现两个挡位的转换。换挡阀直接与换挡控制元件（离合器、制动器）相通，当换挡阀动作后，会切换相应的油道以便给相应挡位的离合器和制动器供油，得到所需要的挡位。换挡阀的数量与自动变速器前进挡的个数有关。一般，四挡自动变速器需要三个换挡阀，即1—2挡换挡阀、2—3挡换挡阀和3—4挡换挡阀。

换挡阀的结构及原理如图4—3—8所示，来自节气门阀的油压作用在换挡阀阀芯左部，连同弹簧作用力使阀芯向右；调速阀油压则作用在阀芯右部，其作用力使阀芯向左。

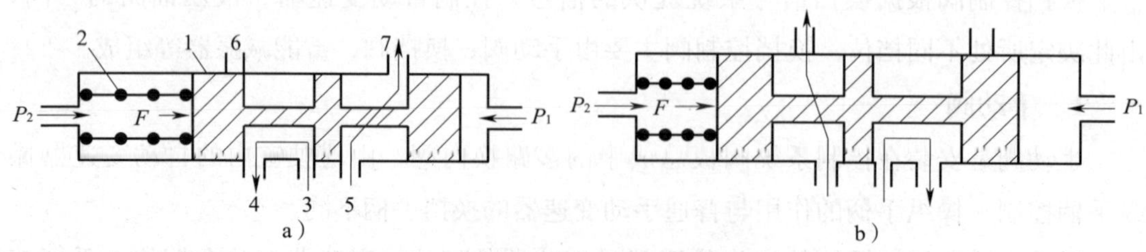

图4—3—8 换挡阀的结构及原理

1—滑阀 2—弹簧 3、5—主油路 4—泄油孔 6—高挡油路 7—低挡油路

P_1—速控油压 P_2—节气门油压

当车速较低而发动机节气门开度较大时，换挡阀阀芯左端的节气门阀油压较高，作用力大；右端的调速阀油压较小，作用力小，阀芯被推至右位，如图 4—3—8a 所示，主油路油压只能通往低挡的执行元件，自动变速器在低挡工作。

当车速增大时，阀芯右端的调速阀油压随之升高，作用力增大，当油压增加到某一值时，阀芯被推至左位，如图 4—3—8b 所示，主油路油压接通与高挡相应的执行元件，自动变速器自动换至高挡工作。如车速下降，调速阀油压也会降低，换挡阀阀芯在节气门阀油压和弹簧力作用下右移，自动变速器又回到低挡工作。即自动变速器的升挡和降挡完全是由节气门阀和调速阀产生的油压大小来控制的。

当节气门阀输出油压高（即发动机负荷大）而调速阀输出油压低（即车速低）时，自动变速器在低挡工作，而随着车速的增加，变速器逐渐自动升挡。因每个换挡阀只有两个工作位置，只能在两个挡之间变换，故对三挡自动变速器而言要设置两个换挡阀，对四挡变速器而言要设置三个换挡阀，它们的工作原理完全一样，只是控制的挡位不同而已。

图 4—3—9 所示为一个具有辛普森式三挡行星排的自动变速器 2—3 挡换挡阀。节气门阀油压和弹簧的作用力使换挡阀阀芯向下；而作用于阀芯下部，来自调速阀的油压则使换挡阀阀芯向上。由操纵元件与挡位关系可知，2 挡与 3 挡操纵元件的区别就是倒挡及高挡离合器（后离合器）C_1。离合器分离时，变速器挂 2 挡，离合器接合时则挂 3 挡。当车速不高时，作用在换挡阀阀芯下部的调速阀压力低，阀芯在上部节气门阀油压和弹簧力的作用下处于下位，通往倒挡及高挡离合器 C_1 的油路被切断，如图 4—3—9a 所示，自动变速器在 2 挡工作。而当车速增大时，调速阀输出油压增高，换挡阀阀芯被推至上位，主油路与离合器 C_1 相通，如图 4—3—9b 所示，变速器自动换入 3 挡。

由此可以看出：升挡时，作用在换挡阀阀芯上的调速阀油压需克服节气门阀油压和弹簧力方能换挡；而降挡时，调速阀油压作用力只需小于弹簧力即可。所以 2 挡升至 3 挡和 3 挡降至 2 挡的车速是有差别的，即 2 挡升至 3 挡时的车速比 3 挡降至 2 挡时的车速要高，这被称为“换挡迟滞”。迟滞的作用是：当车辆以在换挡阀动作点附近的车速行驶时，使升挡和降挡车速保持一定距离，避免由于换挡阀频繁动作造成自动变速器频繁换挡。

3．强制降挡阀

通常，只有车速降低一定数值时，自动变速器才能正常回低挡。但在绝大多数自动变速器中都装有强制降挡阀，其作用是：当汽车已在较高车速下行驶，而此时把发动机油门踩到底仍觉得加速不够强烈，则将自动变速器瞬时强制性降低一挡，即“强制低挡”，由于此时的车速较高，液力变矩器已在耦合器工况或者闭锁工况工作，变矩

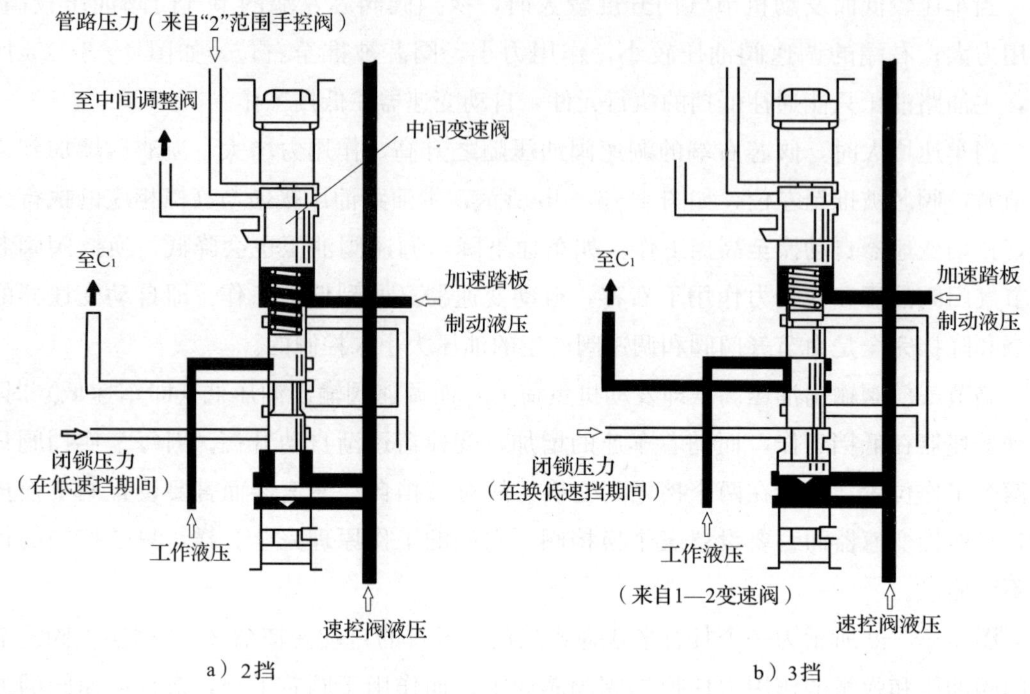

图 4—3—9　2—3 挡工作情况

比为 1，无增矩作用，而发动机油门几乎已踩到底，功率输出接近最大。若将自动变速器降低一挡，则由于传动比增加，输出转矩增大，在短暂的时间内能起到极其强烈的加速作用，这是在非常情况下迅速加速时所必需的。结合低一挡后，车速的下降可通过发动机转速的增加得到弥补，因此可用于短时超车。当加速的要求得到满足后，应立即松开加速踏板，否则在加速到接近发动机最大转速时再松开油门升挡，会对高挡摩擦元件工作不利。

强制降挡阀的工作原理是：从降挡阀输出来自主油路的压力油，作用于各换挡阀与节气门阀油压作用相同的一端，其共同作用结果是将换挡阀阀芯向降挡方向移动，从而使自动变速器降挡。

强制降挡阀的结构如图 4—3—10 所示。

图 4—3—10 所示为丰田轿车自动变速器上所使用的一种滚轮式强制降挡阀，它与节气门阀安装在同一阀体内，上部以弹簧与节气门相连，下部通过滚轮与节气门阀凸轮接触。与强制降挡阀配合的阀体上有两条油路，分别与锁止调节阀及换挡

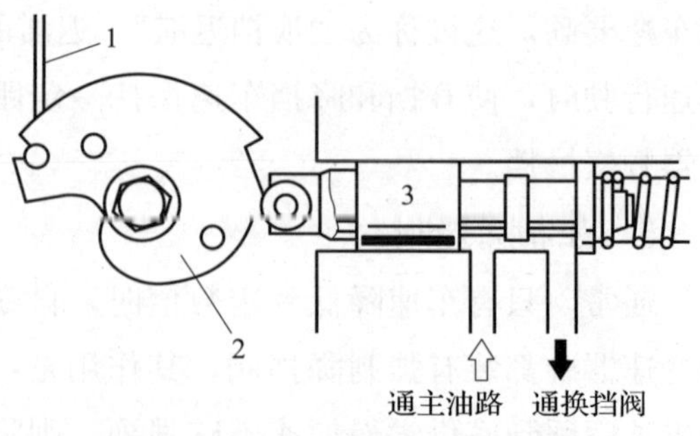

图 4—3—10　强制降挡阀的结构

1—节气门拉索　2—节气门阀凸轮　3—强制降挡滑阀

阀相通，作为输入及输出。当踩下加速踏板不多时，节气门阀凸轮将强制降挡阀顶起不多，输入油路与输出油路不通。如加速踏板快被完全踩下（节气门开度大于 85%）时，油路开启，来自锁止调节阀的压力油（与主油路压力相当）经强制降挡阀阀芯通至换挡阀的节气门阀油压作用端，迫使换挡阀阀芯向降挡方向移动，自动变速器降挡。从原理上说，经强制降挡阀阀芯输出的压力油通向所有换挡阀阀芯的一端，可使自动变速器降至最低挡。但实际上，由于在换挡阀的另一端作用着来自调速阀的油压，故不可能立刻使高速行驶的汽车从高挡降至最低挡，而只会在低一挡的位置上工作。当短时间急加速的工作完成后，稍微松开加速踏板，使强制降挡阀油路关闭，自动变速器便会重新回到高挡位置。

4．蓄能减振器

在自动变速器中也常用蓄能减振器来缓冲换挡冲击。蓄能减振器也称蓄压减振器或减振器，一般由减振活塞和弹簧组成，如图 4—3—11 所示。

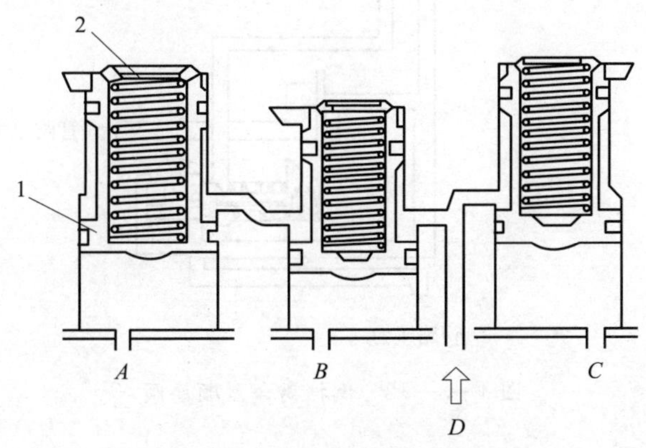

图 4—3—11　蓄能减振器

1—减振活塞　2—减振弹簧

A、*B*、*C*—通换挡执行元件　*D*—节气门油压

图 4—3—11 所示为某一自动变速器中所备有的 3 个蓄能减振器，分别与三个前进挡换挡执行元件的油路相通，对应于各挡动作时起作用。当变速器换挡时，主油路在进入离合器等换挡执行元件的同时也进入减振器的活塞下部。在压力油进入执行元件的初期，油压不是很高，主要作用是消除离合器、制动器等执行元件摩擦片之间的间隙，使其开始结合。此后，压力迅速增大，若没有减振器的话，摩擦片将在瞬间结合并被加载，从而造成较大的换挡冲击。有减振器以后情况就不一样了，油压的升高将使减振器活塞克服弹簧力上升，容积增大，油路中部分压力油进入减振器工作腔，延长了换挡执行元件液压缸的充油时间，油压的增长速度减缓，摩擦片逐渐结合，因而减小了换挡冲击。

5．倒挡离合器顺序阀

在一些自动变速器中装有倒挡离合器顺序阀，用于自动变速器换倒挡时减小换挡冲击。图4—3—12所示为一自动变速器在倒挡工作时需结合的倒挡离合器（后离合器）顺序阀，此时，变速器手动阀置于倒挡位置，主油路压力油经倒挡离合器顺序阀作用在后离合器的内活塞上，同时克服顺序阀的弹簧力，使阀芯左移，油口B与通往离合器外活塞的管路A相通，即外活塞在内活塞工作后才开始工作，从而有助于减小换挡冲击。

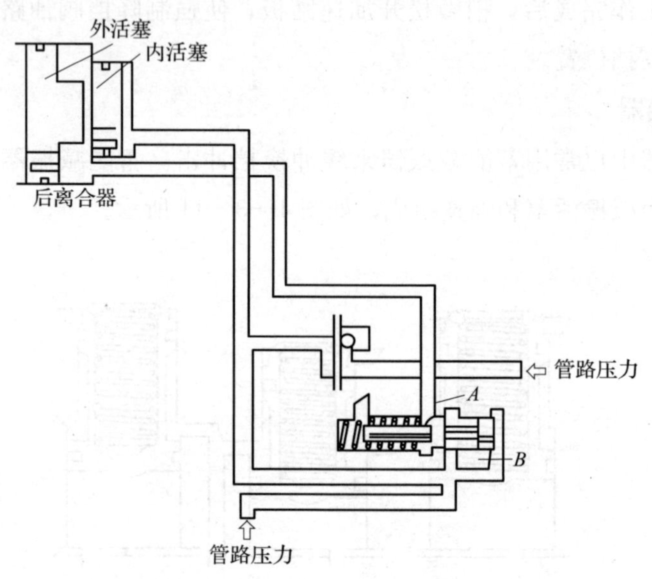

图4—3—12　倒挡离合器顺序阀

6．调整阀

换挡阀动作时，如主油路压力被立即加至执行元件，将会产生较大的冲击。为了进行缓冲，油路中设置了一些调整阀，如中间调整阀、滑行调整阀等，其工作原理大体上相同。图4—3—13所示为强制降挡调整阀，来自液压泵的压力油并不直接到强制降挡阀，而是先进入调整阀，待克服弹簧预紧力将调整阀阀芯左移后，才打开至强制降挡阀的油路，从而起到缓冲作用。

7．低挡滑行调节阀

为了保证自动变速器的低挡性能，在丰田等车型上还装有低挡滑行调节阀，当变速器换至“L”挡位时，低挡滑行调节阀降低来自手动阀的主油路油压，产生低挡滑行调节阀油压，以减缓冲击和减小振动。

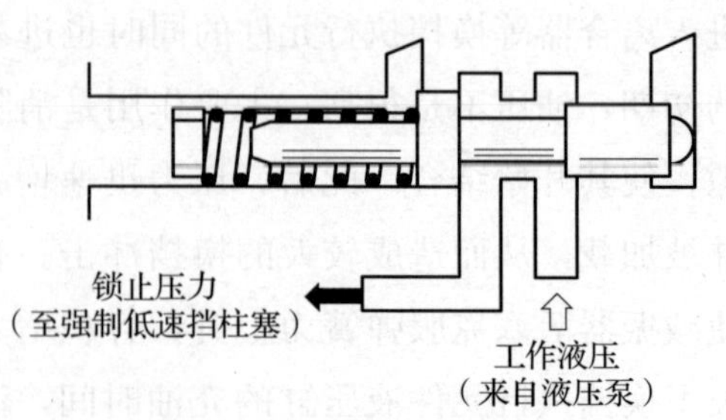

图4—3—13　强制降挡调整阀

如图 4—3—14 所示，弹簧弹力将低挡滑行调节阀压向左侧，打开主油路油压通道，主油路油压进入调节阀内，形成低挡滑行调节阀油压。当这一油压升高到一定值时，作用在阀体左端的油压克服弹簧力将阀体向右端推，关闭来自主油路油压的通道，阀体仍然向右移动，打开排油口，阀内油压降低。当阀体所受的向左的弹簧力和向右的油压力处于平衡时，进油口和排油口关闭，形成一个恒定的比主油路油压低的低挡滑行调节阀油压。

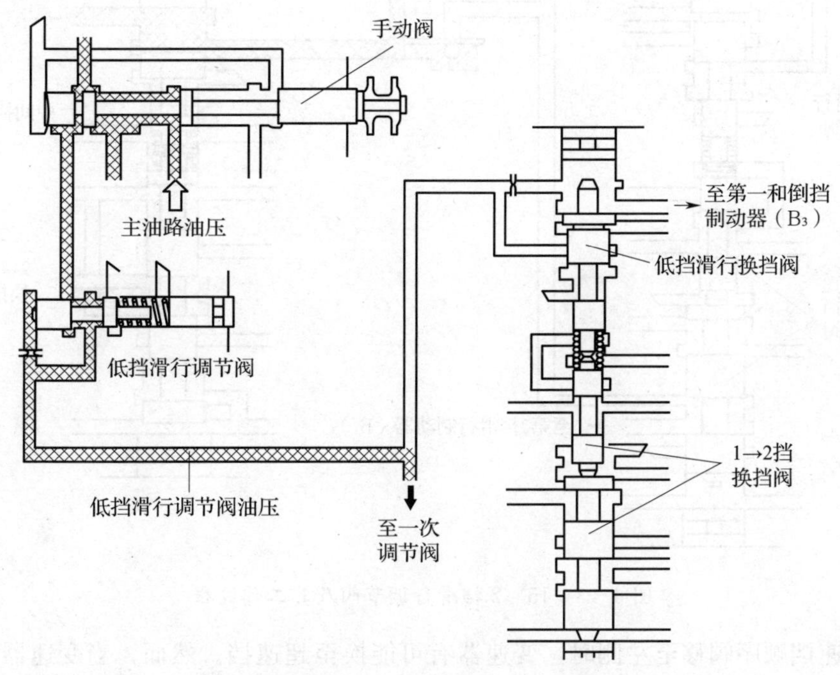

图 4—3—14　低挡滑行调节阀

(1) 2 挡滑行调节阀

当变速杆位于“2”挡位时，2 挡滑行调节阀降低来自中间换挡阀的主油路油压时，形成 2 挡滑行调节阀油压。如图 4—3—15 所示，2 挡滑行调节阀阀体的工作过程与低挡滑行调节阀相同。2 挡滑行调节阀油压通过 1→2 挡换挡阀作用于第 2 挡滑行制动器（B_1），以减小换挡时的振动。

(2) 超速挡顺序阀（丰田 A140 系列）

超速挡顺序阀的作用是控制超速挡的强制脱开。

如图 4—3—16 所示，当超速挡电磁阀接通时，电磁阀阀芯被吸起，排油口打开，在超速挡顺序阀 *A* 处无主油路油压，或者 *B* 处有主油路油压（当手动阀位于“2”挡位时），超速挡顺序阀阀体在向右的弹簧力或油压力作用下移至右侧。①处的主油路油压通过②作用于 3→4 挡滑行换挡阀，防止变速器换至超速挡。

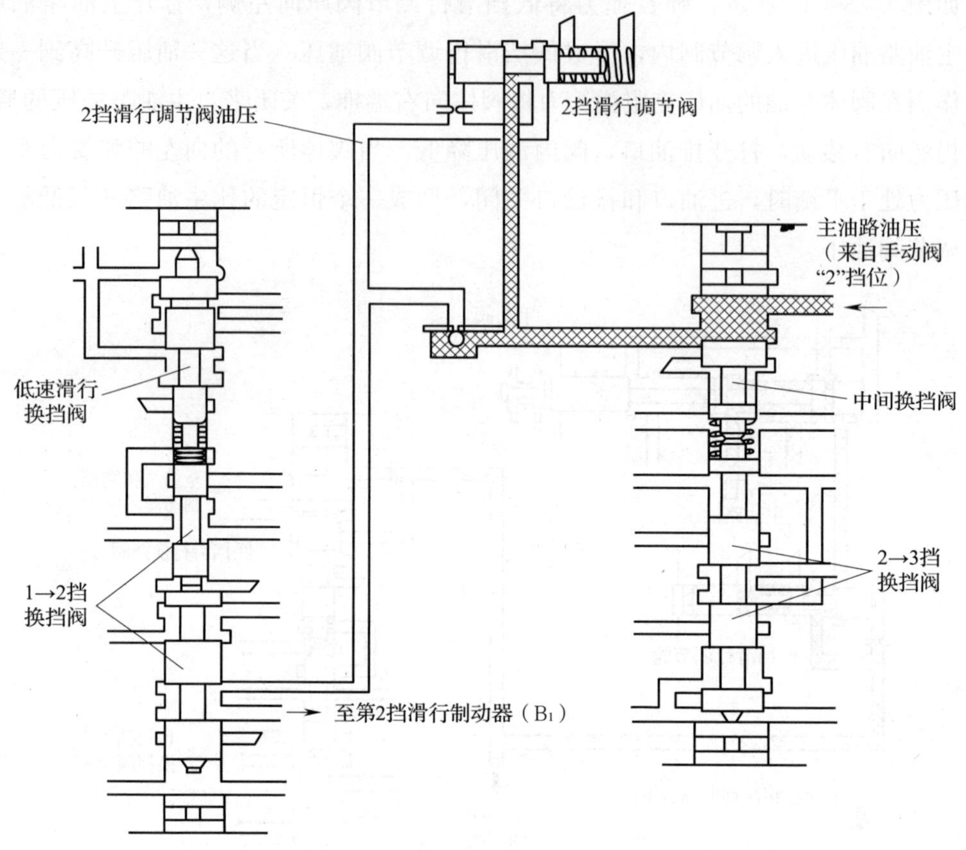

图 4—3—15　2 挡滑行调节阀及其工作过程

当超速挡顺序阀移至左侧时，变速器有可能换至超速挡。然而，当变速器从超速挡换至低速挡时，③处的减压阀油压会作用于 3→4 挡换挡阀，变速器会从超速挡换出。

（3）1→2 挡换挡阀

1→2 挡换挡阀是根据调速器油压和节气门油压，控制 1 挡与 2 挡之间转换的。为了使这一换挡阀运作平滑，采用了 3 个阀体。如图 4—3—17 所示，当调速器油压较低，而节气门油压较高时，阀体被节气门油压推向下，关闭至第 2 挡制动器（B_2）油路，变速器换至第 1 挡。相反，当调速器油压较高，而节气门油压较低时，阀体被调速器油压推向上，打开至第 2 挡制动器（B_2）的油路，变速器换至第 2 挡。

当 1→2 挡换挡阀阀体推向上时，节气门油压通道被关闭，1→2 挡换挡产生滞后现象。当节气门油压通道关闭时，2 挡换到 1 挡，仅靠弹簧弹力和调速器油压来进行。可以看出，阀体上升时的调速器油压比阀体落下时的调速器油压要高。也就是说，1 挡换至 2 挡时的车速比 2 挡换至 1 挡时的车速要高，这就是 1→2 挡换挡滞后现象。不过，如果节气门开度超过 85%，来自锁止调压阀的油压作用于 1→2 挡换挡阀阀体，使变速器从 2 挡降至 1 挡。否则，将按自动换挡图或在设定的车速时 2 挡降至 1 挡。

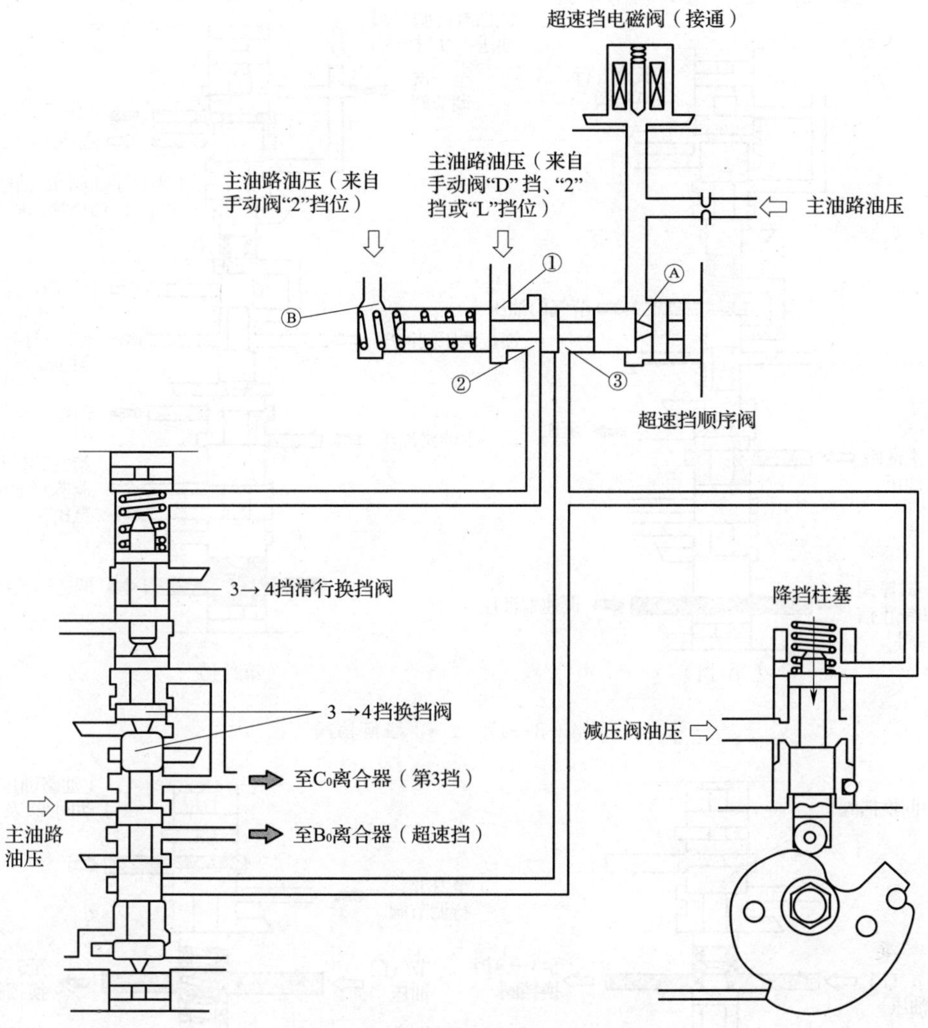

图 4—3—16 超速挡顺序阀及其工作过程

变速杆在“L”挡位时，由于低挡滑行调节阀油压作用于低速滑行换挡阀阀体顶部，将 1→2 挡换挡阀阀体向下推，此时变速器不能向上换到第 2 挡，只能始终位于第 1 挡。

(4) 2→3 挡换挡阀

2→3 挡换挡阀是控制变速器在 2 挡与 3 挡之间转换的，它由节气门油压和弹簧弹力与调速器油压的反向作用，来实现控制阀体的上下移动。

如图 4—3—18 所示，当调速器油压高时，2→3 挡换挡阀阀体克服节气门油压和弹簧弹力，被推动向上，打开来自 1→2 挡换挡阀的主油路油压通往直接离合器（C_2）活塞的油路，从而换至第 3 挡。相反，当调速器油压低时，2→3 挡换挡阀阀体被节气门油压和弹簧弹力推动向下，关闭来自 1→2 挡换挡阀的主油路油压通往直接挡离合器（C_2）活塞的油路，从而换到第 2 挡。

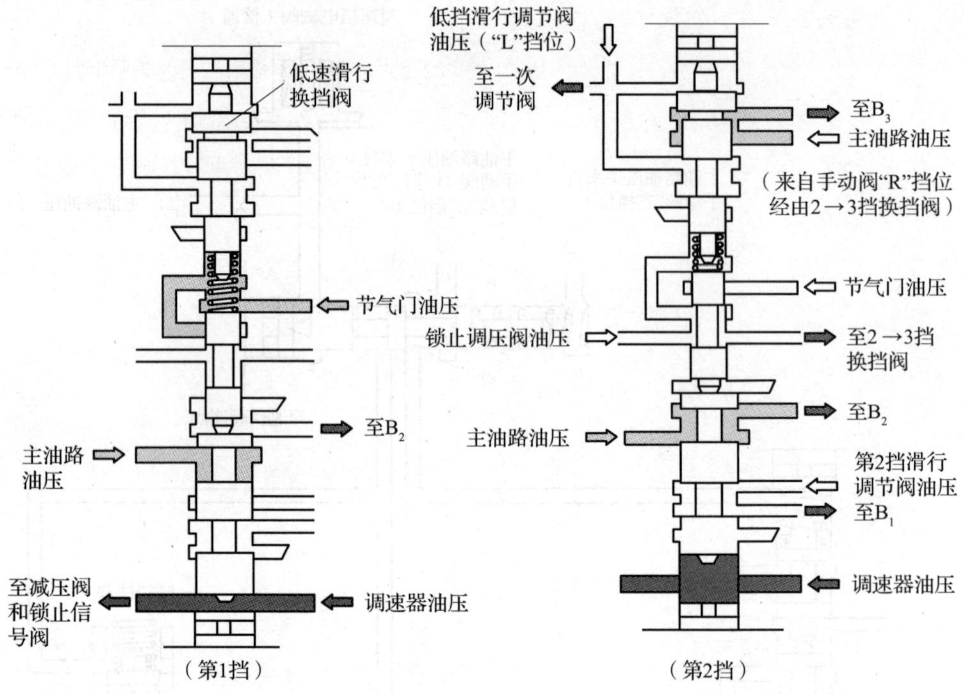

图 4—3—17　1→2 挡换挡阀

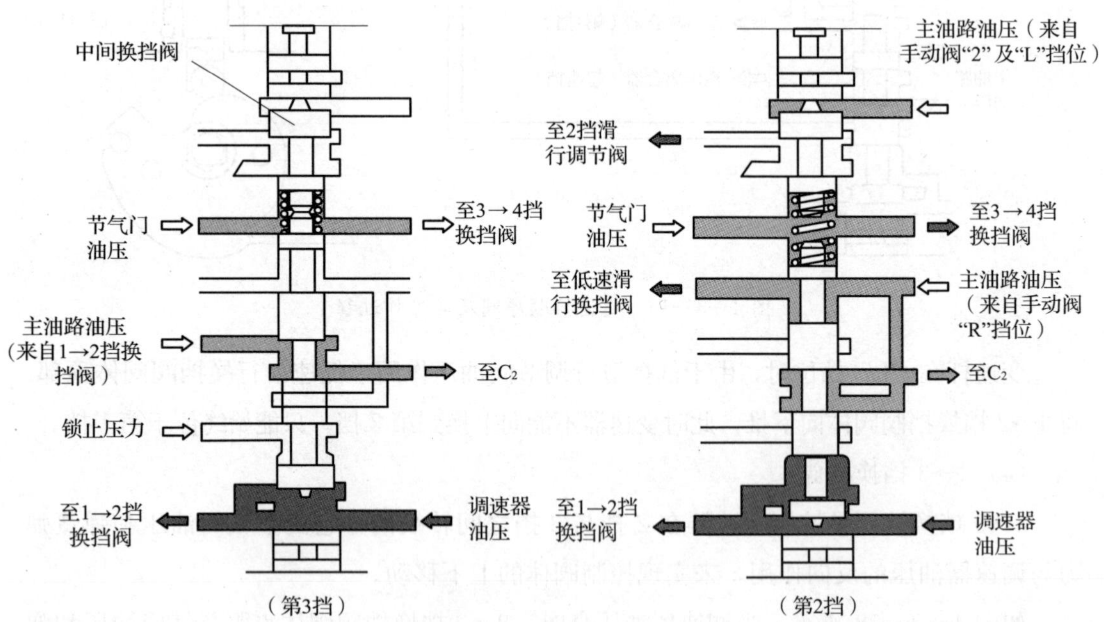

图 4—3—18　2→3 挡换挡阀

当节气门开度大于 85％时，锁止调压阀油压作用于 2→3 挡换挡阀，使第 3 挡换低挡至第 2 挡更为迅速。与锁止信号阀一样，由于调整器油压作用于阀体的面积在换低挡时比换高挡时大，因而第 2 挡换至第 3 挡的车速比第 3 挡换至第 2 挡的车速要高，这就是第 3 挡换至第 2 挡产生的滞后现象。

当变速杆位于“2”挡位时，来自手动阀的主油路油压作用于中间换挡阀，2→3 挡换挡阀阀体被推下，第 3 挡换到第 2 挡，但第 2 挡不能换到第 3 挡。另外，主油路油压通过 2 挡滑行调节阀和 1→2 挡换挡阀，作用于第 2 挡滑行制动器，实现发动机制动。2→3 挡换挡阀在换至倒挡和第 1 挡时也起该作用。

在某些型号的自动变速器中，2→3 挡换挡阀油压通道与图 4—3—18 所示不同，但其功能相同。

(5) 3→4 挡换挡阀（丰田 A140 系列）

3→4 挡换挡阀主要有三种作用：

1）如图 4—3—19 所示，3→4 挡换挡阀将主油路油压作用于超速挡离合器（C_0）或超速挡制动器（B_0）。当调速器油压较低时，阀体被推下，主油路油压通往 C_0 和锁止信号阀，变速器从超速挡换至第 3 挡；当调速器油压较高时，阀体被推向上，将主油路油压切换至 B_0 和锁止信号阀，变速器从第 3 挡换至超速挡。

2）如图 4—3—19 所示，当主油路油压作用于 3→4 挡换挡阀 *A* 处时，阀体被压下，变速器不能换至超速挡。另外，*A* 处无主油路油压作用时，弹簧弹力和节气门油压结合起来，与调速器油压反方向作用于阀体进行控制。此时，调速器油压升高到一定值，变速器换至超速挡。

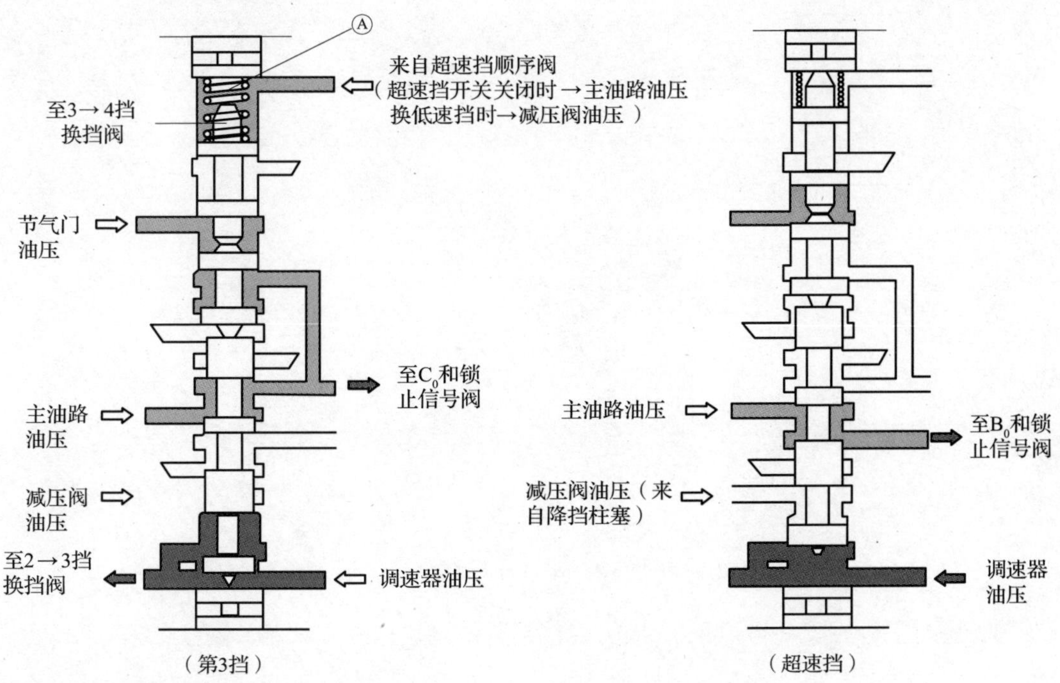

图 4—3—19　3→4 挡换挡阀

3）与 2→3 挡换挡阀一样，调速器油压作用于阀体的面积在换低挡时比换高挡时大，所以第 3 挡换至超速挡比超速挡换至第 3 挡时的车辆速度要高。

换高挡至超速挡的条件如下（同时满足）：

①超速挡电磁阀关闭（没有来自超速挡顺序阀的主油路油压作用于 A 处）。

②变速器换挡杆在“D”挡位。

③自动换挡图中的车速达到 3 挡——超速挡。

在某些型号的自动变速器中，3→4 挡换挡阀油路与图 4—3—19 所示不同，但其功能相同。

思考与练习

1. 简述主油路调节阀的组成及工作原理。
2. 简述节气门阀的种类、组成及工作原理。
3. 简述速控阀的种类、组成及工作原理。
4. 简述换挡阀的组成及工作原理。

模块五 电子控制系统

课题一　电子控制系统的组成及工作原理

1. 掌握电子控制系统的优点。
2. 掌握电子控制系统的组成及工作原理。

一、电子控制系统的优点

电控自动变速器（ECT）是利用现代电子控制技术来进行控制的自动变速器，与全液压控制自动变速器相比，ECT 电子控制系统具有以下优点。

1．驾驶员可以选择自己喜欢的行驶模式

在全液压控制的变速器中，行驶模式（即换高挡或换低挡的正时，锁止离合器接合或分离的正时）被设计在变速器中，不能改变。可是，在 ECT 中，ECU 存储了两种甚至多种行驶模式（称为常规模式、动力模式及经济模式）。驾驶员只要按下行驶模式开关，就可以切换到最适合当时驾驶条件的行驶模式。

2．减小换挡冲击

ECU 可根据行驶条件，精确控制升降挡及锁止离合器的正时，所以换挡冲击比较小。在某些车型中，ECU 在换挡时发出指令，推迟发动机的点火提前角，降低发动机的扭矩输出，从而使换挡时车辆的行驶更平稳。ECT 取消了换挡正时阀，使液压系统结构更简单。

3．减少油耗

因为 ECU 可根据行驶条件，以最佳方式控制升降挡的正时，所以即使在低速范围内，锁止离合器也可以工作，从而降低油耗。

4．自我诊断及存储功能

ECU 有一个内置的自我诊断系统，它将电子控制系统中可能发生的任何故障存储

在其存储器中，以帮助维修人员对故障进行分析与排除。

5．失效保护功能

ECU 有一个备用失效保护系统，以保证即使电子控制系统发生故障时汽车也能行驶。

二、电子控制系统的组成及工作原理

自动变速器的电子控制系统包括传感器、电子控制单元（ECU）和执行器三部分，其组成如图 5—1—1 所示，组成框图如图 5—1—2 所示。

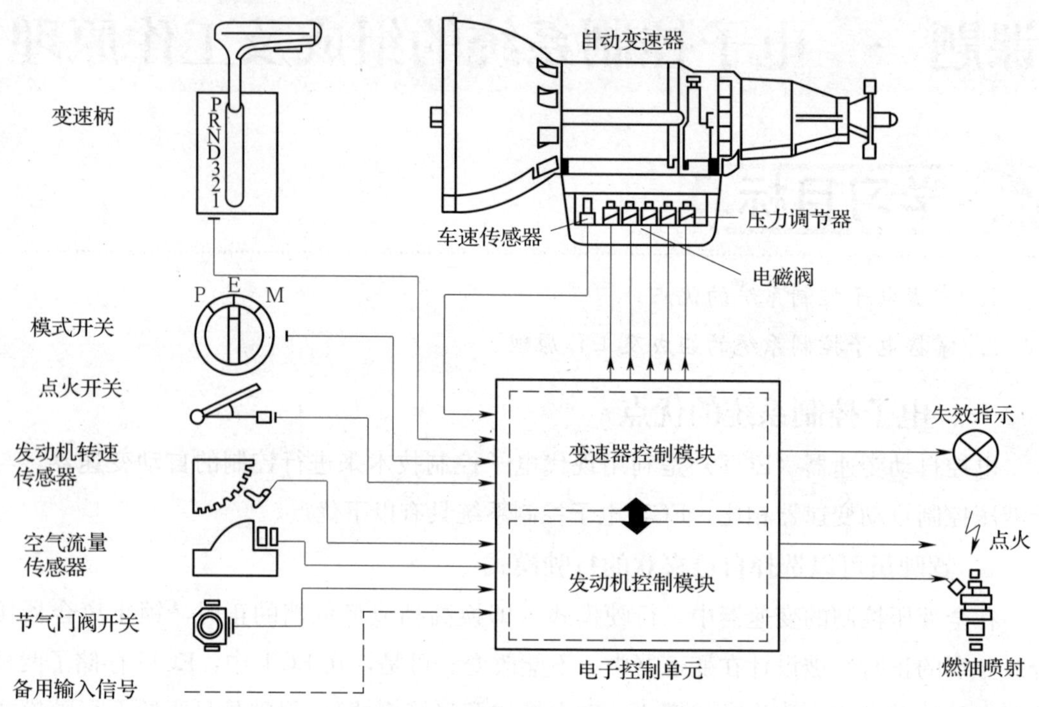

图 5—1—1　电子控制系统的组成

传感器主要包括节气门位置传感器、车速传感器、发动机转速传感器、输入轴转速传感器、冷却液温度传感器、ATF 温度传感器、空挡起动开关、强制降挡开关、制动灯开关、模式选择开关、OD 开关等。

执行器部分主要包括各种电磁阀和故障指示灯等。

ECU 主要完成换挡控制、锁止离合器控制、油压控制、故障诊断和失效保护等功能。

对于液控自动变速器，自动换挡主要取决于节气门油压和速控油压，即发动机负荷和车速情况。对于电控自动变速器，与此情况是类似的，即自动换挡主要取决于发动机负荷和车速，只不过是采用节气门位置传感器和车速传感器来感知发动机负荷和车速情况，并将这两个信号发送到自动变速器 ECU，ECU 根据存储器中的换挡程序决定升挡或降挡，然后再向换挡电磁阀发出控制信号，换至相应挡位。

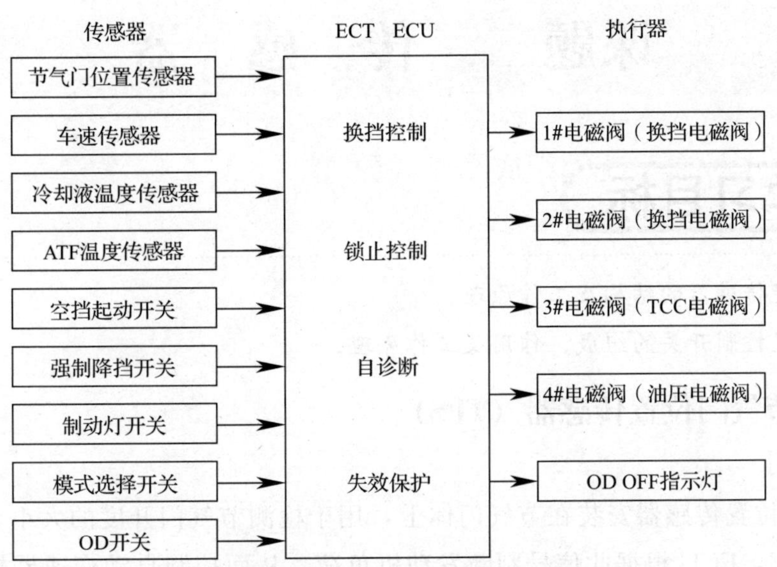

图 5—1—2 电子控制系统的组成框图

自动变速器的换挡等控制还取决于冷却液温度、ATF 温度等信号。如果冷却液温度、油温过低，自动变速器不会升挡。

如果自动变速器在工作过程中，满足了锁止离合器的工作情况，自动变速器 ECU 就会给锁止离合器（TCC）电磁阀（一般称为 3＃电磁阀）通电，切换油路使锁止离合器工作。

在换挡过程中，为了防止换挡冲击，自动变速器还会通过 4＃电磁阀控制换挡油压。

自动变速器 ECU 具有自诊断功能，如果电子控制系统出现故障，ECU 会将故障码存储在存储器中，以便读取；另外，ECU 还会点亮 OD OFF 指示灯（或故障指示灯），提示自动变速器出现故障，并可通过 OD OFF 指示灯的闪烁读取故障码。

如果自动变速器出现故障，除了 OD OFF 会点亮，一般自动变速器还会锁挡，即自动变速器不会升挡也不会降挡，锁挡时一定有故障码。

思考与练习

1. 简述电子控制系统的优点。
2. 简述电子控制系统的工作原理。

课题二　传　感　器

1. 掌握传感器的结构及工作原理。
2. 掌握控制开关的组成、作用及工作原理。

一、节气门位置传感器（TPS）

1．作用

节气门位置传感器安装在节气门体上，用于检测节气门开度的大小，并将数据传送给 ECU，ECU 根据此信号判断发动机负荷，从而控制自动变速器换挡，调节主油压和对锁止离合器进行控制。节气门位置信号相当于液控自动变速器中的节气门油压。

2．结构及原理

ECT 一般采用线性输出型节气门位置传感器，也称可变电阻式传感器，其结构及原理如图 5—2—1 所示，实际上是一个滑动变阻器。E 是搭铁端子，IDL 是怠速端子，V_{TA}是节气门开度信号端子，V_C是 ECU 供电端子，ECU 提供恒定 5 V 电压。当节气门开度增加，节气门开度信号触点逆时针转动，V_{TA} 端子输出电压也线性增大。如图 5—2—2 所示，V_{TA}端子输出电压与节气门开度成正比。怠速时怠速开关闭合，IDL 端子电压为 0 V。

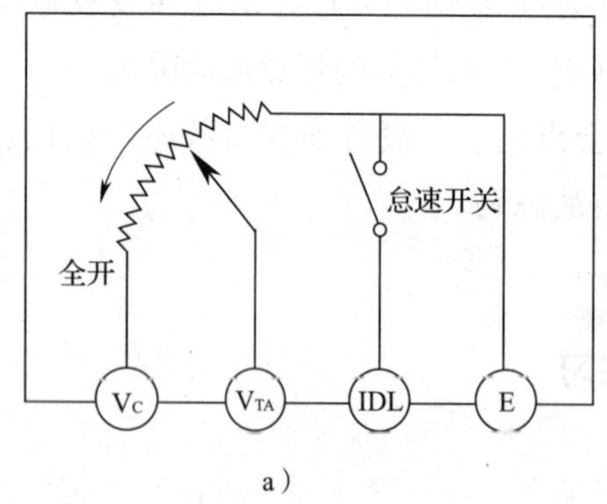

a）

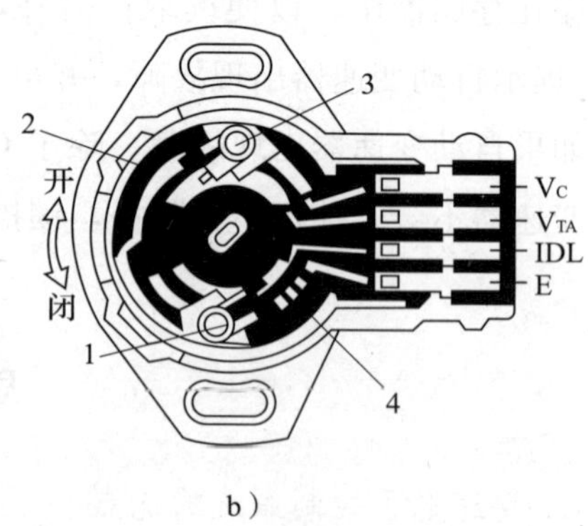

b）

图 5—2—1　节气门位置传感器的结构及原理

a）原理图　b）结构图

1—怠速信号触点　2—电阻器　3—节气门开度信号触点　4—绝缘体

由于滑动电阻中间部分容易磨损，使其电阻值无法正确反映节气门开度，测量电阻时欧姆表会产生波动，同时输出电压也会过高或过低。当输出电压过高时，会导致升挡滞后或不能升入超速挡；同时会导致主油压过高，出现换挡冲击。当输出电压过低时，会导致升挡提前，汽车行驶动力不足；同时会导致主油压过低，使离合器、制动器打滑。

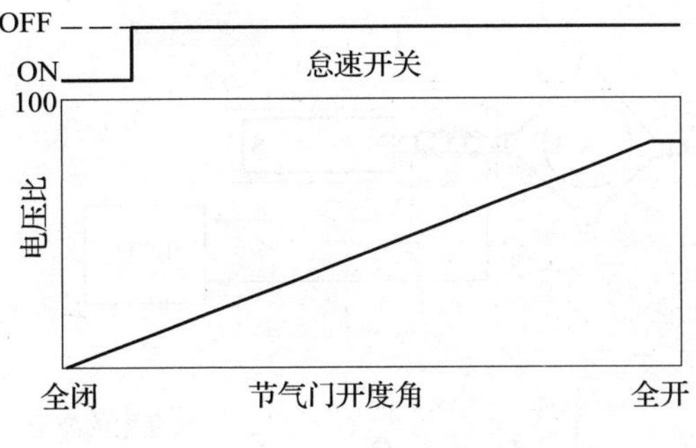

图 5—2—2 V_{TA}端子输出电压与节气门开度的关系

二、车速传感器（VSS）

1. 作用

车速传感器用于检测自动变速器输出轴转速，自动变速器 ECU 根据车速传感器输入的信号计算出车速，并以此信号控制自动变速器的换挡和锁止离合器的锁止。

2. 类型

常见的车速传感器有电磁式、舌簧开关式、光电式三种形式。一般自动变速器装有两个车速传感器，分别为 1 号和 2 号车速传感器。2 号车速传感器一般为电磁式，为主车速传感器，它装在变速器输出轴附近的壳体上；1 号车速传感器一般为舌簧开关式，为副车速传感器，它装在车速表的转子附近，负责车速的传输，同时也是 2 号车速传感器的备用件，当 2 号车速传感器失效后，由 1 号车速传感器代替其工作。

3. 电磁式车速传感器的结构及原理

下面以常见的电磁式车速传感器为例介绍其结构及原理。

如图 5—2—3 所示，电磁式车速传感器主要由永久磁铁、电磁感应线圈、转子等组成。转子一般安装在变速器输出轴上，永久磁铁和电磁感应线圈安装在变速器壳体上，如图 5—2—3c 所示。当输出轴转动时，转子也转动，转子与传感器之间的空气间隙发生周期性变化，使电磁感应线圈中磁通量也发生变化，从而产生交流感应电压，并输送给 ECU，如图 5—1—3b 所示。交流感应电压具有两个响应特性，一是随着车速的增加，交流感应电压增大；二是随着车速的增加，交流感应电压脉冲频率增加。ECU 根据交流感应电压脉冲频率大小计算车速，并以此控制自动变速器的换挡。车速传感器信号相当于液控自动变速器中的速控油压，电控自动变速器中没有调速阀。

三、输入轴转速传感器

对于轿车自动变速器，一般在机械变速器输入轴附近的壳体上装有检测输入轴转速的输入轴转速传感器。该传感器一般采用电磁式，其结构、原理及检测方法与车速传感器类似。

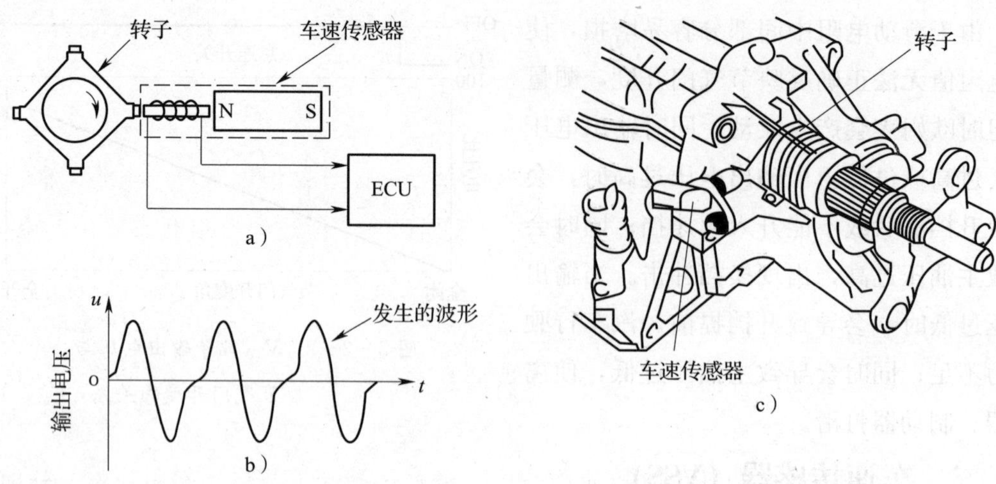

图 5—2—3　电磁式车速传感器的结构及原理

a）原理图　b）波形图　c）结构图

自动变速器 ECU 根据输入轴转速传感器的信号可以更精确地控制换挡。另外，ECU 还可以将该信号与发动机转速信号进行比较，计算出变矩器的转速比，使主油压和锁止离合器的控制得到优化，以改善换挡操作过程，提高行驶性能。

四、冷却液温度传感器

1. 作用

冷却液温度传感器的信号不仅用于发动机的控制，还用于自动变速器的控制。如图 5—2—4 所示，当发动机冷却液温度低于设定温度（如 60℃）时，发动机 ECU 会发送一个信号给自动变速器 ECU 的 OD_1 端子，以防止自动变速器换入超速挡，同时锁止离合器也不能工作。当发动机冷却液温度过高时，自动变速器 ECU 会让锁止离合器工作，以帮助发动机降低冷却液温度，防止变速器过热。

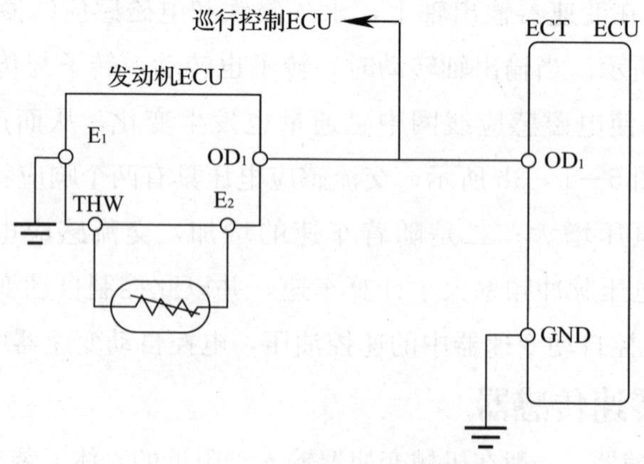

图 5—2—4　冷却液温度传感器线路图

如果冷却液温度传感器发生故障，发动机 ECU 会自动将冷却液温度设定为 80℃，以便发动机和自动变速器可以工作。

2．结构及原理

冷却液温度传感器一般都是负温度系数的热敏电阻，即温度升高，电阻下降。如图 5—2—4 所示，发动机 ECU 在 THW 端子接收到一个与冷却液温度成正比的电压，从而得到冷却液温度信号。

五、控制开关

除上述传感器的信号之外，自动变速器控制系统还将发动机转速信号、发动机冷却液温度信号、大气压力信号、进气温度信号等作为控制的参考信号。

电子控制装置的控制开关有超速挡开关、模式选择开关、空挡起动开关、制动灯开关等。

1．超速挡开关

（1）作用

超速挡开关（OD 开关）一般安装在变速杆上，由驾驶员操作控制，可以使自动变速器有或没有超速挡。

（2）原理

如图 5—2—5 所示，当按下 OD 开关（ON），OD 开关的触点实际为断开，此时，ECU 的 OD_2 端子的电压为 12 V，自动变速器可以升至超速挡，且 OD OFF 指示灯不亮。

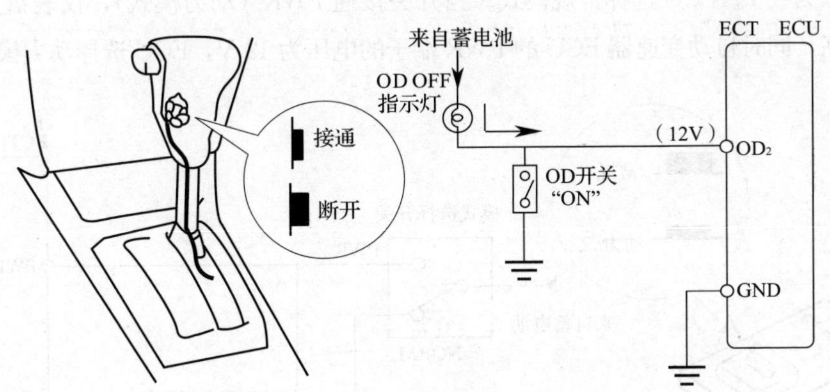

图 5—2—5　OD 开关 ON 的线路图

如图 5—2—6 所示，当再次按下 OD 开关，OD 开关会弹起（OFF），OD 开关的触点实际为闭合，此时 ECU 的 OD_2 端子的电压为 0 V，自动变速器不能升至超速挡，且 OD OFF 指示灯点亮。

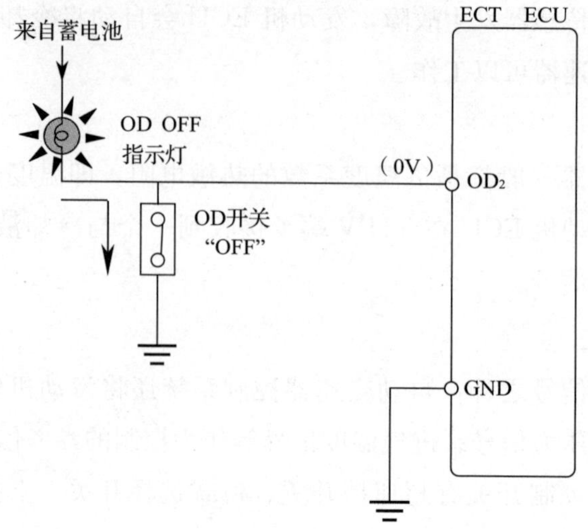

图 5—2—6 OD 开关 OFF 的线路图

2．模式选择开关

用于选择自动变速器的换挡控制模式，不同的模式换挡规律不同，常用的模式有动力模式（Power）、经济模式（Economy）和常规模式（Normal）。动力模式以获得较大动力性为目标设计换挡规律，升挡较迟；经济模式以获得最佳燃油经济性为目标设计换挡规律，升挡较早；普通模式介于两者之间。

图 5—2—7 所示为常见的具有常规和动力两种模式的模式选择开关线路图，当开关接通 NORM（常规模式），仪表盘上的 NORM 指示灯点亮，同时，自动变速器 ECU 的 PWR 端子的电压为 0 V，ECU 选择常规模式。当开关接通 PWR（动力模式），仪表盘上的 PWR 指示灯点亮，同时自动变速器 ECU 的 PWR 端子的电压为 12 V，ECU 选择动力模式。

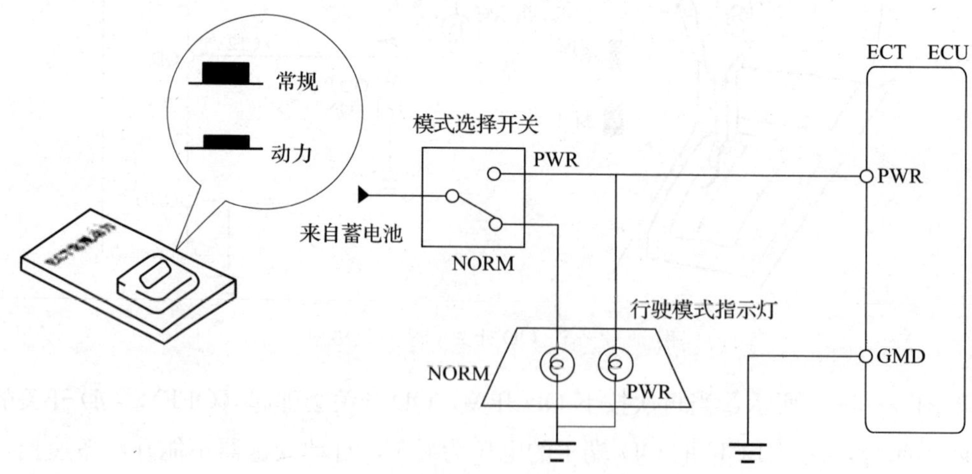

图 5—2—7 模式选择开关线路图

3. 空挡起动开关

(1) 作用

空挡起动开关有两个作用，一是给自动变速器 ECU 提供挡位信息，二是保证只有变速杆置于 P 位或 N 位才能启动发动机。

(2) 结构及原理

如图 5—2—8 所示，当变速杆置于不同挡位时，仪表盘上相应的挡位指示灯会点亮。当 ECU 的端子 N、2 或 L 与端子 E 接通时，ECU 便确定变速器位于 N、2 或 L 位；否则，ECU 便确定变速器位于 D 位。只有当变速杆置于 P 或 N 位时，端子 B 与 NB 接通，才能给起动机通电，使发动机启动。

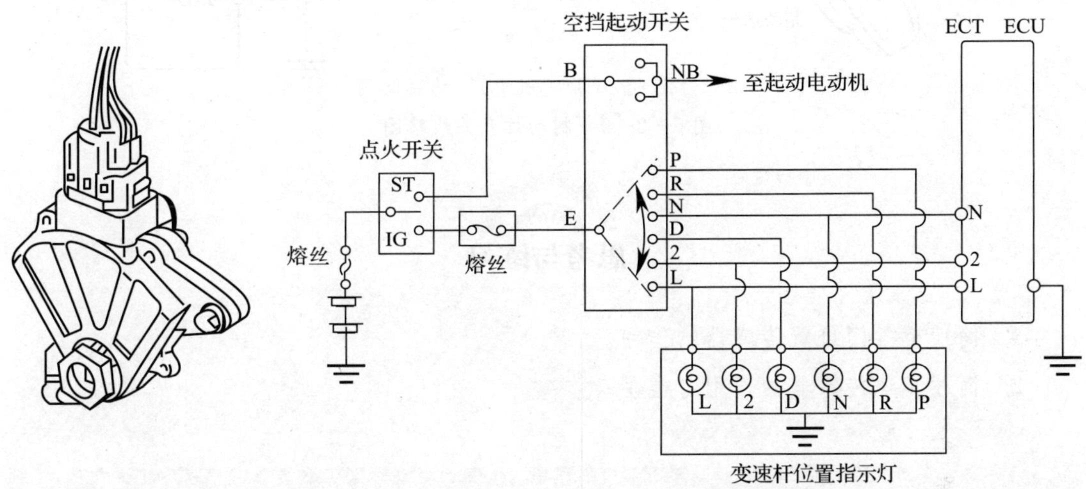

图 5—2—8 空挡起动开关线路图

4. 制动灯开关

(1) 作用

自动变速器 ECU 通过制动灯开关检测是否踩下制动踏板，如果踩下制动踏板，ECU 会取消锁止离合器的工作。

(2) 原理

如图 5—2—9 所示，制动灯开关安装在制动踏板支架上。当踩下制动踏板时，开关接通，ECU 的 STP 端子电压为 12 V；当松开制动踏板时，开关断开，STP 端子电压为 0 V。ECU 根据 STP 端子的电压变化判断制动踏板的工作情况。

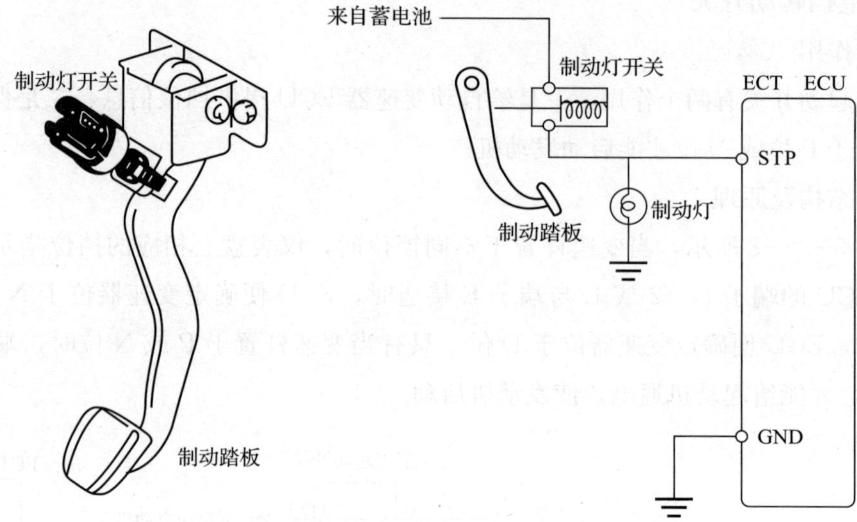

图 5—2—9　制动灯开关线路图

思考与练习

1. 简述节气门位置传感器的作用。
2. 简述车速传感器的作用与类型。

课题三　执　行　器

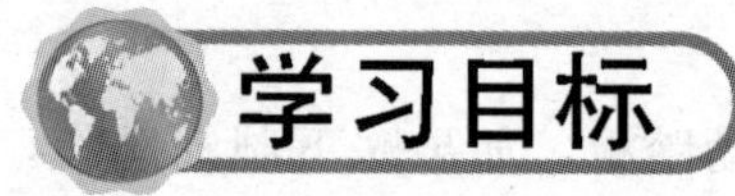

1. 掌握开关式电磁阀的结构、作用及工作原理。
2. 掌握占空比式电磁阀的结构、作用及工作原理。

电子控制系统的执行器主要指电磁阀和故障指示灯，这里只介绍电磁阀。

一、电磁阀的类型

电磁阀根据功能不同可分为换挡电磁阀、锁止离合器电磁阀和油压电磁阀；根据工作原理不同可分为开关式电磁阀和占空比式（脉冲线性式）电磁阀两种。不同的自动变速器使用的电磁阀数量不同，一般为 3～8 个。例如，上海通用的 4T65－E 自动变速器电控系统有 4 个电磁阀，其中 2 个是换挡电磁阀、1 个是油压电磁阀、1 个是锁止离合器电磁阀。而一汽大众的01M自动变速器电控系统则采用了7个电磁阀。

绝大多数换挡电磁阀采用开关式电磁阀；油压电磁阀采用占空比式电磁阀；而锁止离合器电磁阀既可以采用开关式也可以采用占空比式电磁阀。

二、开关式电磁阀

1. 作用

开关式电磁阀的作用是开启或关闭液压油路，通常用于控制换挡阀和部分车型锁止离合器的工作。

2. 结构与工作原理

开关式电磁阀由电磁线圈、衔铁、阀芯等组成，如图5—3—1所示。当电磁阀通电时，在电磁吸力作用下衔铁和阀芯下移，关闭泄油口，主油压供给到控制油路。当电磁阀断电时，在回位弹簧的作用下衔铁和阀芯上移，打开泄油口，主油压被泄掉，控制油路压力很小。

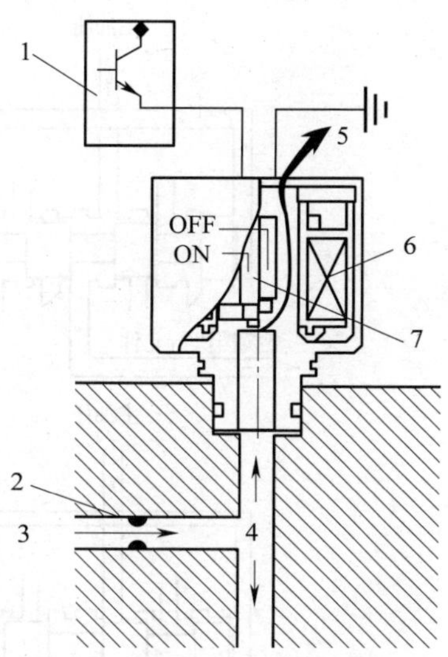

图5—3—1　开关式电磁阀

1—ECU　2—节流口　3—主油路
4—控制油路　5—泄油口
6—电磁线圈　7—衔铁和阀芯

3. 开关式电磁阀的工作原理

图5—3—2所示为开关式电磁阀的工作原理。当开关式电磁阀断电，阀芯及球阀在回位弹簧作用下升起，主油压不能到达换挡阀的左侧，则电磁阀处于左端位置，主油压经过换挡阀给换挡执行元件供油，得到相应的挡位，如图5—3—2a所示。当开关式电磁阀通电，电磁吸力使阀芯及球阀下移，主油压经过开关式电磁阀到达换挡阀的左侧，换挡阀右移，主油压到达换挡阀后被截止，不能给换挡执行元件供油，得到另外的挡位，如图5—3—2b所示。

三、占空比式电磁阀

1. 占空比的概念

占空比是指一个脉冲周期中通电时间所占的比例（百分数），如图5—3—3所示。

2. 结构与工作原理

占空比式电磁阀与开关式电磁阀类似，也是由电磁线圈、滑阀、弹簧等组成，如图5—3—4所示。它通常用于控制油路的油压，有的车型的锁止离合器也采用这种电磁阀控制。与开关式电磁阀不同的是，控制占空比式电磁阀的电信号不是恒定不变的电压信号，而是一个固定频率的脉冲电信号。在脉冲电信号的作用下，电磁阀不断开启、关闭泄油口。

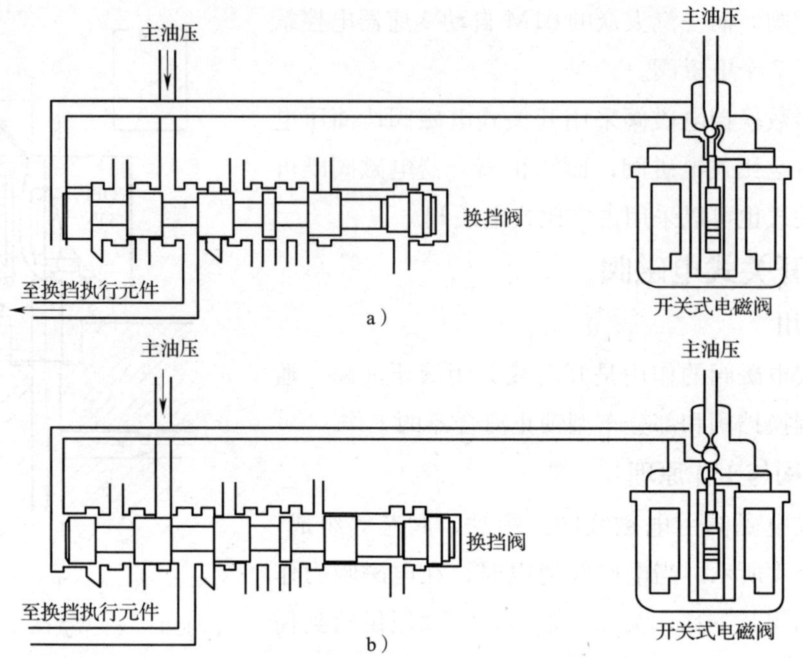

图 5—3—2　开关式电磁阀的工作原理

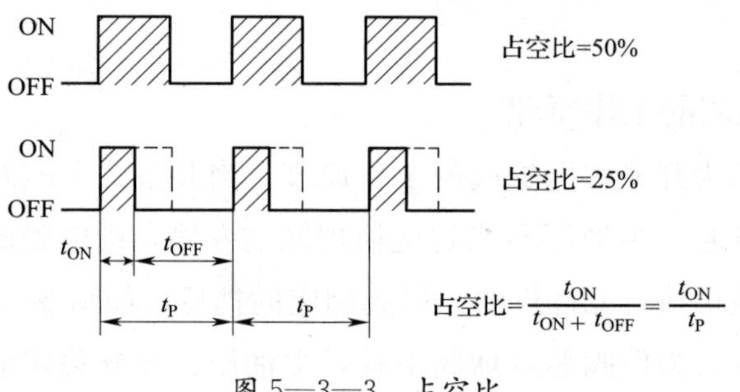

图 5—3—3　占空比

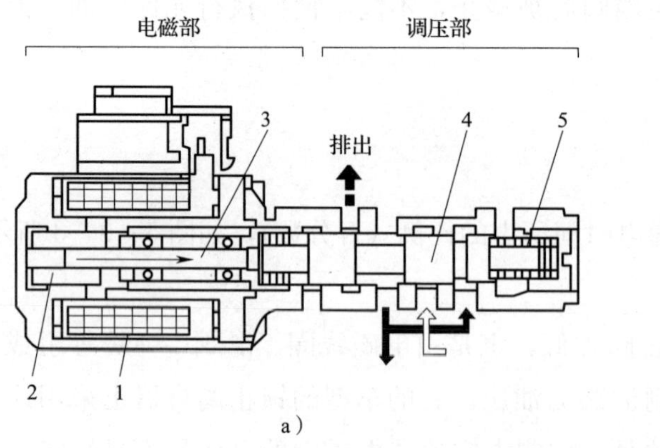

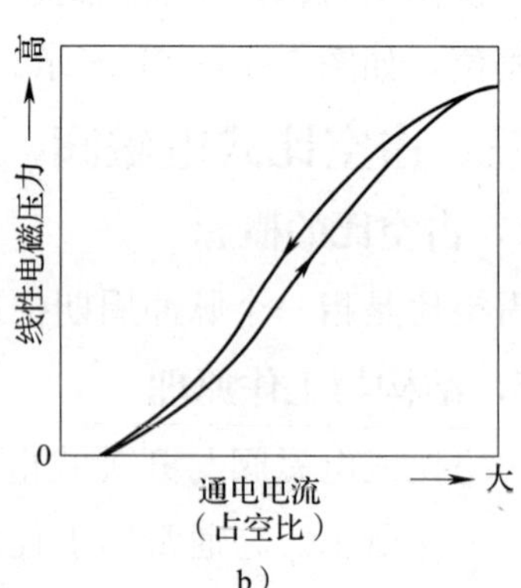

图 5—3—4　占空比式电磁阀

a）结构示意图　b）占空比调节曲线

1—电磁线圈　2—滑阀　3—滑阀轴　4—控制阀　5—弹簧

占空比式电磁阀有两种工作方式，一种是占空比越大，经电磁阀泄油越多，油压就越低；另一种则是占空比越大，油压越高。

思考与练习

1. 简述电磁阀的类型。
2. 简述占空比式电磁阀的工作原理。

课题四　电控单元与控制电路

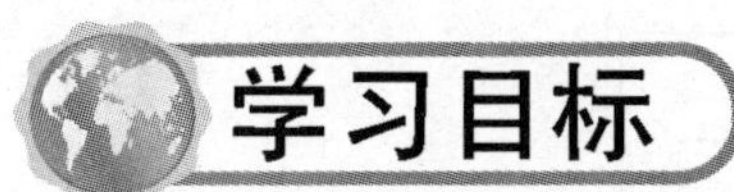

学习目标

1. 掌握电控单元的控制功能。
2. 了解电控单元控制电路的组成。

一、电控单元

自动变速器电控单元（ECU）是电子控制系统的控制核心，它根据各传感器及控制开关的信号和设定控制程序，通过运算分析，向各个执行器输出控制信号，从而实现对自动变速器的控制。其基本结构与汽车其他系统电控单元（ECU）相似，控制内容主要有以下几个方面：

1. 换挡控制

自动变速器操纵手柄位于前进挡位时，自动换挡控制是自动变速器电控单元（ECU）最基本的控制内容。

自动换挡控制就是在汽车的行驶过程中，选择最佳时刻换挡，即选择最佳的换挡车速，以使汽车的动力性和经济性最佳。

最佳的换挡车速与节气门开度、操纵手柄的位置、模式开关的位置有关。最佳的换挡车速与节气门开度的关系可以用自动换挡图来说明，如图 5—4—1 所示。

由图可知，节气门开度越大，升挡和降挡车速越高；节气门开度越小，升挡和降挡车速越低，这种规律十分符合汽车的实际使用要求，操纵手柄的位置和模式开关的位置不同，对汽车的使用要求也有所不同，因此，其换挡规律应做相应调整。电控单元（ECU）自动换挡控制是由 2 个或 3 个开关式换挡电磁阀来完成的，其控制过程如图 5—4—2 所示。

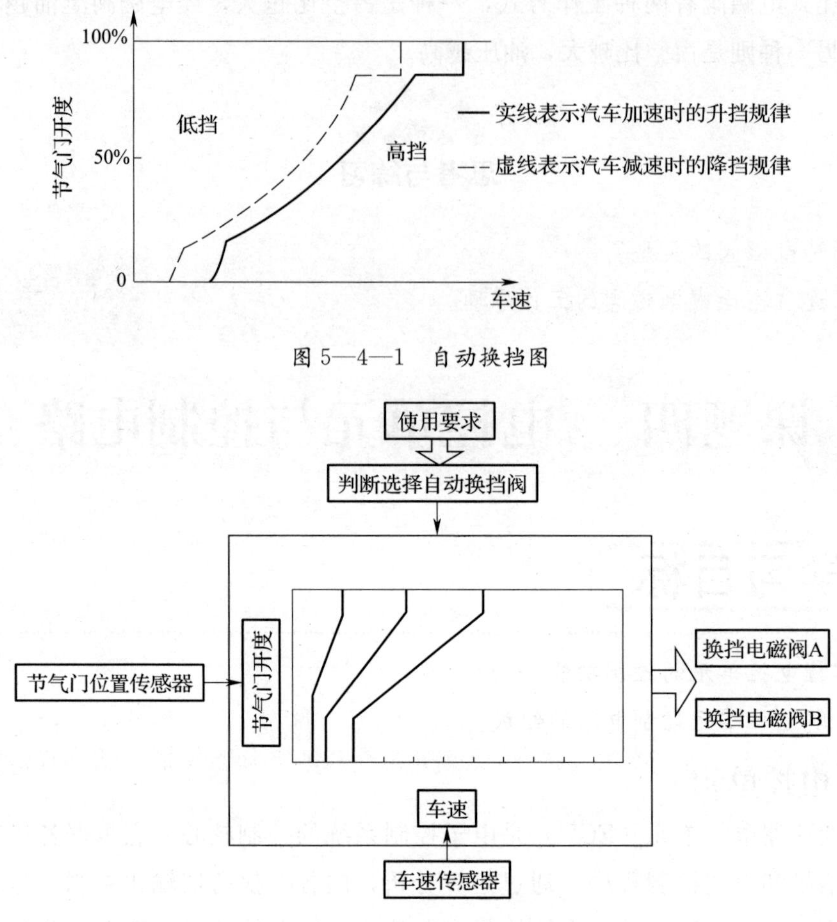

图 5—4—1　自动换挡图

图 5—4—2　自动换挡控制方框图

2. 主油路油压控制

主油路油压由主油路调压阀调节，早期的电子控制系统中由节气门阀输出油压和倒挡油路油压对其进行反馈控制。新型电子控制自动变速器由电控单元（ECU）根据节气门开度、挡位、油温及换挡等信号，计算得到相应的主油路油压值，并通过输出相应的占空比脉冲信号来控制油压电磁阀的开、关比例，实现对主油路的控制。

节气门开度越大，主油路油压越高；节气门开度越小，主油路油压越低；倒挡时主油路油压较前进挡高，如图 5—4—3 所示。

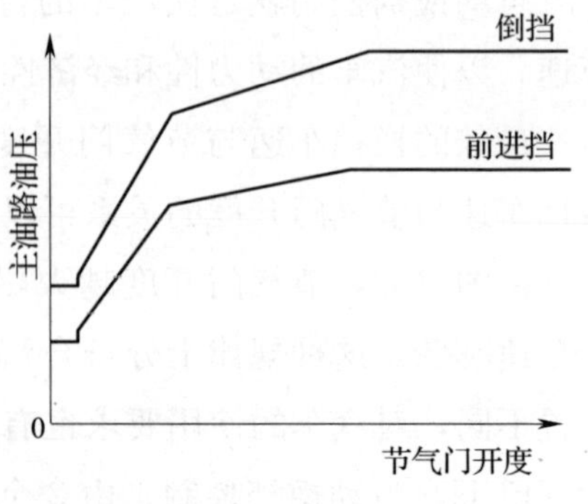

图 5—4—3　主油路油压曲线图

换挡时，为减小冲击，应减小换挡执行元件中的液力传动油的油压，如图 5—4—4 所示。

在液力传动油温度低于正常工作温度时（60℃），因黏度较大而产生换挡冲击，就应适当降低主油路油压，如图 5—4—5 所示。

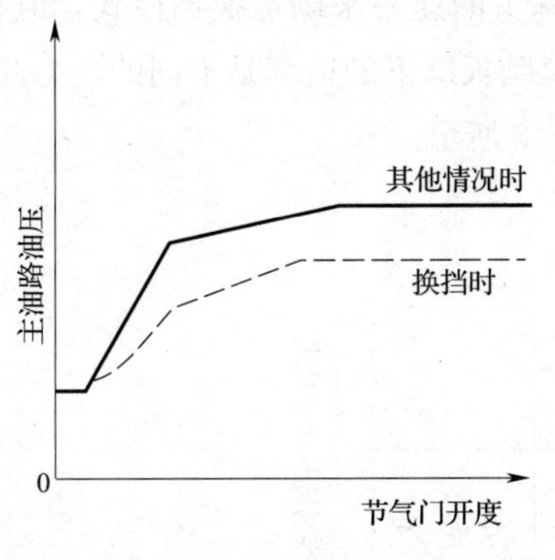

图 5—4—4　换挡时主油路油压曲线图

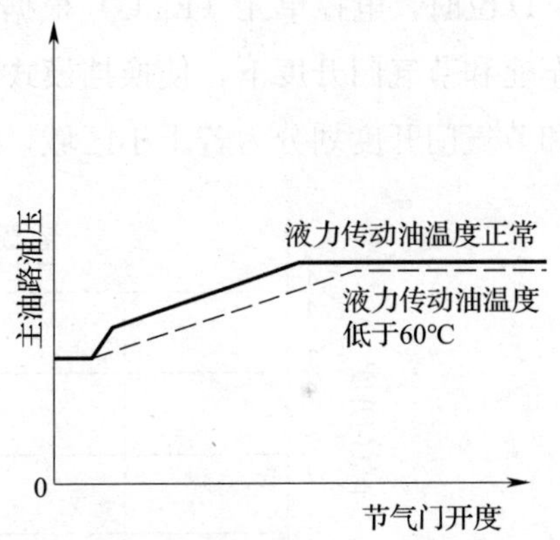

图 5—4—5　液力传动油温度较低时主油路油压曲线图

而液力传动油温度过低时（低于－30℃）时，其黏度过大，流动性差，容易造成液压换挡执行元件动作迟缓，影响换挡质量，电控单元（ECU）会使主油路油压升到最大值，如图 5—4—6 所示。

在海拔较高时，空气密度减小，发动机充气效率下降而使输出功率降低，电控单元（ECU）将主油路油压控制为低于正常值，以防止换挡时产生冲击，如图 5—4—7 所示。

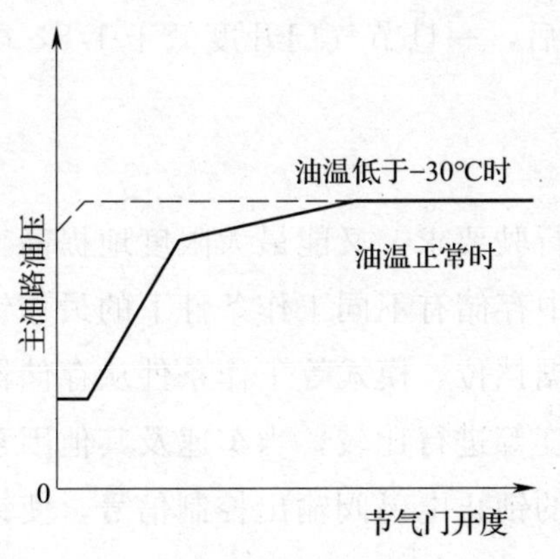

图 5—4—6　油温过低时主油路油压曲线图

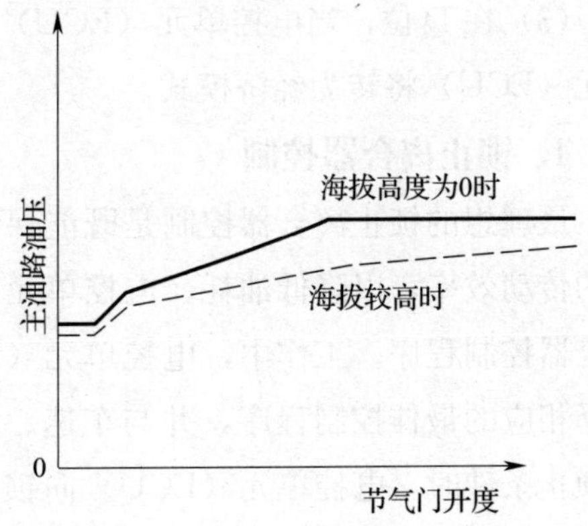

图 5—4—7　海拔较高时主油路油压曲线图

3．自动模式控制

新型自动变速器取消了手动选择的模式开关，采用了电控单元（ECU）自动模式变换控制，电控单元（ECU）根据各个传感器的信号评估汽车的行驶状况，并根据操纵手柄的位置和加速踏板踩下程度及方式判断驾驶员的操作方式，经运算分析，自动选择采用经济模式、常规模式、动力模式来进行换挡控制，以满足不同的操作要求。

（1）S、L（或2、1）位时，电控单元（ECU）只选择动力模式。

（2）D位时，电控单元（ECU）根据加速踏板踩下的速率来确定换挡模式，但在不同的车速和节气门开度下，使换挡模式转换的加速踏板踩下的速率是不同的，为此，将车速和节气门开度划分为若干小区域，如图5—4—8所示。

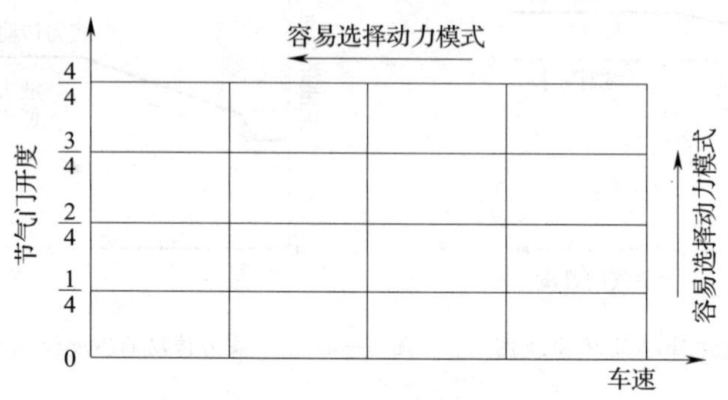

图5—4—8　自动模式选择控制示意图

每个区域有不同的加速踏板踩下的程序值，当驾驶员踩下加速踏板的速率大于对应区域的程序值时，电控单元（ECU）选择动力模式；反之，当踩下加速踏板的速率小于对应区域的程序值时，电控单元（ECU）选择经济模式。这些区域中节气门开启速率程序值的分布规律是：车速越低或节气门开度越大，其程序值越小，即越容易选择动力模式。

（3）在D位，当电控单元（ECU）选择模式后，一旦节气门开度低于1/8，电控单元（ECU）将转为经济模式。

4．锁止离合器控制

最理想的锁止离合器控制是既能保证汽车的行驶要求，又能最大限度地提高变矩器的传动效率，以降低油耗。电控单元（ECU）中存储有不同工作条件下的最佳锁止离合器控制程序。工作中，电控单元（ECU）根据挡位、模式等工作条件从存储器内选择相应的最佳控制程序，并与车速、节气门开度等进行比较，当车速及其他因素满足锁止条件时，电控单元（ECU）向锁止离合器的锁止电磁阀输出控制信号，使锁止离合器接合，如图5—4—9所示。

为了保证汽车的行驶性能，在液压油温度低于60℃、车速低于60 km/h、怠速开关接通、制动灯亮时，电控单元（ECU）将禁止锁止离合器接合。

5．发动机制动控制

目前，一些新型电子控制自动变速器的强制离合器或强制制动器的工作由电控单元（ECU）通过电磁阀来控制。电控单元（ECU）按照设定的发动机制动控制程序，

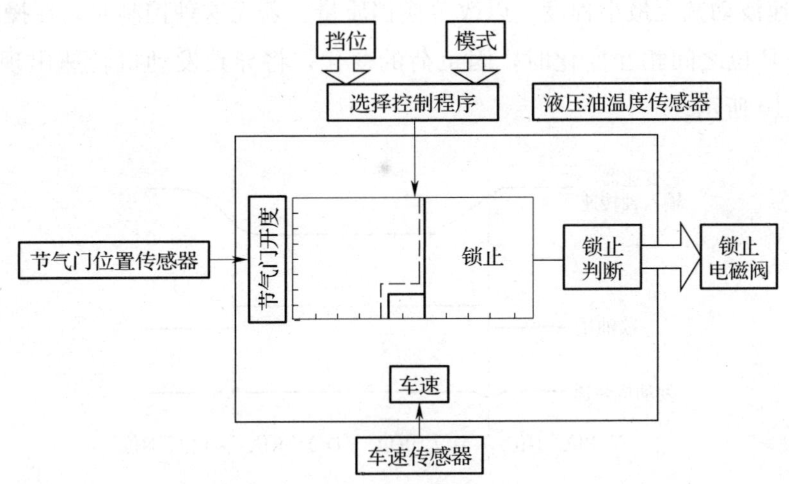

图 5—4—9　锁止离合器控制过程示意图

在操纵手柄位置、车速、节气门开度等因素满足一定条件（操纵手柄位于前进低挡位置，且车速大于 10 km/h，节气门开度小于 1/8）时，向强制离合器电磁阀或强制制动器电磁阀发出电信号，打开强制离合器或强制制动器的控制油路，使之接合工作，使自动变速器具有反向传递动力的能力，从而在汽车滑行时实现发动机制动。

6. 改善换挡质量的控制

电控单元（ECU）采用多种方法来控制变速器的换挡过程，以改善换挡质量，提高汽车的驾乘舒适性。目前，常见的改善换挡质量的特殊控制功能有以下几种：

（1）换挡油压控制

在挡位更换的瞬间，电控单元（ECU）通过油压电磁阀适当降低主油路油压，以减小换挡冲击，改善换挡质量。也有的是在换挡时通过电磁阀减小蓄能减振器活塞的背压，以减缓离合器或制动器液压缸内油压的增长速度，达到减小换挡冲击的目的。

（2）输出扭矩控制

在换挡瞬间，通过延迟发动机的点火时刻或减小喷油量，暂时减小发动机的输出扭矩，以减小换挡冲击和输出轴的扭矩波动。其控制过程是：自动变速器电控单元（ECU）在换挡的瞬间，向发动机电控单元（ECU）发出减扭矩控制信号，发动机电控单元（ECU）接收到这一信号后，立即延迟发动机的点火时刻或减小喷油量，执行减扭控制。

（3）N—D 换挡控制

这种控制是在操纵手柄由 P 位换至 D 位或 R 位时，通过调整发动机的喷油量，将发动机的转速波动减至最小程度，以改善换挡质量。若无这种控制时，在操纵手柄由P位与D位或R位之间相互变化时，因负荷的变化，将导致发动机转速出现大的波动，如图5—4—10所示。

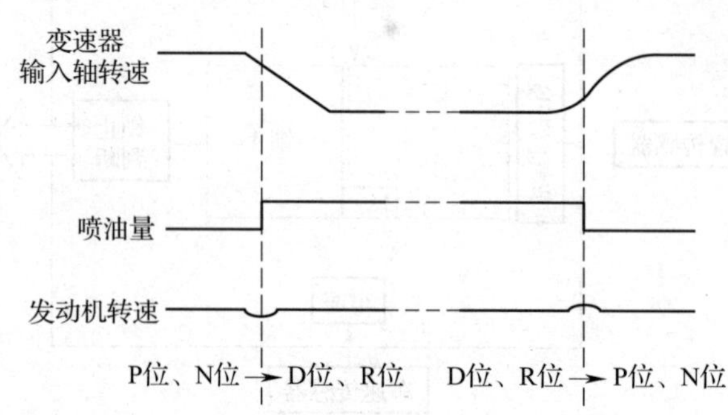

图5—4—10 N—D换挡控制示意图

7．对输入轴转速传感器的控制

目前，一些新型电子控制自动变速器设有输入轴转速传感器，电控单元（ECU）通过这一传感器获得输入轴转速，并由此计算出变矩器的传动比以及发动机曲轴和自动变速器输入轴的转速差，从而使电控单元（ECU）更精确地控制自动变速器的工作。特别是在电控单元（ECU）进行换挡油路压力控制、锁止离合器控制时，利用这一参数进行计算，可使这些控制的持续时间更加准确，从而获得最佳的换挡质量和驾乘舒适性。

8．故障自诊断和失效保护

电子控制装置能不停地监测所有传感器和部分执行器的工作，一旦发现某个传感器或执行器有故障，工作不正常，它将立即采取以下保护措施：

（1）在汽车行驶时，仪表盘上的自动变速器故障警告灯亮起，以提醒驾驶员立即将汽车送至修理厂检修。

（2）将检测到的故障内容以故障代码的形式存储在电控单元（ECU）的存储器中。

（3）电控单元（ECU）按设定的失效保护程序控制自动变速器的工作，以保证汽车能安全回家。

二、控制电路

控制电路方框图如图5—4—11所示。

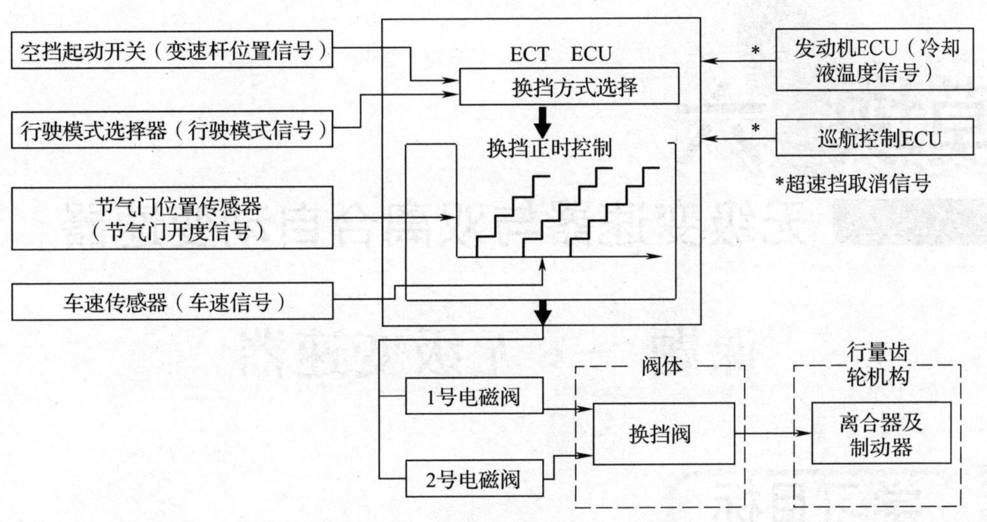

图 5—4—11　控制电路方框图

思考与练习

1. 自动变速器电控单元有哪些功能？
2. 试画出自动变速器的控制电路方框图。

无级变速器与双离合自动变速器

课题一　无级变速器

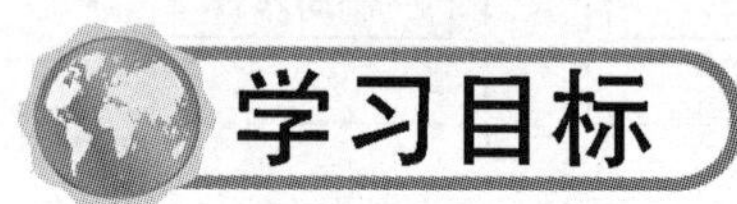

1. 了解无级变速器的原理及特点。
2. 掌握无级变速器的结构、工作原理及各挡位动力传动路线。

一、无级变速器的原理及特点

1. 原理

无级变速器是传动比可以在一定范围内连续变化的变速器，简称 CVT（Continuously Variable Transmission）。它采用传动带和工作直径可变的主、从动轮相配合来传递动力，可以实现传动比的连续改变，从而得到传动系与发动机工况的最佳匹配，最大限度地利用发动机的性能，提高汽车的动力性和燃油经济性。目前，CVT 在汽车上的应用越来越广泛，常见的是金属带式无级变速器（VDT－CVT）。

图 6—1—1 所示为金属带式无级变速器的变速原理图。变速部分由主动带轮（也称初级轮）、金属传动带和从动带轮组成。每个带轮都是由两个带有斜面的半个带轮组成一体，其中一个半轮是固定的，另一个半轮可以通过液压控制系统控制其轴向移动，两个带轮之间的中心距是固定的，由于两个带轮的直径可以连续无级变化，所以形成的传动比也是连续无级变化的。

2. 优点

与传统的手动和自动变速器相比，CVT 技术的优势如下：

（1）结构简单、体积小，大批量生产后的成本低于当前液力自动变速器的成本。

（2）工作速比范围宽，容易与发动机形成理想的匹配，从而改善燃烧过程，降低油耗和排放。

（3）具有较高的传动效率，功率损失少，经济性好。

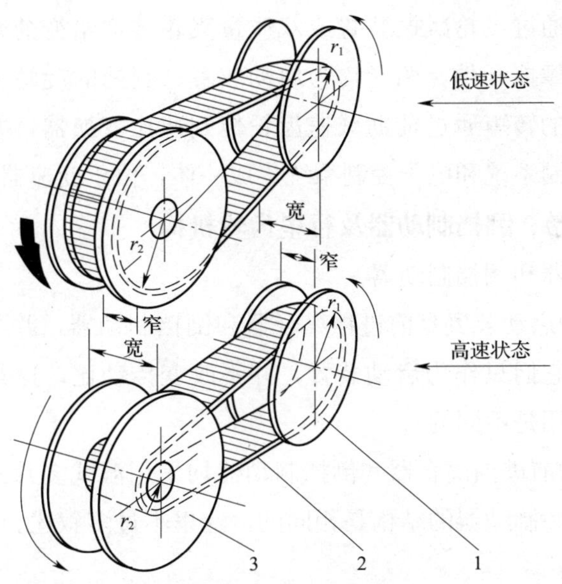

图 6—1—1　金属带式无级变速器的变速原理图

1—主动带轮　2—金属传动带　3—从动带轮

二、无级变速器的基本组成和工作原理

下面以奥迪 Multitronic CVT 为例进行介绍，该无级变速器的内部编号为 01J。

1. 奥迪 01J CVT 的基本组成

奥迪 01J CVT 主要由飞轮减振装置、前进挡离合器、倒挡制动器、行星齿轮机构、速比变换器、液压控制系统和电子控制系统组成，如图 6—1—2 所示。

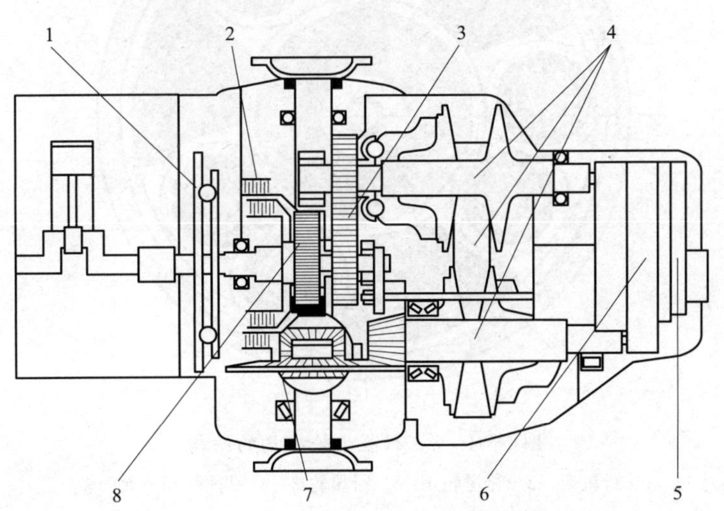

图 6—1—2　奥迪 01J CVT 的基本组成

1—飞轮减振装置　2—倒挡制动器　3—辅助减速齿轮　4—速比变换器

5—电子控制系统　6—液压控制系统　7—前进挡离合器　8—行星齿轮机构

发动机输出转矩通过飞轮减振装置或双质量飞轮传递给变速器，前进挡离合器和倒挡制动器都是湿式摩擦元件，两者均为启动装置。倒挡的旋转方向是通过行星齿轮机构改变的。发动机的转矩通过辅助减速齿轮传到速比变换器，并通过它传到主减速器、差速器。液压控制系统和电子控制系统集成一体，位于变速器内部。

2．前进挡离合器、倒挡制动器及行星齿轮机构

（1）前进挡离合器和倒挡制动器

奥迪 01J CVT 的启动装置是前进挡离合器和倒挡制动器，并与行星齿轮机构一起实现前进挡和倒挡。它们只作为启动装置，并不改变传动比，这与在自动变速器中的离合器和制动器的功用是不同的。

奥迪 01J CVT 的前进挡离合器和倒挡制动器均采用湿式多片式结构，这与前述自动变速器中的离合器和制动器的结构是相同的，这里不过多叙述。

（2）行星齿轮机构

行星齿轮机构的结构如图 6—1—3 所示，由齿圈、两个行星轮、行星架、太阳轮组成。当太阳轮顺时针转动时，驱动行星轮 1 逆时针转动，再驱动行星轮 2 顺时针转动，最后驱动齿圈也顺时针转动。

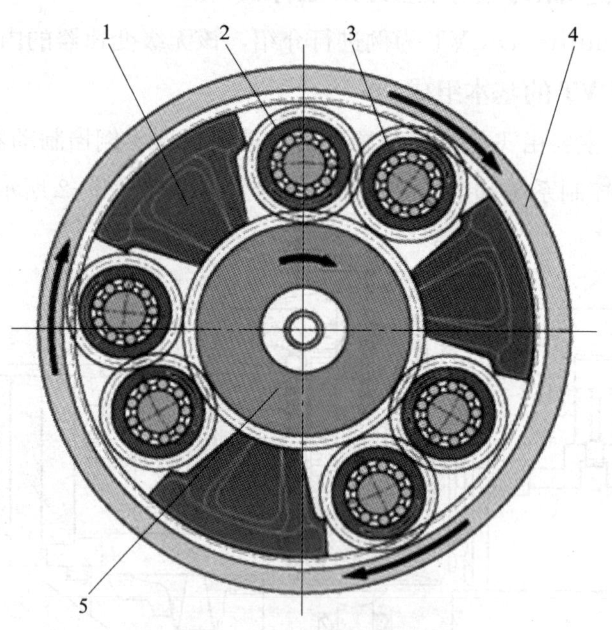

图 6—1—3　行星齿轮机构的结构

1—行星架　2—行星轮 1　3—行星轮 2　4—齿圈　5—太阳轮

作为输入元件的太阳轮与输入轴和前进挡离合器钢片相连接，作为输出元件的行星架与辅助减速齿轮的主动齿轮和前进挡离合器的摩擦片相连接，齿圈与倒挡制动器摩擦片相连接，倒挡制动器钢片与变速器壳体相连接。行星齿轮机构简图如图 6—1—4 所示。

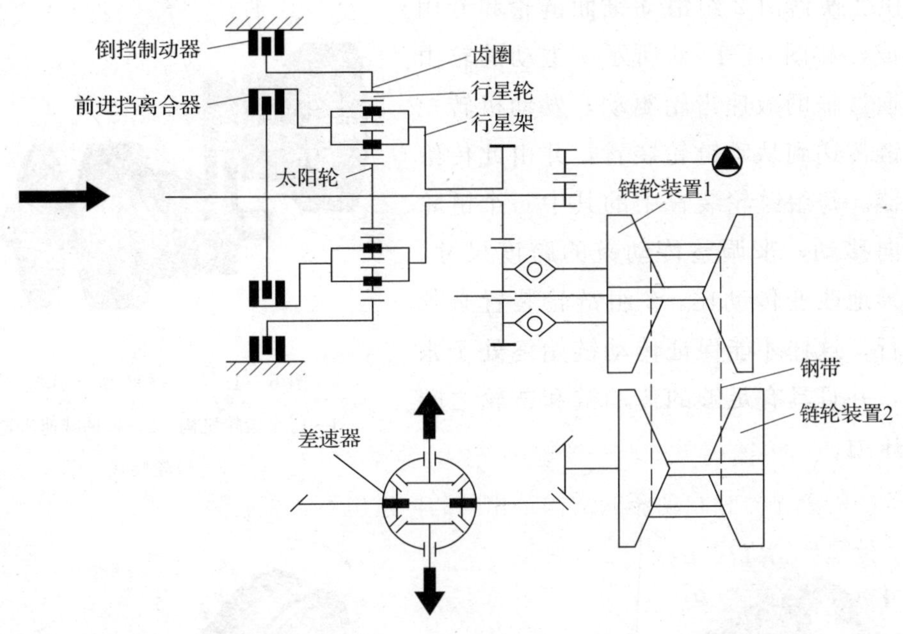

图 6—1—4　行星齿轮机构简图

1）P/N 挡的动力传动路线

变速杆处于 P 或 N 位时，前进挡离合器和倒挡制动器都不工作。发动机的转矩通过与输入轴相连接的太阳轮传到行星齿轮机构并驱动行星轮 1，行星轮 1 再驱动行星轮 2，行星轮 2 与齿圈相啮合。车辆尚未行驶时，作为辅助减速齿轮输入部分的行星架（行星齿轮机构的输出部分）的阻力很大，处于静止状态，齿圈以发动机转速一半的速度怠速运转，旋转方向与发动机相同。

2）前进挡的动力传动路线

变速杆处于 D 位时，前进挡离合器工作。由于前进挡离合器钢片与太阳轮连接，摩擦片与行星架相连接，此时，太阳轮（变速器输入轴）与行星架（输出部分）连接，行星齿轮机构被锁死成为一体，并与发动机运转方向相同，传动比为 1∶1。

3）倒挡的动力传动路线

变速杆处于 R 位时，倒挡制动器工作。由于倒挡制动器摩擦片与齿圈相连接，钢片与变速器壳体相连接，此时，齿圈被固定，太阳轮（输入轴）主动，转矩传递到行星架，由于是双行星齿轮（其中一个为惰轮），所以行星架会以与发动机旋转方向相反的方向运转，车辆向后行驶。

3．速比变换器

由行星架输出的动力由辅助减速齿轮传递到速比变换器，如图 6—1—5 所示。

速比变换器是 CVT 最重要的装置，其作用是实现无级变速传动。

速比变换器由 2 组滑动锥面链轮和专用链条组成，如图 6—1—6 所示。主动链轮由发动机通过辅助减速齿轮驱动，发动机转矩由传动链传递到从动链轮装置，并由此传给主减速器。每组链轮装置中的其中一个链轮可沿轴向移动，来调整传动链的跨度尺寸，从而连续地改变传动比。2 组链轮装置必须同步进行，这样才能保证传动链始终处于张紧状态，并且具有足够的传动链和链轮之间的接触压力。

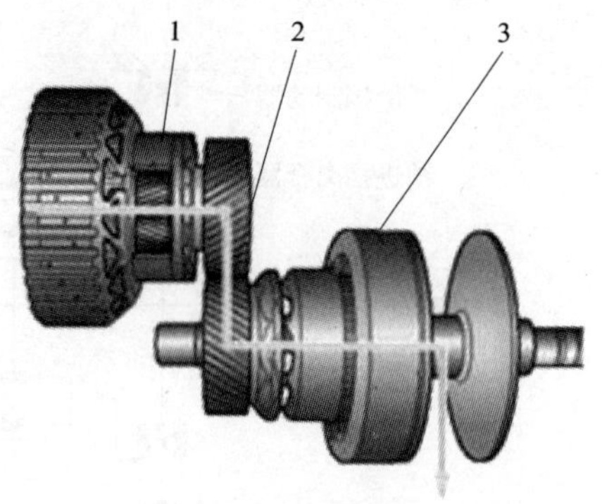

图 6—1—5　辅助减速齿轮

1—行星齿轮机构　2—辅助减速齿轮　3—链轮装置

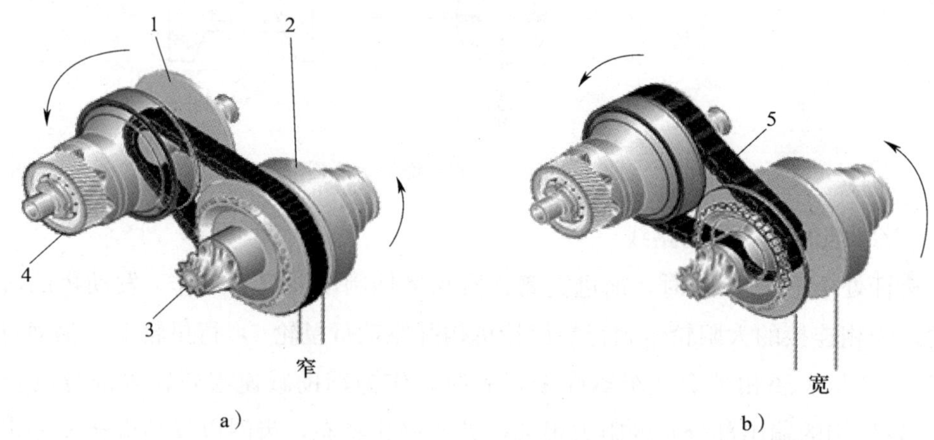

图 6—1—6　速比变换器的基本组成和原理

a）低速（传动比大）　b）高速（传动比小）

1—主动链轮装置　2—从动链轮装置　3—动力输出　4—动力输入　5—传动链条

速比变换器的组成如图 6—1—7 所示。该速比变换器的工作模式基于双活塞工作原理。其特点是利用少量的压力油就可以很快地进行换挡，这可以保证在相对低压时，锥面链轮与传动链之间有足够的接触压力。在主动链轮装置和从动链轮装置上各有一个保证传动链轮与传动链之间正常接触压力的压力缸和用于调整变速比的分离缸。为了有效地传递发动机转矩，锥面链轮和传动链之间需要很高的接触压力，接触压力通过调节压力缸内的油压产生。压力缸表面积很大，能够在低压时提供所需的接触压力。液压系统泄压时，主动链轮膜片弹簧和从动链轮的螺旋弹簧产生一个额定的传动链条基础张紧力（接触压力）。在卸压状态下，速比变换器的启动传动比由从动链轮的螺旋弹簧弹力调整。

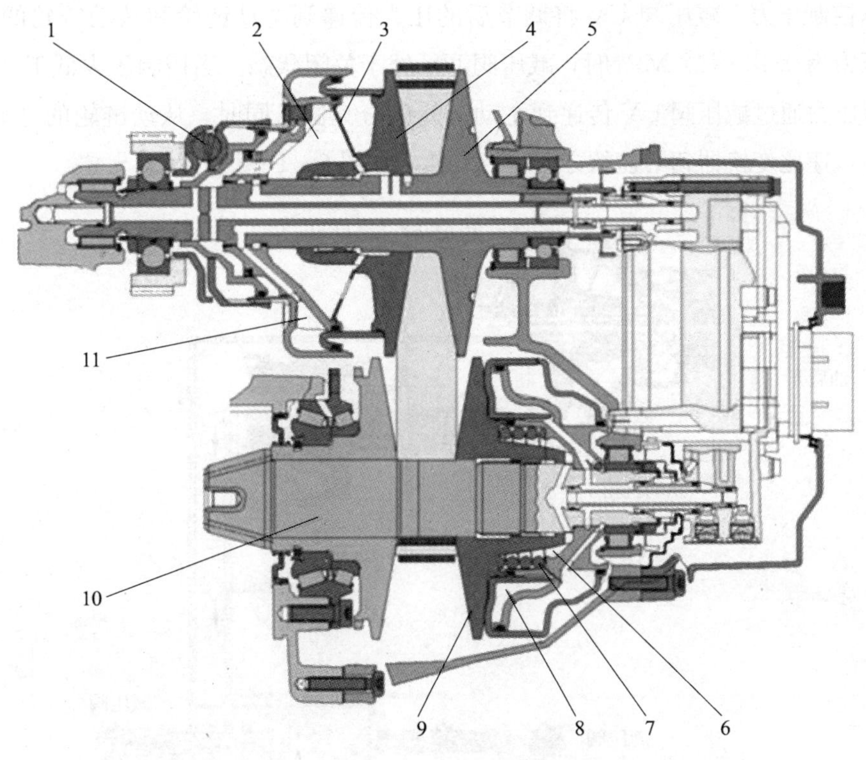

图 6—1—7　速比变换器的组成

1—转矩传感器　2、8—压力缸　3—膜片弹簧　4—锥面链轮 1　5—主动链轮
6、11—分离缸　7—螺旋弹簧　9—锥面链轮 2　10—从动链轮

(1) 换挡控制

1) 电子控制部分

奥迪 01J CVT 的电子控制单元有一动态控制程序（DRP），用于计算额定的变速器输入转速。为了在每个驾驶状态下获得最佳传动比，驾驶员输入信息和车辆实际工作状态要被计算在内。根据边界条件动态控制程序（DRP）计算出变速器额定输入转速。变速器输入转速传感器 G182 监测主动链轮处的实际转速。电子控制单元会根据实际值与设定值进行比较，并计算出压力调节电磁阀 N216 的控制电流，这样 N216 就会产生液压换挡阀的控制压力，该压力与控制电流几乎成正比。控制单元通过检查来自变速器输入转速传感器 G182、变速器输出转速传感器 G195 及发动机转速信号来实现对换挡的监控。

2) 液力换挡控制（增速与降速）

液压控制单元中的输导控制阀（VSTV）向换挡压力调节电磁阀 N216 提供一个约 0.5 MPa 的常压。N216 根据电子控制单元计算的控制电流产生控制压力，该压力的大小会影响减压阀 UV 的位置。

根据控制压力，减压阀 UV 将调节后的压力传递到主动链轮和从动链轮的分离缸。当调节压力为 0.18～0.2 MPa 时，减压阀 UV 处于关闭状态。当控制压力低于 0.18 MPa 时，调节压力通过减压阀 UV 传递到主动链轮的分离缸，同时，从动链轮的分离缸与油底壳接通，速比变换器朝增速的方向进行变速，如图 6—1—8 所示。

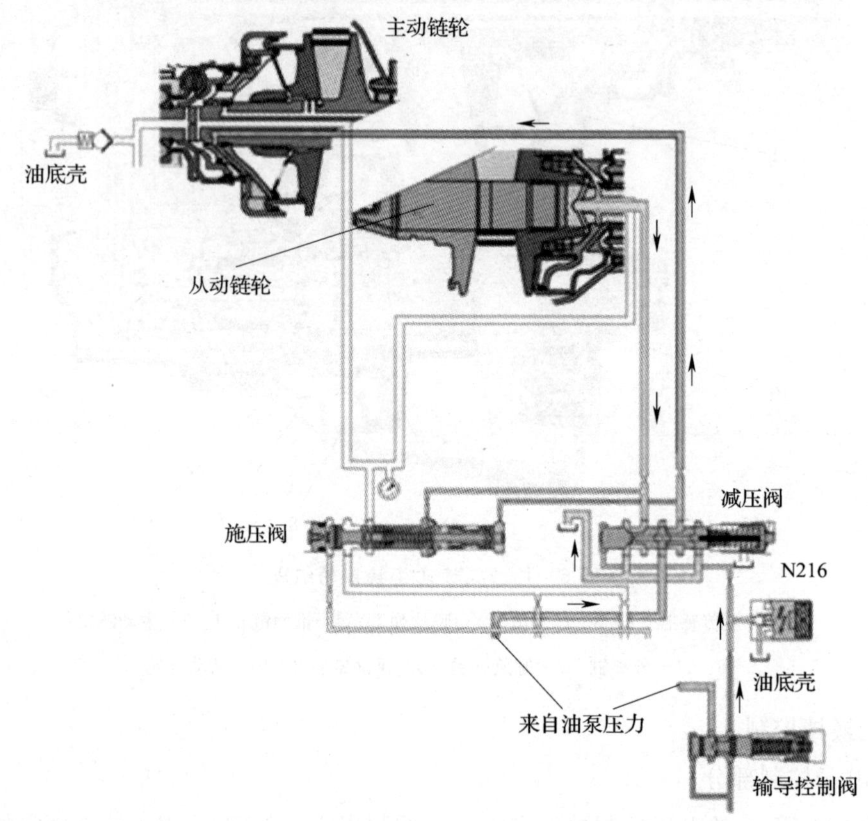

图 6—1—8　速比变换器增速的控制

当调节压力高于 0.22 MPa 时，调节压力通过减压阀传递到从动链轮的分离缸，同时，主动链轮的分离缸与油底壳相通，速比变换器朝减速的方向变速，如图 6—1—9 所示。

(2) 接触压力控制

压力缸中合适的油压最终产生锥面链轮与链条之间的接触压力，若接触压力过高会降低传动效率；相反，若接触压力过低，传动链会打滑，这将损坏传动链和链轮。转矩传感器的目的就是根据要求建立起尽可能精确、安全的接触压力。

转矩传感器集成于主动链轮内，可以实现静态和动态高精确度地监控传递到压力缸的实际转矩，并建立压力缸的正确油压。转矩传感器主要部件为 2 个滑轨架，每个支架有 7 个滑轨，滑轨中装有 7 个滚子，如图 6—1—10 所示。

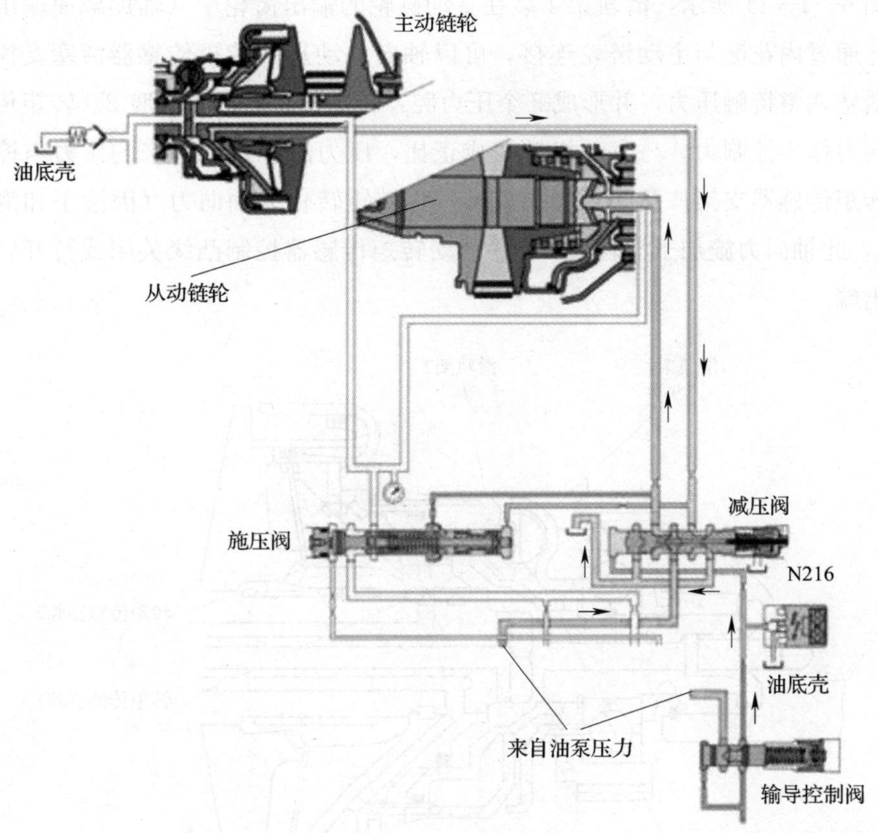

图 6—1—9　速比变换器减速的控制

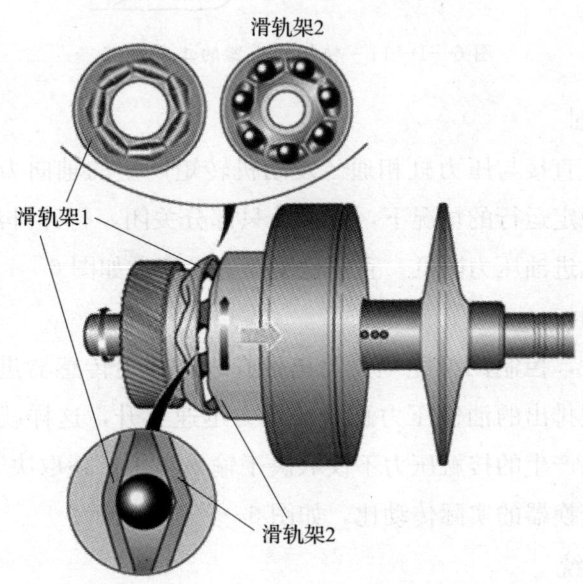

图 6—1—10　转矩传感器的组成

如图 6—1—11 所示，滑轨架 1 装在主动链轮的输出齿轮中（辅助减速输出齿轮），滑轨架 2 通过内花键与主动链轮连接，可以轴向移动且由转矩传感器活塞支撑。转矩传感器活塞调整接触压力，并形成 2 个压力腔：转矩传感器腔 1 和腔 2。转矩传感器产生的轴向力作为控制力，与发动机转矩成正比，压力缸中建立起来的压力与控制力成正比。转矩传感器支架彼此间可径向旋转，将转矩转化为轴向力（因滚子和滑轨的几何关系），此轴向力施加于滑轨架 2，并移动转矩传感器控制凸缘关闭或打开转矩传感器腔输出端。

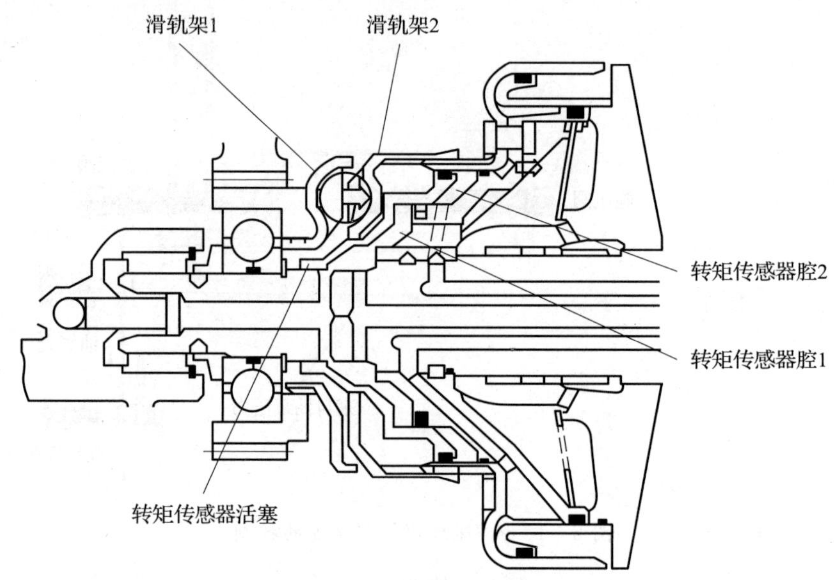

图 6—1—11　转矩传感器的工作原理

1）输入转矩低时

转矩传感器腔 1 直接与压力缸相通。发动机转矩产生的轴向力与压力缸内的压力达到平衡。在汽车稳定运行的情况下，出油孔只部分关闭，打开排油孔（转矩传感器）后压力下降，出油孔进油压力降低，直至恢复压力平衡，如图 6—1—12 所示。

2）输入转矩高时

转矩达到峰值时，控制凸缘完全关闭出油孔。若转矩传感器进一步移动，将会起到油泵作用，此时被排出的油使压力缸内的压力迅速上升，这样就会毫无延迟地调整接触压力。锥面链轮产生的接触压力不仅取决于输入扭矩，还取决于传动链跨度半径，这两者确定了速比变换器的实际传动比，如图 6—1—13 所示。

4．液压控制系统

CVT 的液压控制系统也像自动变速器的液压控制系统一样，担负着系统油压的控制、油路的转换控制、用油元件的供油以及冷却控制等。

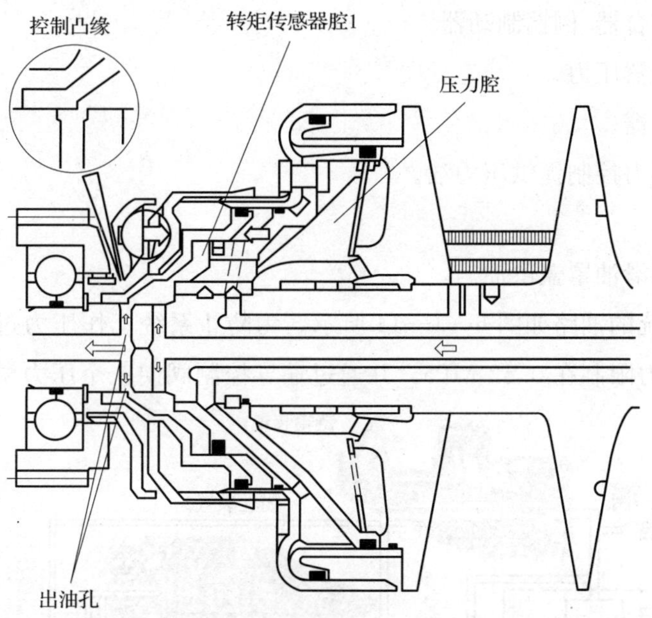

图 6—1—12　低转矩时的控制

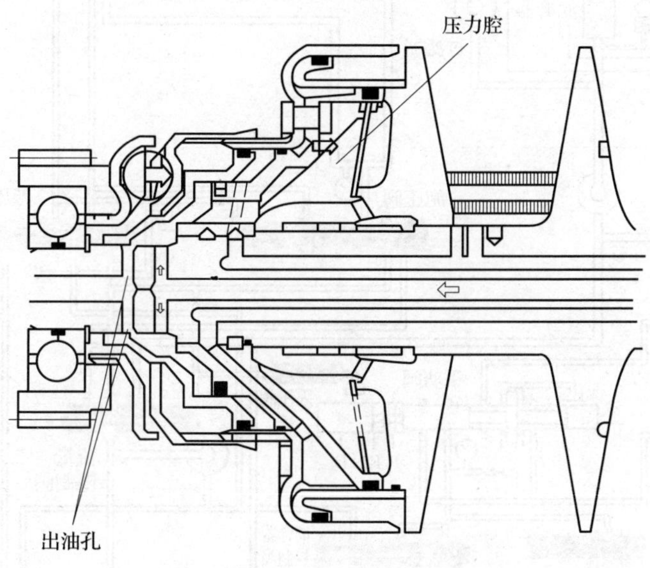

图 6—1—13　高转矩时的控制

（1）供油装置

奥迪 01J CVT 的供油装置采用的是带月牙形密封的内啮合齿轮泵，直接装在液压控制单元上，形成一个整体，减少了压力损失。

（2）液压控制单元

液压控制单元由手动换挡阀、9 个液压阀和 3 个电磁控制阀组成。液压控制单元和电子控制单元直接插接在一起。液压控制单元应完成下述功能：

1）前进挡离合器/倒挡制动器。

2）调节离合器压力。

3）冷却离合器。

4）为接触压力控制提供压力油。

5）传动控制。

6）为飞溅润滑油罩盖供油。

液压控制系统的油路如图 6—1—14 所示。为防止系统工作压力过高，限压阀将油泵产生的最高压力限制在 0.82 MPa，并通过输导控制阀向三个压力调节电磁阀提供一

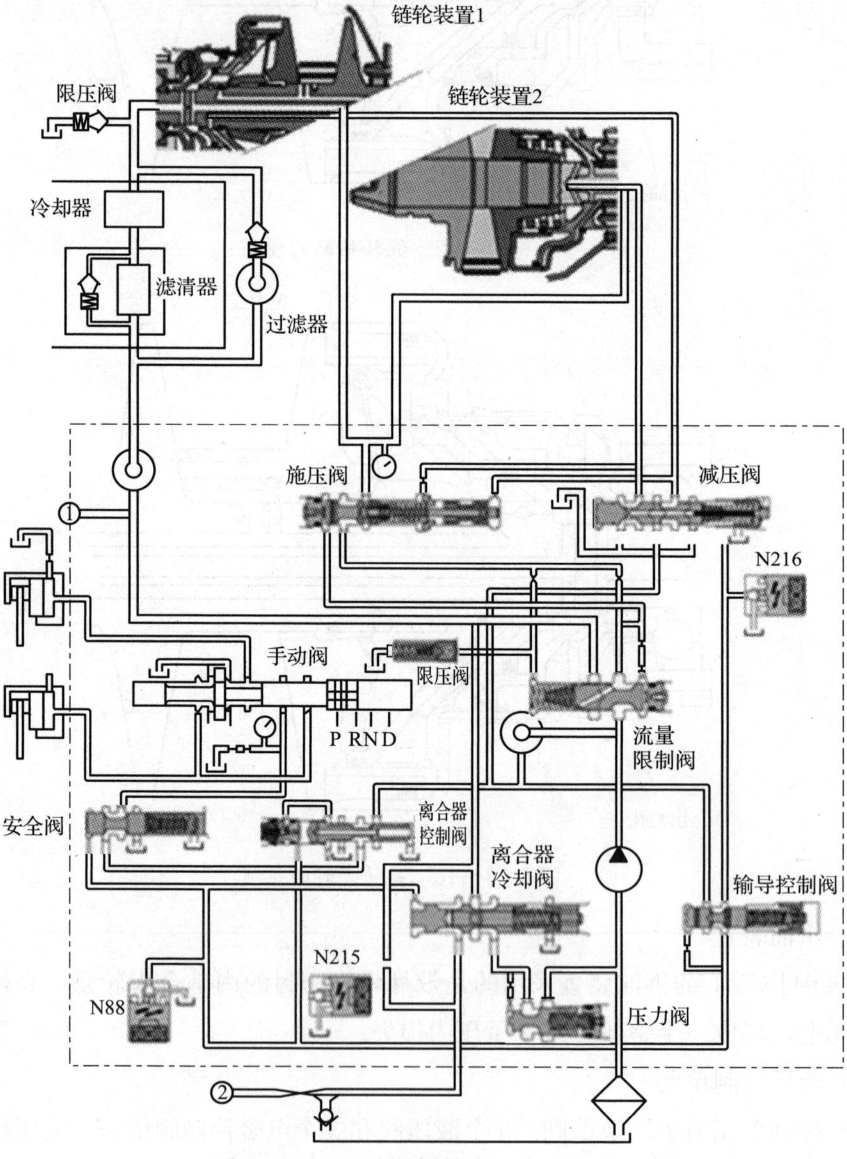

图 6—1—14　液压控制系统的油路

个恒定为0.5 MPa的输导控制压力。压力阀防止启动时油泵吸入空气，当油泵输出功率高时，压力阀打开，允许ATF从回油管流到油泵吸入侧，提高油泵效率。施压阀控制系统压力，在各种工况下都始终能够提供足够的油压。电磁阀N88、N215和N216在设计上称为压力控制阀，它们将控制电流转变为相应的液压控制压力。

5．电子控制系统

图6—1—15所示为电子控制系统的组成。奥迪01J CVT的电子控制系统由电子控制单元、输入装置（传感器、开关）和输出装置（电磁阀）三部分组成。其特点是电子控制单元集成在速比变换器内，控制单元直接用螺栓紧固在液压控制单元上，3个压力调节阀与控制单元之间直接通过坚固的插头连接（S形接头），没有连接线，而控制单元用一个25针脚的小型插头与汽车相连。电控系统的特点是集成在控制单元内的传感器技术，电器部件的底座为一个坚硬的铝板，壳体材料为塑料，并用铆钉紧固到底座上，而壳体容纳全部的传感器，因此不再需要线束和插头。这种结构大大提高了工作效率和可靠性。另外，将发动机转速传感器和多功能开关设计成霍尔传感器，霍尔传感器没有机械磨损，信号不受电磁干扰，使其可靠性进一步提高。传感器为控制单元的集成部件，若某个传感器损坏，必须更换电子控制单元。

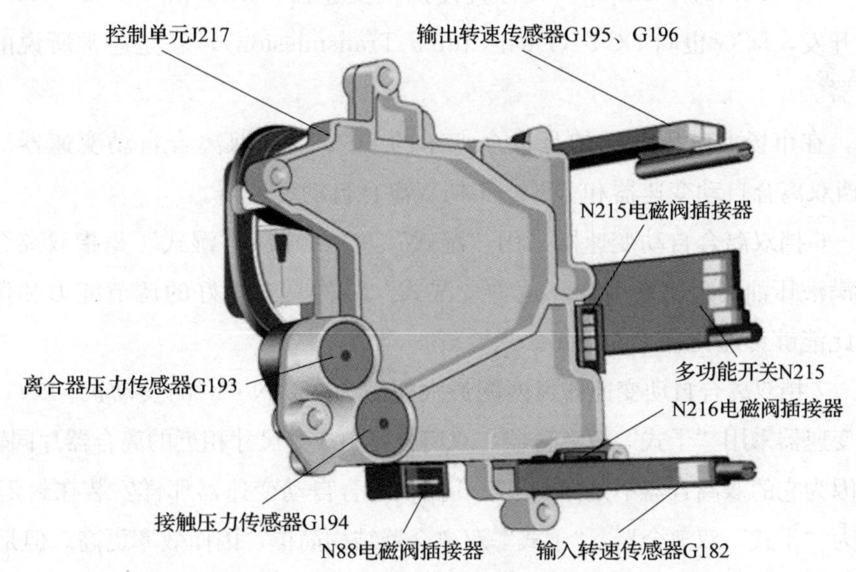

图6—1—15　电子控制系统的组成

思考与练习

以奥迪 CVT 为例，简述无级变速器的组成及工作原理，以及各挡位的动力传动路线。

课题二　DSG 双离合自动变速器

学习目标

1. 了解 DSG 双离合自动变速器的分类及组成。
2. 掌握 DSG 双离合自动变速器的结构及工作原理。
3. 了解 DSG 双离合自动变速器的技术特点。

一、DSG 的分类及组成

DSG（Direct Shift Gearbox）又称直接换挡变速器，DSG 由 BORG WARNER 为大众集团开发，DSG 也叫 DCT（Dual Clutch Transmission），就是通常所说的双离合自动变速器。

目前，在市场上应用广泛的是大众汽车的 DSG 系列双离合自动变速器。主要有 DSG—6 挡双离合自动变速器和 DSG—7 挡双离合自动变速器。

DSG—6 挡双离合自动变速器采用“湿式”双离合器，“湿式”是指双离合器安装于一个充满液压油的封闭油腔内。这种“湿式”结构具有更好的调节能力和优异的热容性，因此能够传递比较大的扭矩。

DSG—7 挡双离合自动变速器可匹配最大扭矩为 350 N·m 的发动机。DSG—7 挡双离合自动变速器采用“干式”双离合器，双离合器由 3 个尺寸相近的离合器片同轴相叠安装组成。因为它的双离合器不是像 DSG—6 挡双离合自动变速器那样安装在封闭油腔内，所以被称为“干式”双离合器。“干式”双离合器结构简单，因而效率更高。但是“干式”离合器自身结构的固有特性使它能够承受的最大扭矩比“湿式”离合器要低。DSG—7 挡双离合自动变速器用于匹配最大扭矩不超过 250 N·m 的小排量发动机。

DSG 是基于传统手动变速器（MT）开发而成，它主要由双离合器、三轴式齿轮变速器、自动换挡机构和电控液压系统组成。

二、DSG的结构及工作原理

DSG变速器的突出特点就是由液压控制的湿式双离合器系统代替了变矩器，其中的离合器1负责控制奇数齿轮和倒挡齿轮，离合器2负责控制偶数齿轮，可以说这是由两个平行的变速器配合组成的一个变速器，如图6—2—1所示，其中，K1、K2为离合器，1/2/3/4/5/6/R为挡位齿轮。

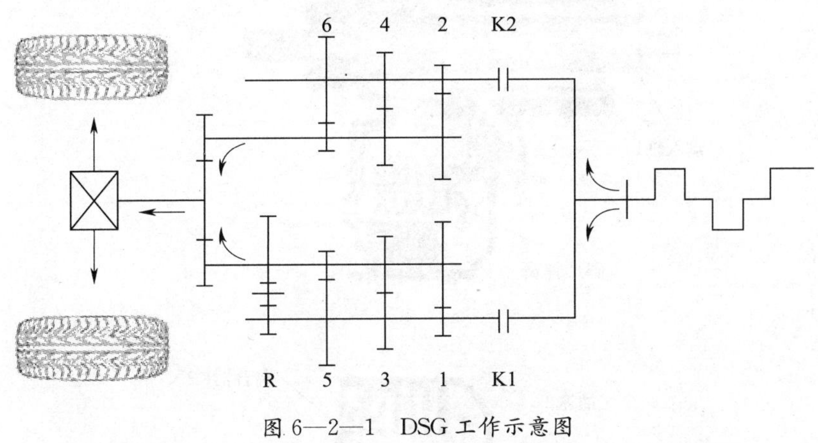

图6—2—1　DSG工作示意图

DSG有一个由两组离合器片集合而成的双离合器装置，同时，有一个由实心轴及其外部套筒组合而成的双传动轴机构，并由电子控制及液压装置同时控制两组离合器及齿轮组的动作。离合器的结构如图6—2—2所示，主要由离合器内鼓、离合器外鼓、驱动活塞、驱动活塞密封圈、活塞缸、碟形弹簧等元件组成。两个离合器各自与一根输入轴相连，离合器K2通过中空的外轴用于连接变速器中的偶数挡位，离合器K1通过外轴套嵌的实心内轴用于连接变速器中的奇数挡位，两个离合器在工作时相互配合，各自负责一根输入轴的动力传递。

在某一挡位时，离合器K1接合，一组齿轮啮合输出动力，在接近换挡时，下一组挡位的齿轮已被预选，而与之相连的离合器K2仍处于分离状态；在换入下一挡位时，处于工作状态的离合器K1分离，将使用中的齿轮脱离动力，同时离合器K2啮合已被预选的齿轮，进入下一挡。在整个换挡期间能确保有一组齿轮在输出动力，从而不会出现动力间断的状况。除空挡以外，双离合器变速器中的一个离合器总处于接合状态，另一个离合器总处于断开状态。

三、DSG的技术特点

DSG很好地结合了手动变速器和自动变速器的优势，既具有手动变速器的经济性、高传动效率，又具有自动变速器的舒适性、易用性。搭载DSG变速器比搭载传统手动变速器可以获得更好的经济性、动力性和更高的车速，而其城市工况和综合工况油耗几乎与搭载手动挡的车型相同。

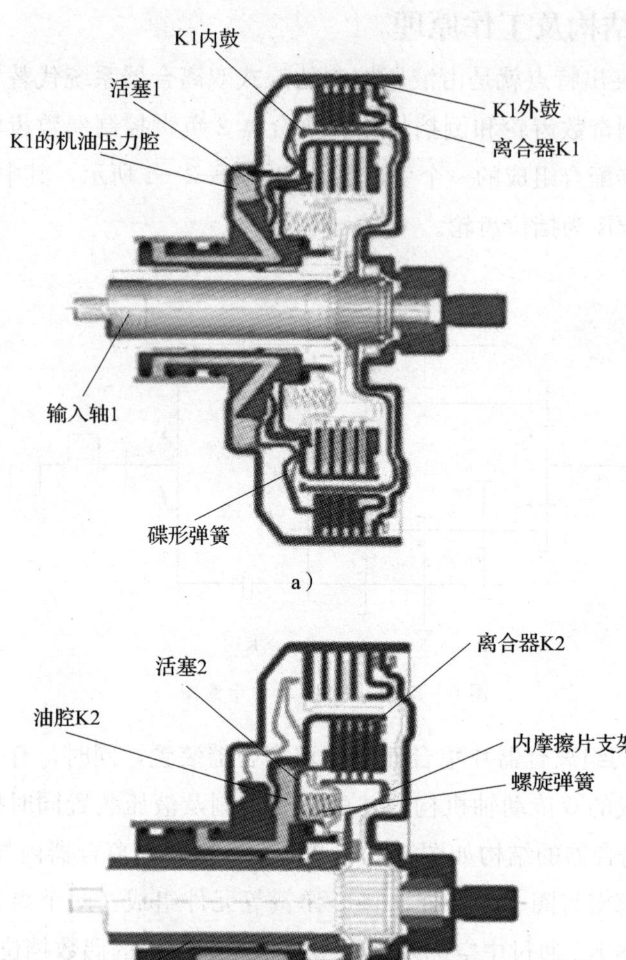

图 6—2—2　离合器 K1/K2 的结构

a）K1 的结构　b）K2 的结构

新一代 DSG 变速器采用了 2 个离合器和多个前进挡的传统齿轮变速器作为动力的传送部件，这是目前世界上较先进的、具有革命性的自动变速器。

DSG 变速器的技术特点如下：

1. DSG 变速器没有变矩器，也没有离合器踏板。

2. DSG 变速器在传动过程中的能耗损失非常小，大大提高了车辆的燃油经济性。

3. DSG 变速器的反应非常灵敏，使车辆的加速更加强劲、线性，百公里加速时间比传统手动变速器还短，加速过程中不会有动力中断的感觉。

4．DSG 变速器的动力传送部件是一台三轴式多个前进挡的传统齿轮变速器，增加了传动比的分配。

5．DSG 变速器的多片湿式双离合器是由电子液压控制系统操控的，双离合器的使用可以使变速器同时有两个挡位啮合，使换挡操作更加快捷。

由于 DSG 变速器具有以上技术优势，在大众奥迪的高尔夫 6、速腾车型纷纷采用 DSG 变速器以后，宝马最新一代的 M3 轿跑车和敞篷跑车，以及保时捷、广汽 C725 等车型上也都采用了双离合自动变速器。并且，日产还研发出了配合 GT—R 跑车的双离合自动变速器，三菱汽车研发出了用于 EVO 跑车的双离合自动变速器。

随着汽车行业的发展，各种级别的轿车将会广泛应用双离合自动变速器。

思考与练习

简述 DSG 双离合自动变速器的技术特点。

自动变速器故障诊断与排除

课题一　自动变速器的试验

1. 掌握自动变速器初步检查的内容。
2. 掌握自动变速器的试验。

一、自动变速器的初步检查

自动变速器的很多常见故障是由于发动机怠速不正常、ATF液面高度不正确、油质不良、变速杆位置不准确等原因造成的，对这些方面的检查就是自动变速器初步检查的内容。基本检查是自动变速器检修中要首先进行的，具体来说包括：ATF检查和更换、变速器漏油检查、节气门拉线检查和调整、变速杆位置检查和调整、空挡起动开关检查和调整、发动机怠速检查等。这些项目也是自动变速器维护所需要进行的项目。

1．ATF检查和更换（参见ATF的相关内容）

2．变速器漏油检查（参见ATF的相关内容）

3．节气门拉线检查和调整

节气门拉线调整不当会导致自动变速器工作不正常。如果节气门拉线过松，节气门油压会过低，主油压偏低，使换挡滞后或打滑；如果节气门拉线过紧，节气门油压会过高，主油压偏高，使换挡提前或换挡冲击。

节气门拉线检查和调整如图7-1-1所示，即检查轧头和索套之间的距离，标准距离为0～1 mm。如果距离不合适可以通过旋转调节螺母进行调整。

4．变速杆位置检查和调整

将变速杆自N挡位换到其他挡位，检查变速杆是否能平稳而精确地换到其他挡位。同时，检查挡位指示器是否能正确地指示挡位。

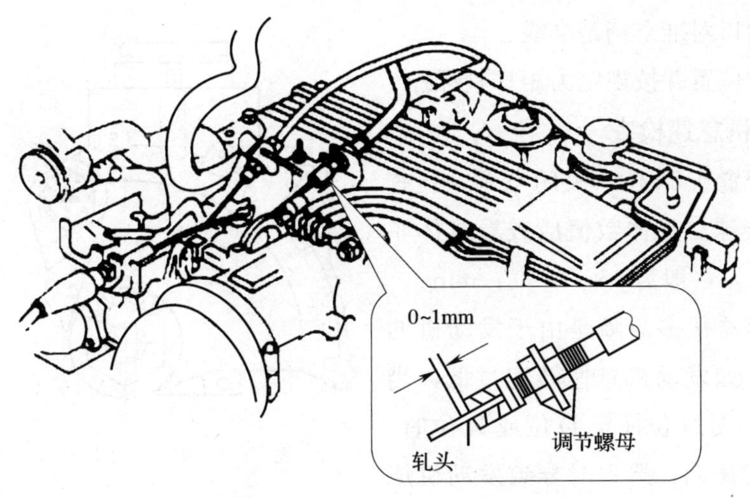

图 7—1—1　节气门拉线检查和调整

如果挡位指示器与正确挡位不一致，进行下述调整：

（1）松开变速杆上的螺母，如图 7—1—2 所示。

（2）将控制轴杆向后推到极限位置，然后将控制轴杆退回两个槽口到 N 位，如图 7—1—3 所示。

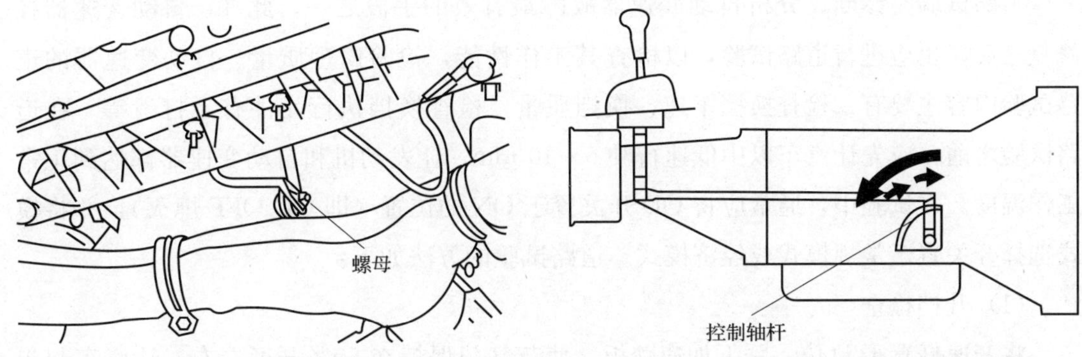

图 7—1—2　松开变速杆上的螺母　　图 7—1—3　将控制轴杆移到 N 位

（3）将变速杆定位在 N 位。

（4）稍微朝 R 位定位变速杆，拧紧变速杆螺母。

（5）启动发动机，确认变速杆自 N 位换到 D 位时车辆向前移动，而换到 R 位时车辆后退。

5．空挡起动开关检查和调整

检查发动机是否仅能在变速杆位于 N 位或 P 位时启动，在其他挡位不能启动。如果不符合要求，则应进行如下调整，如图 7—1—4 所示。

（1）松开空挡起动开关螺栓，将变速杆置于 N 位。

（2）将槽口对准空挡基准线。

（3）定位位置并按规定力矩拧紧螺栓。

6．发动机怠速检查

将变速杆置于N位，关闭空调，检查发动机怠速转速。具体数值应查看具体车型的维修手册，一般为650～750 r/min。

自动变速器很多故障是由于发动机的问题引起的，如发动机怠速转速过低，当变速杆由P位或N位换至D位或R位时，会导致车身的振动，严重时导致发动机熄火。

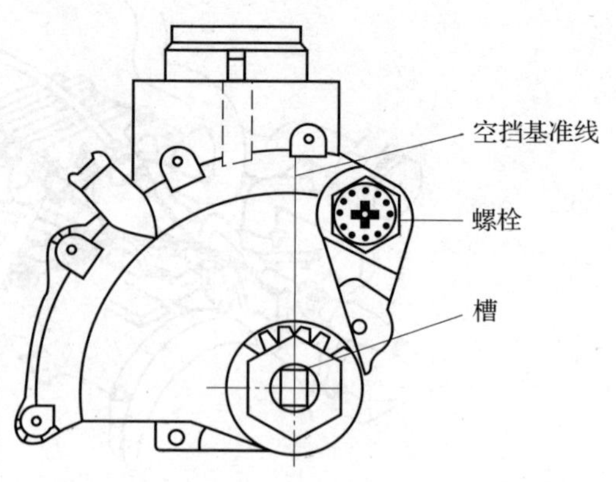

图7—1—4　空挡起动开关的调整

二、自动变速器的试验

自动变速器的试验包含道路试验、手动换挡试验、失速试验、换挡迟滞试验和油压试验。

1．道路试验

道路试验是诊断、分析自动变速器故障最有效的手段之一。此外，自动变速器在修复之后，也应进行道路试验，以检查其工作性能，检验修理质量。自动变速器的道路试验内容主要有：检查换挡车速、换挡质量，检查换挡执行元件有无打滑等。在道路试验之前，应先让汽车以中低速行驶5～10 min，让发动机和自动变速器都达到正常工作温度。在试验中，通常应将OD开关置于ON的位置（即OD OFF熄灭），并将模式选择开关置于常规模式或经济模式。道路试验的方法如下：

（1）升挡检查

将变速杆置于D位，踩下加速踏板，使节气门保持在50%开度左右，让汽车起步加速，检查自动变速器的升挡情况。自动变速器在升挡时发动机会有瞬时的转速下降，同时车身有轻微的闯动感。正常情况下，汽车起步后随着车速的升高，试车者应能感觉到自动变速器顺利地由1挡升入2挡，随后再由2挡升入3挡，最后升入超速挡。若自动变速器不能升入高挡（3挡或超速挡），说明控制系统或换挡执行元件有故障。

（2）升挡车速的检查

在上述升挡检查的过程中，当察觉到自动变速器升挡时，记下升挡车速。一般4挡自动变速器在节气门开度为50%时，由1挡升至2挡的车速为25～35 km/h，由2挡升至3挡的车速为55～70 km/h，由3挡升至4挡（超速挡）的车速为90～120 km/h。升挡车速和节气门开度有很大的关系，即节气门开度不同时，升挡车速也不同，而且，不同车型的自动变速器各挡位传动比的大小都不相同，其升挡车速也不完全一样。因此，只要升挡车速基本保持在上述范围内，而且汽车行驶中加速良好，无明显的换挡冲击，即可认为其升挡车速基本正常。若汽车行驶中加速无力，升挡车速明显低于上述范围，说明升挡车速过低（即升挡提前）；若汽车行驶中有明显的换挡冲击，升挡车速明显高于上述范围，说明升挡车速过高（即升挡滞后）。

升挡车速太低，一般是控制系统的故障所致；升挡车速太高，则既可能是控制系统的故障所致，又可能是换挡执行元件的故障所致。

(3) 换挡质量的检查

换挡质量的检查内容主要是检查有无换挡冲击。正常的自动变速器只能有不太明显的换挡冲击，特别是电控自动变速器的换挡冲击应十分微弱。若换挡冲击太大，说明自动变速器的控制系统或换挡执行元件有故障，其原因可能是主油压过高或换挡执行元件打滑，应做进一步的检查。

(4) 锁止离合器工作状况的检查

自动变速器液力变矩器中锁止离合器的工作是否正常也可以采用道路试验的方法进行检查。试验中，让汽车加速至超速挡，以高于 80 km/h 的车速行驶，并让节气门开度保持在低于 50%的位置，使变矩器进入锁止状态。此时，快速将加速踏板踩下使节气门开度超过 85%，同时检查发动机转速的变化情况。若发动机转速没有太大的变化，说明锁止离合器处于接合状态；反之，若发动机转速升高很多，则说明锁止离合器没有接合，其原因通常是锁止控制系统有故障。

(5) 发动机制动作用的检查

检查自动变速器有无发动机制动作用时，应将变速杆置于 2 位或 L 位。在汽车以 2 挡或 1 挡行驶时，突然松开加速踏板，检查是否有发动机制动作用。若松开加速踏板后车速立即下降，说明有发动机制动作用；否则，说明控制系统或换挡执行元件有故障。

(6) 强制降挡功能的检查

检查自动变速器强制降挡功能时，应将变速杆置于 D 位，保持节气门开度为 30%左右，在以 2 挡、3 挡或超速挡行驶时，突然将加速踏板完全踩到底，检查自动变速器是否被强制降低一个挡位。在强制降挡时，发动机转速会突然升至 4 000 r/min 左右，并随着加速升挡，转速逐渐下降。若踩下加速踏板后没有出现强制降挡，说明强制降挡功能失效。若在强制降挡时发动机转速升高反常，达到 5 000 r/min，并在升挡时出现换挡冲击，则说明换挡执行元件打滑，应拆检自动变速器。

2．手动换挡试验

(1) 目的

手动换挡试验用于判断故障是来自于电控系统还是机械系统。

(2) 方法及步骤

1) 脱开换挡电磁阀连接器。

2) 将变速杆置于各个位置，检查挡位是否与表 7—1—1 所列情况相同。如果出现异常，说明故障在机械系统。

表 7—1—1　　手动换挡试验

变速杆位置	D	2	L	R	P
挡位	4 挡	3 挡	1 挡	倒挡	锁定棘轮

3) 插上换挡电磁阀连接器，清除故障码。

4) 如果 L、2 和 D 位换挡位置难以区别，则进行下列道路试验：车辆行驶时，经过从 L 位至 2 位、2 位至 D 位的换挡，检查相应挡位的换挡变化。如果在上述试验中发现异常，则是变速器机械系统故障。

3. 失速试验

(1) 目的

失速试验通过测量在 D、R 位时的失速转速来检查发动机及变速器的总体性能。

(2) 注意事项

1) 在正常工作温度下进行试验（50～80℃）。

2) 试验不得连续进行超过 5 s。

3) 为保证安全，应在宽阔水平地面上进行，并确保试验用车前后无人。

4) 失速试验应由两人共同完成，其中一人观察车轮或车轮塞木情况，另一人进行试验。

(3) 方法及步骤（见图 7—1—5）

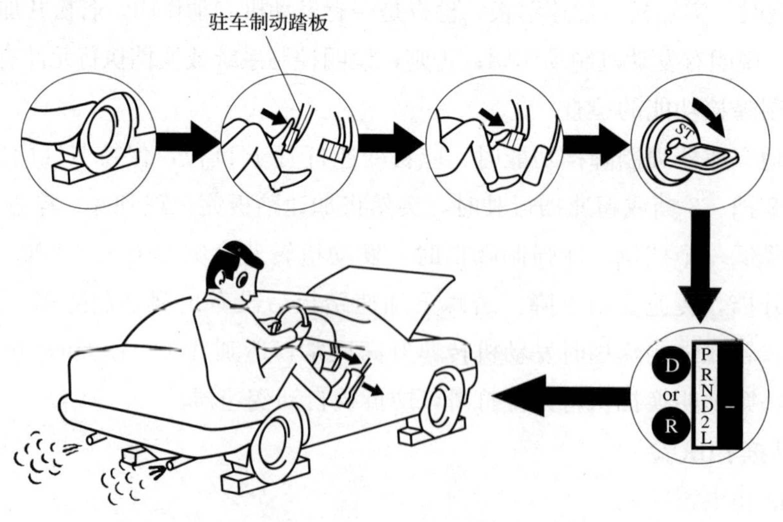

图 7—1—5　失速试验

1）固定前后车轮。

2）在发动机上安装转速表（如果仪表盘上有转速表可省略此步骤）。

3）拉紧驻车制动手柄或踩下驻车制动踏板。

4）左脚踩下制动踏板。

5）启动发动机。

6）将变速杆置于D位，用右脚将加速踏板踩到底，同时迅速读取发动机转速，此转速即为失速转速。

注意：如果在发动机转速未达到规定失速转速之前后轮开始转动，应放松加速踏板停止试验。

7）在R位重复该试验。

常见车型自动变速器的失速转速一般为2 200 r/min，也有的自动变速器的失速转速低于1 800 r/min，或高于2 800 r/min。

（4）试验结果分析

不用的车型，由于结构不同，试验结果体现的故障不同，初步分析说明如下：

1）如果两个位置失速转速都相同，但均低于规定值：发动机可能功率不足、导轮（变矩器）单向离合器工作不正常。

提示：如果低于规定转速值600 r/min以上，可能是液力变矩器损坏。

2）在D位失速转速高于规定值：主油压太低、前进挡离合器工作不良、O/D单向离合器工作不良。

3）在R位失速转速高于规定值：主油压太低、直接挡离合器打滑、1挡及倒挡离合器打滑、O/D单向离合器工作不良。

4）在D位和R位失速转速均高于规定值：主油压太低、油液液面位置不正常、O/D单向离合器工作不良。

4．换挡迟滞试验

（1）目的

发动机怠速转动时拨动变速杆，在感觉振动前会有一段时间的迟滞或延迟，可用于检查O/D挡离合器、前进挡离合器、直接挡离合器及1挡、倒挡制动器的工作情况。

（2）注意事项

1）在正常工作油温下进行该试验（50～80℃）。

2）在各试验之间保证有1 min时间间隔。

3）进行三次试验并取平均值。

（3）方法及步骤（见图7—1—6）

1）拉紧驻车制动手柄。

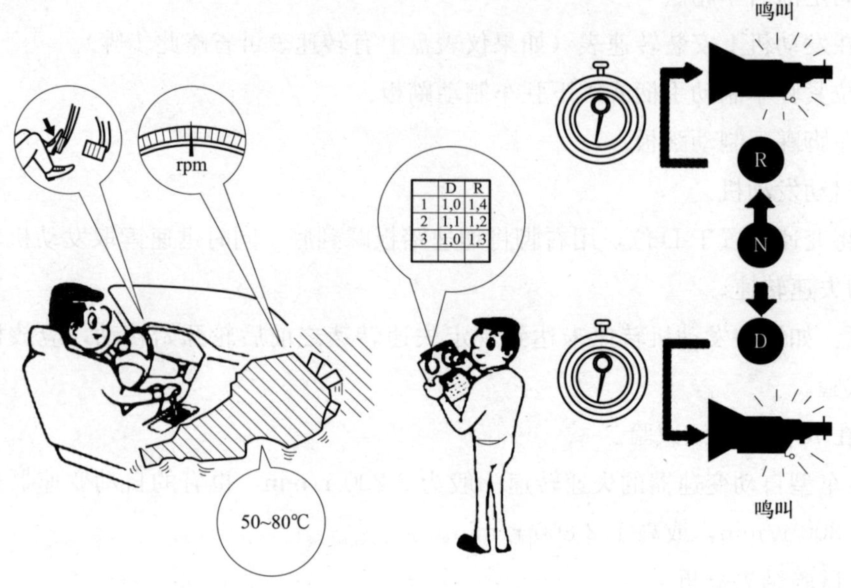

	D	R
1	1,0	1,4
2	1,1	1,2
3	1,0	1,3

图 7—1—6　换挡迟滞试验

2）启动发动机并检查怠速。

3）将变速杆从 N 位拨向 D 位，用秒表测量拨动变速杆到感觉振动的时间，延迟时间应小于 1.2 s。

4）从 N→R 用同样的方法测量，延迟时间应小于 1.5 s。

（4）试验结果分析

1）如果 N→D 延迟时间大于规定值：主油压太低、前进挡离合器磨损、O/D 单向离合器工作不良。

2）如果 N→R 延迟时间大于规定值：主油压太低、直接挡离合器磨损、1 挡及倒挡制动器磨损、O/D 单向离合器工作不良。

5．油压试验

油压试验一般是做主油压测试，也可做进气门油压、速控油压、蓄能器背压测试。

（1）注意事项

1）在正常工作油温时进行该试验（50～80℃）。

2）油压试验应由两人共同完成，其中一人观察车轮及车轮塞木情况，另一人进行试验。

（2）方法及步骤（见图 7—1—7）

1）运转发动机，让发动机和变速器温度正常。

2）拔去变速器壳体上的检查接头塞，连接压力表。

3）拉紧驻车制动手柄，塞住四个车轮。

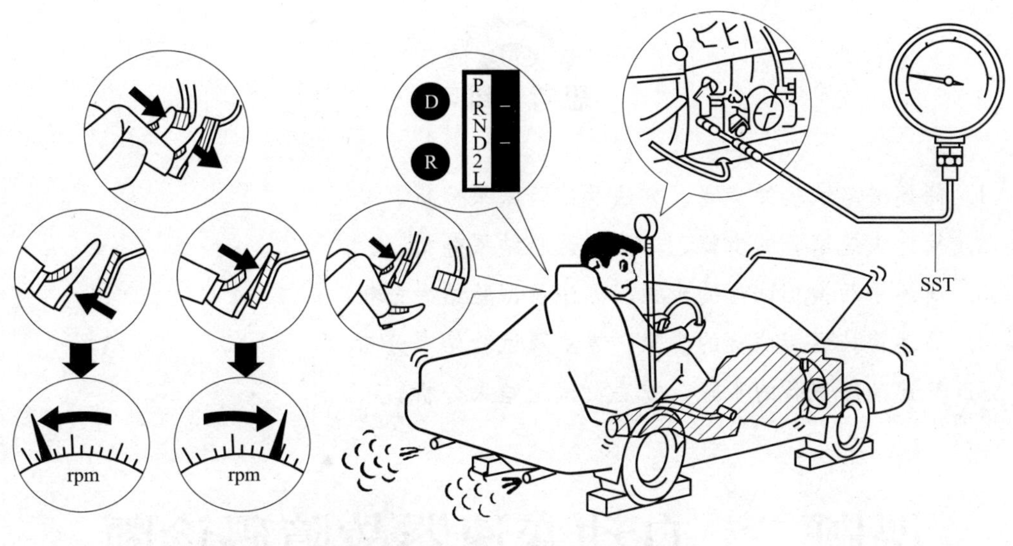

图 7—1—7　油压试验

4）启动发动机，检查怠速转速。

5）左脚踩下制动踏板，将变速杆换入 D 位。

6）在发动机怠速下，测量主油压。

7）将加速踏板踩到底，在发动机达到失速转速时迅速读取主油路最高压力。

注意：如果在发动机转速未达到失速转速之前后轮开始转动，则松开加速踏板停止试验。

8）在 R 位重复该试验。

丰田 A341E 自动变速器的主油压值见表 7—1—2。

表 7—1—2　　丰田 A341E 自动变速器的主油压值　　kPa

D 位		R 位	
怠速	失速	怠速	失速
363～422	902～1 147	500～598	1 236～1 589

如果测得的主油压未达到规定值，应重新检查油门拉线的调整情况，并重复做油压测试。

（3）试验结果分析

1）在任何范围油压均高于规定值：节气门拉线调整不当、节气门阀失效、调压阀失效、油泵失效、O/D 挡离合器损坏。

2）只在 D 位油压低：D 位油路泄漏、前进挡离合器故障。

3）只在 R 位油压低：R 位油路泄漏、直接挡离合器故障、倒挡制动器故障。

思考与练习

1. 简述道路试验的步骤、方法及试验结果分析。
2. 简述失速试验的步骤、方法及试验结果分析。
3. 简述手动换挡试验的步骤、方法及试验结果分析。
4. 简述换挡迟滞试验的步骤、方法及试验结果分析。
5. 简述油压试验的步骤、方法及试验结果分析。

课题二　自动变速器故障码诊断

学习目标

1. 掌握自动变速器故障码诊断法。
2. 掌握自动变速器数据流分析法。

现代汽车电控系统 ECU 具备故障自诊断功能。自动变速器是一个集机、电、液、计算机技术于一体的复杂总成，引起故障的原因较多，其中电控系统所发生的故障占有很大的比例。过去维修员的维修经验可以判断出绝大部分的故障，而近年来由于电子技术的发展，许多新的故障用经验法已经诊断不出来了，这就需要用到很多现代的故障诊断技术进行诊断。目前较常用的是故障码诊断法、数据流分析法等。

一、故障码诊断法

现代电喷车都提供故障自诊断功能，原理是：ECU 内部故障诊断电路能在汽车运行过程中不断监控电控系统各个输入元件信号，当发现电子元件有故障时能自动启动故障运行程序，将故障以代码的形式储存在电脑的 RAM 中，并且，这一现象在一段时间内不消失，ECU 便判断为这一部分信号电路有故障。ECU 将这一故障以代码的形式存入内部随机存储器，汽车维修人员可利用仪器或人工方法读取故障码。

1．人工读取和清除故障码

人工读取故障码就是维修人员利用跨接线短接故障诊断座的相应端子，从而激发仪表盘上的故障指示灯闪烁，再根据故障指示灯闪烁时间的长短和次数来读取故障码。不同的车型读码的方法不同，下面介绍几种常见车系自动变速器故障码的人工读取和清除方法。

在读取故障码之前，需要做一些准备工作：拉紧驻车制动手柄，将变速器置于空挡；直接对发动机控制系统进行全面检查，检查蓄电池电压，电压值应在 11 V 以上；启动发动机，怠速运转，使发动机达到正常工作温度并关闭所有电控系统和辅助设备，检查发动机故障指示灯是否正常等。

（1）丰田车系

1）读取故障码

将点火开关 ON，OD 开关 ON。跨接驾驶室内 TDCL 或发动机舱内检查连接器的 T_{E_1} 和 E_1 端子，如图 7—2—1 所示。由 OD OFF 指示灯的闪烁读取，如图 7—2—2 所示，故障码为 42。丰田 A341E、A342E 自动变速器故障码见表 7—2—1，其中故障码 42 的含义是 1 号车速传感器故障，需要检查 1 号车速传感器本身、1 号车速传感器线束或连接器和 ECU。

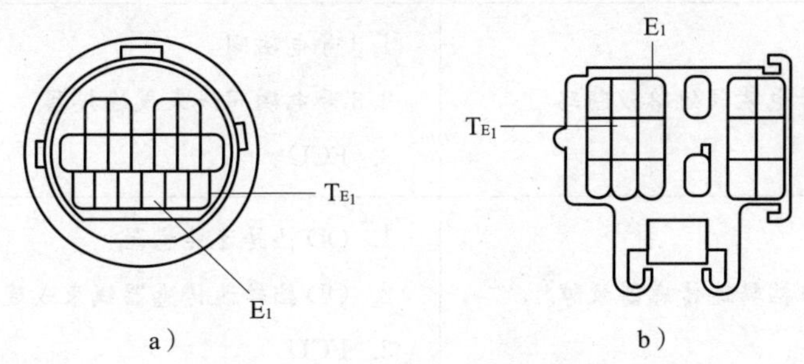

图 7—2—1　丰田车系故障诊断座

a）TDCL　b）检查连接器

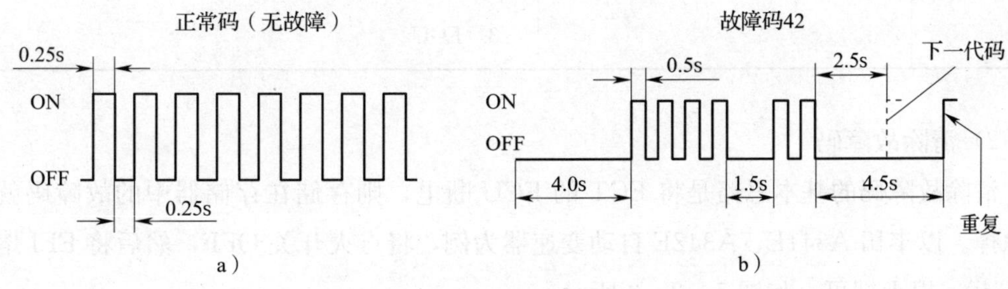

图 7—2—2　OD OFF 指示灯的闪烁

表 7—2—1　　丰田 A341E、A342E 自动变速器故障码

故障码	含义	故障部位
42	1 号车速传感器故障	1. 1 号车速传感器 2. 1 号车速传感器线束或连接器 3. ECU

续表

故障码	含义	故障部位
46	4号电磁阀短路或断路	1.4号电磁阀 2.4号电磁阀线束或连接器 3. ECU
61	2号车速传感器故障	1.2号车速传感器 2.2号车速传感器线束或连接器 3. ECU
62	1号电磁阀短路或断路	1.1号或2号电磁阀 2.1号或2号电磁阀线束或连接器 3. ECU
63	2号电磁阀短路或断路	
64	3号电磁阀短路或断路	1.3号电磁阀 2.3号电磁阀线束或连接器 3. ECU
67	OD挡转速传感器故障	1. OD挡转速传感器 2. OD挡转速传感器线束或连接器 3. ECU
68	KD开关短路	1. KD开关 2. KD开关线束或连接器 3. ECU

2）清除故障码

清除故障码的基本思路是将ECT的ECU断电，则存储在存储器中的故障码就被清除掉。以丰田A341E、A342E自动变速器为例，将点火开关OFF，然后将EFI熔丝取下10 s以上即可，如图7—2—3所示。

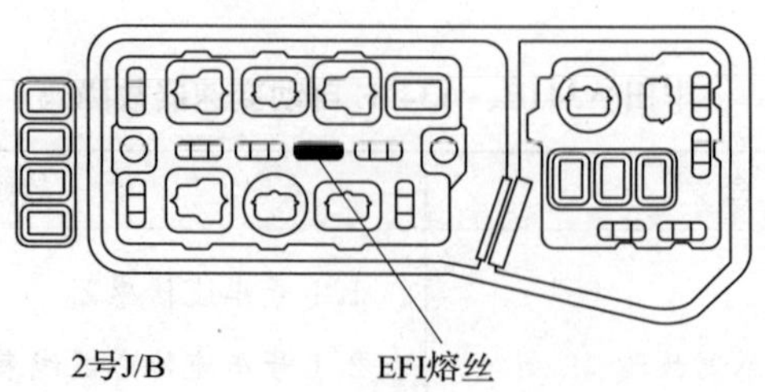

图7—2—3　丰田A341E、A342E自动变速器清除故障码

（2）本田车系

1）读取故障码

将点火开关 ON，用短路插头 SCS 跨接副驾驶面板下的双头诊断座，通过仪表盘上 D_4 指示灯的闪烁读取故障码。

2）清除故障码

只需将蓄电池负极搭铁线拆下 10 s 以上即可。

（3）通用车系

1）读取故障码

跨接诊断座上的 A、B 端子，如图 7—2—4 所示。然后将点火开关 ON，但不要启动发动机，仪表盘上的 SERVICE ENGINE SOON 指示灯会闪烁故障码。

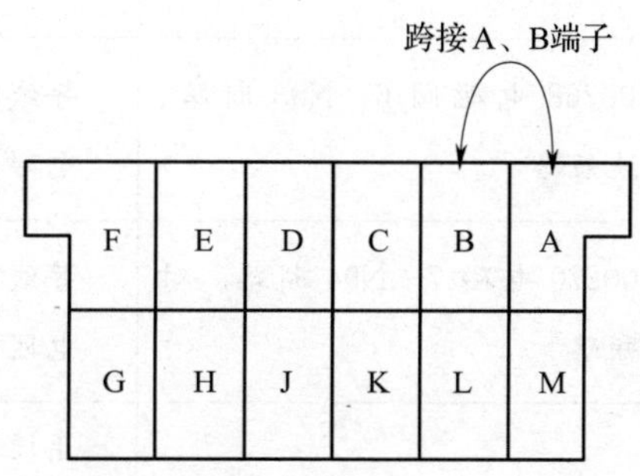

图 7—2—4　跨接诊断座上的 A、B 端子

2）清除故障码

拆下 ECU 熔丝，等待 30 s 以后取下跨接线，即可清除故障码。

2．用仪器读取和清除故障码

目前，很少采用人工方法读取故障码，各车系都有专用检测仪来读取和清除故障码，如大众/奥迪车系采用 VAG1551/1552、VAS5051/5052，丰田车系采用 INTELLIGENT 高智能检测仪，日产车系采用 CONSULT Ⅱ检测仪，通用车系采用 TECH Ⅱ检测仪，宝马车系采用 GT1 等，且汽车售后市场上也有通用诊断仪器对不同种车型进行诊断。

采用仪器读取和清除故障码，只需按照仪器屏幕的提示操作即可。

以帕萨特 B5 01N 自动变速器为例，其部分故障码见表 7—2—2。

表 7—2—2　　　01N 自动变速器自诊断故障码

故障码及含义	可能的故障原因	故障排除
无故障！	修理后如显示“无故障”，自诊断结束	
00258 电磁 1—N88 断路、对地短路	导线断路或对地短路 电磁阀 1—N88 有故障	读取测量数据块 进行电气检查
00260 电磁 2—N89 断路、对地短路	导线断路或对地短路 电磁阀 2—N89 有故障	读取测量数据块 进行电气检查
00262 电磁 3—N90 断路	导线断路或对地短路 电磁阀 3—N90 有故障	读取测量数据块 进行电气检查

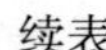
续表

故障码及含义	可能的故障原因	故障排除
00264 电磁 4—N91 断路、对地短路	导线断路或对地短路 电磁阀 4—N91 有故障	读取测量数据块 进行电气检查
00266 电磁 5—N92 断路、对地短路	导线断路或对地短路 电磁阀 5—N92 有故障	读取测量数据块 进行电气检查
00268 电磁阀 6—N93 断路、对地短路	导线断路或对地短路 电磁阀 6—N93 有故障	读取测量数据块 进行电气检查
00270 电磁 7—N94 断路、对地短路	导线断路或对地短路 电磁阀 7—N94 有故障	读取测量数据块 进行电气检查
00281 车速传感器 G68 无信号	车速传感器导线断路 车速传感器 G68 有故障 主动齿轮上脉冲叶轮松动	读取测量数据块 进行电气检查 更换车速传感器 G68
00293 多功能开关 F125 开关状态不确定	导线断路 多功能开关 F125 有故障	读取测量数据块 进行电气检查 更换多功能开关 F125
00297 变速器转速传感器 G38 无信号	导线断路 变速器转速传感器 G38 有故障	读取测量数据块 更换变速器转速传感器 G38
00300 变速器油温度传感器 G93 无法识别故障类别	导线断路 变速器油温度传感器 G93 有故障	读取测量数据块 进行电气检查
00518 节气门电位计 G69 信号超出允许值	导线断路或短路 节气门电位计 G69 损坏	如果还显示了故障 00638，则应先排除该故障 读取测量数据块 进行电气检查
	六缸机、柴油机或带有 Simos 点火和喷射装置的四缸机，节气门电位计 G69 的信号是从发动机控制单元传到变速器控制单元上的	对系统进行基本调整

续表

故障码及含义	可能的故障原因	故障排除
00529 无转速信号	转速传感器导线断路	读取测量数据块 检查发动机控制单元 按发动机故障码做相应的修理
00532 电源电压	蓄电池损坏 调节器电压过低	检查蓄电池 读取测量数据块 检查控制单元 J217 电压
00545 发动机/变速器电气连接断路、对地短路	导线断路或对地短路 发动机/变速器控制单元未接上	读取测量数据块 检查发动机控制单元 按发动机相应故障码进行修理
00596 整流器导线间短路	传输线/阀体和线束间的 10 孔插塞连接故障 接阀体的传输线损坏	进行电气检查 更换传输线
00638 发动机/变速器电气连接无信号	导线断路或对地短路 发动机/变速器控制单元未接上	读取测量数据块 检查发动机控制单元，必要时更换
00641 自动变速器油温度信号过大	变速器太热，最高温度为 148℃。自动变速器油温过高时，变速器自动换入相邻低挡位	检查自动变速器油位 读取测量数据块 读取自动变速器油温度
00652 挡位监控到不可靠信号	电气/液压故障 离合器或阀体损坏	读取测量数据块 在行驶中确定哪一挡有故障

续表

故障码及含义	可能的故障原因	故障排除
00660 强制降挡开关/节气门开关电位计不可靠信号	导线断路 节气门电位计 G69 损坏 强制降挡开关 F8 损坏	按节气门电位计 G69 故障进行排除 读取测量数据块 进行电气检查
65535 控制单元损坏	控制单元 J217 损坏	更换控制单元 对系统进行基本调整

3. 故障码分析

故障码分析是在读取故障码的基础上，结合其他检测结果，如数据流、动作测试等对所读取的故障码进行比较分析，从而做出故障判断的一种方法。它是汽车电子控制系统故障诊断中最基本也是最简单的方法之一。故障码分析的过程是对汽车控制单元故障自诊断系统所记录的故障码进行读取、清除和鉴别分类的分析过程。故障码分析是诊断汽车电子控制系统故障的基础。

在进行故障码分析时，应按以下步骤进行：

（1）读取并记录所有故障码。

（2）使用清除故障码功能清除所有故障码。

（3）确认故障码已被清除（再次读取故障码时显示无故障码）。

（4）模拟故障产生的条件进行路试以使故障重现。

（5）再读取并记录此时的故障码。

（6）区分间歇性（软）故障码和当前（硬）故障码。

（7）区分与故障症状相关的故障码和无关的故障码。

（8）区分诸多故障码或相关的故障码中的主要故障码。

（9）进一步精确地检查故障码所代表的传感器、执行器或控制单元及相关的电路状态，以便确定故障点发生的准确位置。

二、数据流分析法

对现代电控汽车进行维修时，维修人员可以通过故障码和数据流准确、快速地判断电控装置的工作是否正常，为查找故障原因提供依据。在汽车故障诊断与检测过程中，自诊断系统中故障码很多时候确实为维修人员提供了方便。但是，仅仅根据故障码来判断故障是远远不够的；若仅依靠故障码寻找故障，往往会出现判断上的失误，因为故障码只是 ECU 认可的一个是或否的界定结论，不一定是汽车真正的故障部位，所以应综合汽车故障现象寻找故障部位。当遇到出现故障而没有故障码的情况时，最为可行的办法是使用故障诊断仪进行数据流检测，分析电控系统静态或动态数据状况，从而找出故障所在部位。

汽车电控系统在运行中共产生 5 种类型的电子信号，分别是直流信号、交流信号、频率调制信号、脉冲宽度信号和多路串行数据信号，这 5 种信号组成电控系统之间传感器到控制器，控制器到执行器，执行器又反馈到传感器这样一个相互通信的基本语言。任何一点的障碍或缺损都可能导致其“信号变异”，甚至“通信中断”，导致汽车出现故障。对于这些因电信号轻微变化所引起的电控系统的故障，凭经验或简单的万用表诊断已十分困难。而且，有些故障通过故障码并不一定能反映出来。因此，应用数据流来分析诊断故障是现代汽车维修必备的技术手段。

常用数据流分析诊断汽车故障的方法有数值分析法、时间分析法、因果分析法、关联分析法和比较分析法。

1. 数值分析法

数值分析是对数据的数值变化规律和数值变化范围的分析，即数值的变化，如转速、车速、电脑读取值和实际值的差异。在电控系统运行时，ECU 以一定的时间间隔接收各传感器传送的输入信号，并向各执行器发出控制指令，对某些执行器的工作状态还根据相应传感器的反馈信号加以修正。通过对实际检测数值和标准数值的比较，可以直观地判断故障所在部位。

2. 时间分析法

时间分析法是对数据变化的频率和变化周期的分析。ECU 在分析某些数据参数时，不仅要考虑传感器的数值，而且要判断其响应速率，以获得最佳效果。

3. 因果分析法

因果分析法是对相互联系的数据间响应情况和响应速度的分析。在各个系统的控制中，许多参数是有因果关系的。如果电脑得到一个输入，必定要根据此输入给出一个输出，在认为某个过程有问题时，可以将这些参数连贯起来观察，以判断故障出现的部位。

4. 关联分析法

关联分析是对互为关联的数据间存在的比例关系和对应关系的分析。ECU 对故障的判断通常是根据几个相关传感器信号的比较，当发现它们之间的关系不合理时，会给出一个或几个故障码。但并不能判断该传感器不良，而要根据它们之间的相互关系做进一步的检测，才能得到正确的结论。

5. 比较分析法

比较分析是对相同车型及系统在相同条件下的相同数据组进行的分析。有时我们没有详细的技术资料和标准数据，无法正确地断定某个器件的好坏时，可以采用比较分析法，可与同类车型或同类系统的数据进行比较。

例如，用故障车和正常车数据进行比较，以此来分析故障。对间歇性故障出现瞬间的某个或某几个数据值变化的对比分析，也可以较容易地诊断出故障原因。

在自动变速器故障诊断过程中，利用动态数据流是一种快速有效辨别故障的方法。

动态数据流是指接通点火开关，启动发动机时，利用诊断仪读取的自动变速器电控系统的数据。这些数据随发动机工况的变化而不断变化。例如，节气门电压计电压的动态数据随节气门开度的变化而变化；某型号自动变速器蓄电池电压的信号应在 10.8～16 V之间不断变化。又如，在帕萨特 B5 01N 自动变速器的故障诊断中，来自节气门电位计 G68 的信号通过发动机控制单元直接进入变速器控制单元，通过诊断仪读取怠速时的数值为 1.3 V，而其正常的怠速数值应为 0.15～0.8 V，造成非正常值的原因可能是节气门电位计损坏或调节不正确。所以通过阅读控制单元动态数据，能够了解各传感器输送到 ECU 的信号值，并通过与真实值的比较而快速找出确切的故障部位。

（1）有故障码时的分析

在进行故障码分析并确认有故障码存在时，可以直接找出与该故障码相关的各组数据进行分析，并根据故障码设定的条件分析故障码产生的原因，进而对数据的数组及波形进行分析，找出故障部位。

（2）无故障码时的分析

在确认无故障码的时候，可以从故障现象入手，根据控制系统的工作原理和结构推断相关数据参数，运用数据流分析法对相关数据参数进行观察和全面分析。进行数据分析时，需要知道所维修系统的基本原理和结构、基本控制参数及其在不同工况下的正确数值。这样，经过认真分析，才能做出正确的判断。使用数据流功能，可准确地发现故障的部位，避免盲目拆卸而造成的损失，提高故障诊断的准确率。尤其对于因传感器故障而引发的故障，数据流分析更具有明显优势，所以在电控汽车的故障诊断中，在使用故障码的同时也要积极使用数据流诊断功能。

总之，对于自动变速器的故障诊断，往往在实际中是几种方法交叉应用，从而达到快速、准确解决故障的目的。

思考与练习

1. 简述故障码诊断法的原理。
2. 常用数据流分析诊断汽车故障的方法有哪些？

课题三　自动变速器常见故障诊断

1. 掌握自动变速器的故障诊断流程。

2. 了解自动变速器常见故障。

一、故障诊断流程

1. 故障诊断与检修注意事项

（1）诊断、检修时要遵循由简入繁、由表及里的原则。

（2）要根据厂家推荐的程序进行。

（3）拆卸自动变速器时，应先清洗外部。

（4）分解时，应将零部件按原顺序摆放好。

（5）液压件及油路应用同型号的 ATF 清洗，油路用压缩空气吹通，不能用抹布擦拭。

（6）装配零部件时，应先涂抹 ATF。

（7）更换新的离合器片或制动器片时，应在装配前将新片放入 ATF 中浸泡 15 min 以上。

2. 自动变速器的故障诊断

（1）电子控制自动变速器故障诊断原则

自动变速器在使用过程中难免会出现故障，只是出现故障的多少、表现形式有所差异。但是，只要严格执行操作规程，正确使用自动变速器，就能做到少出故障，即使出故障也不难排除。

电控自动变速器的故障诊断是一项非常复杂的工作，必须按照一定的原则进行。

1）分清故障引起的部位。判断故障是由发动机还是自动变速器液压自动操纵系统、控制系统引起的，或是液力自动变速器本身引起的。只有分清了故障部位，才能有针对性地查找故障，少走弯路。

2）坚持先简后难、逐步深入的原则。按故障的难易程度，先从最简单、最容易检查的地方开始检查，如开关、拉索、油液状况等，最后再深入检查实质性故障。

3）区别故障的性质。故障是机械性质的、液压系统的，还是电子控制系统性质的，是需要维护的还是需要拆卸的或者是需要进行彻底修理的。

4）充分利用自动变速器各检查项目，为查找故障提供思路和线索。

5）充分利用电子控制自动变速器的故障自诊断功能。

6）必须在拆检后才能确诊的故障，应该是故障诊断的最后程序，绝不要轻易分解电子控制自动变速器。

7）在进行故障诊断与排除前，最好先阅读有关使用说明书和该自动变速器的维修手册，掌握必要的技术资料。

（2）故障诊断流程

虽然各国厂商生产的自动变速器千差万别，但它们的基本原理是一样的，所以在检修时也有一定的规律可循。一般情况下，自动变速器的检修过程按照由简单到复杂的程序，一步一步进行。检修的内容包括基本检查、故障自诊断测试、手动换挡试验、机械系统试验、电控系统测试及按故障诊断表测试等，可按图 7—3—1 进行。

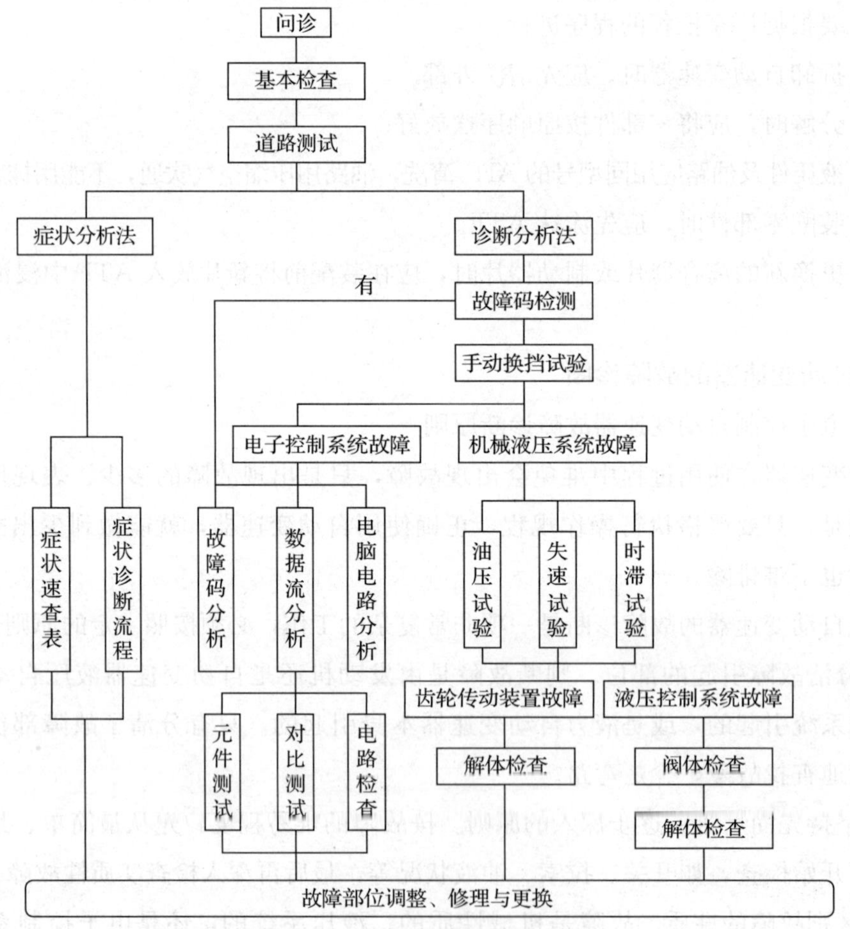

图 7—3—1　自动变速器故障诊断流程

1）基本检查

基本检查是最基本的检查，也是对自动变速器进行深入试验的基础，基本检查一般包括：

①自动变速器油的检查。

②怠速的检查。

③节气门及拉索的检查。

④电子控制自动变速器控制开关的检查。

⑤电子控制自动变速器传感器的检查。

⑥电子控制自动变速器控制电磁阀的检查。

2）故障自诊断测试

电子控制自动变速器在进行基本检查后仍存在故障，可通过电脑自诊断系统进行故障自诊断测试，调出故障代码，帮助寻找故障发生部位。排除故障以后，要记得利用专用诊断设备清除故障码。

3）手动换挡试验

为了确定故障存在的部位，区分故障是由机械系统还是由电子系统引起的，应该进行手动换挡试验。手动换挡试验是人为地使电子控制自动变速器脱离车上的 ECT 的 ECU 控制，由测试人员手动进行各挡位的试验。

4）机械系统的测试

机械系统的测试包括失速试验、时滞试验、油压试验等几项内容，不同厂家的要求有所差异。通过这几项试验，可以准确地判断出变速器机械系统故障的发生部位。

5）电控系统的测试

电控系统的测试主要是按系统电路图检查线束导线及各插接器是否有断路、短路以及搭铁接触不良等问题，检查各电控元件是否损坏或失效，检查方法和内容根据车型各不相同。

6）按故障诊断表检测

当前述诊断步骤未发现异常时，或根据前几个诊断步骤的结果很难准确判断具体的故障部位时，一般应用维修手册上提供的故障诊断表所列的产生某一故障现象可能的诸多因素，采取逐项排除法查找故障部位。

二、常见故障现象一览表

常见故障现象一览表见表 7—3—1、表 7—3—2 和表 7—3—3。

表 7—3—1　ECT 故障现象一览表（电子电路）

故障症状＼故障可能发生的部位		*1号、2号电磁线圈电路	*3号电磁线圈电路	*4号电磁线圈电路	*1号车速传感器电路	*2号车速传感器电路	*O/D直接挡离合器转速器电路	*主节气门位置传感器电路	空挡起动开关电路	自动跳合开关电路	制动灯开关电路	模式选择开关电路	OFF指示灯电路，O/D开关电路	O/D解除信号电路	冷却液温度传感器电路	发动机和ECT ECU	液压油路	换挡元件
车辆不能在任何前进挡或倒挡行驶																	1	2
车速不能在特定的一个挡位或几个挡位行驶																	1	2
无上行换挡	1 挡→2 挡	1			3	3		2								6	4	5
	2 挡→3 挡	1			3	3		2							6	7	4	5
	3 挡→O/D 挡	2			4	4		3	5				1	6	7	10	8	9
无下行换挡	O/D 挡→3 挡	3			4	4		2		5			1			7	6	—
	3 挡→2 挡	2			3	3		1		4						6	5	—
	2 挡→1 挡	2			3	3		1		4						7	5	6
无锁定			1		4	4		2	5		3				6	9	7	8
无锁定解除			2		4	4		1			3					7	5	6
换挡位置太高或太低					4	4		1	2			3				5	—	—
在 L 挡位上行至 2 挡，在 L 挡位上行至 3 挡									1							2	—	—
O/D 开关在 OFF 位置，但由 3 挡上行至 O/D 挡													1			2	—	—

续表

故障症状 \ 故障可能发生的部位		*1号、2号电磁线圈电路	*3号电磁线圈电路	*4号电磁线圈电路	*1号车速传感器电路	*2号车速传感器电路	*O/D直接挡离合器转速器电路	*主节气门位置传感器电路	空挡起动开关电路	自动跳合开关电路	制动灯开关电路	模式选择开关电路	OFF指示灯电路，O/D开关电路	O/D解除信号电路	冷却液温度传感器电路	发动机和ECT ECU	液压油路	换挡元件
发动机未热车但由3挡上行至O/D挡														1	2	5	3	4
接合不平顺	N挡→D挡			2				1	3							6	4	5
	锁定		2			3		1								6	4	5
	任何挡位			2		3	4	1								7	5	5
滑移或颤抖	前进挡和倒挡																1	2
	特定挡位																1	2
无发动机制动																	1	2
加速不良		1														3	—	2
无自动跳合		3						2		1						5	4	—
无模式选择												1				2	—	—
启动后或停车时振动大或发动机失速			2								1					4	—	3

表 7—3—2　ECT 故障现象一览表（液压油路）

故障症状 ＼ 故障可能发生的部位		节气门拉索	变速器控制杆	滤油器	驻车锁定爪	手动阀	倒挡控制阀	1→2挡换挡阀	2→3挡换挡阀	3→4挡换挡阀	锁定控制阀	锁定继动阀	蓄压器控制阀	电磁调节阀	C_1蓄压器	量孔控制阀	电磁继动阀	C_2蓄压器	低跟踪惯性调节阀	B_2蓄压器	第2挡跟踪惯性调节阀	B_0蓄压器	C_0蓄压器	滤清器	卸压阀	换挡元件
车辆不能在任何前进挡和倒挡行驶		1	2		4	3																				5
车辆不能在 R 挡行驶							1																			2
车辆不能在特定的一个挡位或几个挡位行驶（除了 R 挡位外）																										1
无上行换挡	1 挡→2 挡							1																		2
	2 挡→3 挡								1																	2
	3 挡→O/D 挡									1																2
无下行换挡	O/D 挡→3 挡									1																
	3 挡→2 挡								1																	
	2 挡→1 挡							1																		
无锁定或锁定解除											1	2														2

续表

故障症状 \ 故障可能发生的部位		节气门拉索	变速器控制杆	滤油器	驻车锁定爪	手动阀	倒挡控制阀	1↓2挡换挡阀	2↓3挡换挡阀	3↓4挡换挡阀	锁定控制阀	锁定继动阀	蓄压器控制阀	电磁调节阀	C_1蓄压器	量孔控制阀	电磁继动阀	C_2蓄压器	低跟踪惯性调节阀	B_2蓄压器	第2挡跟踪惯性调节阀	B_0蓄压器	C_0蓄压器	滤清器	卸压阀	换挡元件
接合不平顺	N挡→D挡												1	2	3	4										3
	锁定										1	2					3									5
	N挡→R挡												1	3				2								4
	N挡→L挡																		1							4
	1挡→2挡（D挡位）												1	2						3						
	1挡→2挡（2挡位）												1	2							3					
	1挡→2挡→3挡→O/D挡												1	2												
	2挡→3挡												1	2				3								
	3挡→O/D挡												1	2												4
	O/D挡→3挡												1	2								3				4
滑移或颤抖	前进挡和倒挡	1	2	3																			3			4
	任何挡位	1	2																					4	5	6
无发动机制动	1挡																		1							3
	2挡																				1					2
无自动跳合								1	2																	2

表 7—3—3 ECT 故障现象一览表（换挡元件）

故障症状 \ 故障可能发生的部位		O/D 单向离合器（F_0）	O/D 制动器（B_0）	O/D 直接挡离合器（C_0）	O/D 行星齿轮组	变矩器	第 1 挡和倒挡制动器（B_3）	第 2 挡跟踪性制动器（B_1）	直接挡离合器（C_2）	前后行星齿轮组	前进挡离合器（C_1）	2 号单向离合器（F_2）	第 2 挡制动器（B_2）	1 号单向离合器（F_1）
车辆不能在任何前进挡位或倒挡行驶		1	2	3	4	5								
车辆不能在 R 挡行驶				5			4	1	3	2				
车辆不能行驶	D、2 和 L 挡										1			
	D 和 2 挡											1		
	2 挡						1							
	L 挡							2	3				1	
无上行换挡	1 挡→2 挡												1	2
	2 挡→3 挡							1						
	3 挡→O/D 挡		1											
无下行换挡	2 挡→1 挡									1				
无锁定和锁定解除						1								
接合不平顺	N 挡→D 挡							1						
	N 挡→R 挡													
	2 挡→3 挡													
	3 挡→O/D 挡		2	1	3									
	O/D 挡→3 挡		1											
	锁定					1								

续表

故障症状 \ 故障可能发生的部位		O/D 单向离合器 (F_0)	O/D 制动器 (B_0)	O/D 直接挡离合器 (C_0)	O/D 行星齿轮组	变矩器	第1挡和倒挡制动器 (B_3)	第2挡跟踪性制动器 (B_1)	直接挡离合器 (C_2)	前后行星齿轮组	前进挡离合器 (C_1)	2号单向离合器 (F_2)	第2挡制动器 (B_2)	1号单向离合器 (F_1)
滑移或颤抖	前进挡和倒挡（热车后）	2		3		1			1					
	前进挡和倒挡（刚刚启动）					1					1	2		
	R挡						2	2					1	3
	1挡								1					
	2挡													
	3挡													
	O/D挡		1											
无发动机制动	1挡→3挡			1				1						
	1挡						1							
	2挡													
加速不良	所有挡位					1								
	O/D挡			1	2			1					2	
	除O/D挡外的所有挡		1						1					
	除2挡外的所有挡													
	1挡和2挡										1		2	
	1挡和R挡						1							
	R挡													
启动后或停车时发动机失速						1								

思考与练习

1. 简述自动变速器故障诊断的注意事项。
2. 简述自动变速器常见故障诊断流程。